Weimar in Berlin

Porträt einer Epoche

Blick aus dem Café Kranzler auf Unter den Linden/ Ecke Friedrichstraße.
Fotografie von 1932/33, Auslandsabteilung des Lichtbild-Dienstes Berlin.

Manfred Görtemaker und
Bildarchiv Preußischer Kulturbesitz (Hrsg.)

Weimar in Berlin
Porträt einer Epoche

be.bra verlag
berlin.brandenburg

Die Deutsche Bibliothek – CIP-Einheitsaufnahme
Weimar in Berlin: Porträt einer Epoche /
Hrsg.: Manfred Görtemaker. – Berlin: be.bra-Verl., 2002
ISBN 3-89809-034-5

KulturBrauerei Haus S, Schönhauser Allee 37, 10453 Berlin
info@bebraverlag.de
www.bebraverlag.de

Bildredaktion Michael Bienert, Gabriele Dietz, Manfred Görtemaker, Karl Heinz Pütz, Elke Schwichtenberg
Redaktion Michael Bienert, Potsdam / Gabriele Dietz, Berlin
Gestaltung Farnschläder & Mahlstedt Typografie, Hamburg
Schrift Trump Mediäval 9,5/13,5 pt
Lithografie bildpunkt, Berlin
Druck und Bindung Stürtz, Würzburg

ISBN 3-89809-034-5

Inhalt

Vorwort des Herausgebers

Wer vom Berlin der Weimarer Republik spricht, kommt am Begriff des »Mythos« nicht vorbei. Wie in einem Brennglas bündelten sich hier in der kurzen Lebensspanne der ersten deutschen Demokratie, die mit der Revolution von 1918/19 begann und nur vierzehn Jahre später mit der »Machtergreifung« Hitlers am 30. Januar 1933 endete, die Wünsche, Sehnsüchte und Ängste einer ganzen Generation. Eine »belagerte Civitas« hat Michael Stürmer den Staat genannt, der stets »im Schatten des Ernstfalls« existierte und innerlich lange zerbrochen war, als die Nationalsozialisten im Bündnis mit den nationalen Konservativen zum Sturm auf die Republik bliesen, um deren Institutionen auszuhöhlen und schließlich zu beseitigen. Die Frage, ob die Weimarer Republik unter günstigeren politischen und wirtschaftlichen Bedingungen jemals eine Chance besessen hätte, sich langfristig als politische Ordnung in Deutschland zu etablieren, ist hypothetisch und letztlich nicht zu beantworten.

Gerade in Berlin war das Gefühl, in einem Staat zu leben, der nur eine trügerische und vergängliche Sicherheit bot, von Anfang an übermächtig. Das Bild vom »Tanz auf dem Vulkan« gehört deshalb zu den Paradigmen des Weimarer Berlin – gelegentlich kontrastiert durch Ernst Tollers überraschende Einsicht »Hoppla, wir leben«, bei der allerdings ein verborgenes »Wie lange noch?« stets mitschwang. Nach dem ebenso dauerhaften wie uninspirierten Kaiserreich wurde der Anbruch eines neuen Zeitalters zwar von den meisten Intellektuellen und Künstlern dankbar begrüßt. Doch im Alltag der Stadt herrschten vor allem Chaos und Revolution. Jahrelang kam Berlin nicht zur Ruhe. Erst mit der Währungsreform 1923 kehrte so etwas wie Ordnung ein, die auf eine bessere Zukunft hoffen ließ. Die »goldenen Zwanziger«, die Zeit zwischen dem Dawes-Plan 1924 und dem Beginn der Weltwirtschaftskrise 1929, waren indessen nicht nur viel zu kurz, um neues Vertrauen zu wecken, sondern auch viel zu hektisch, um den Menschen zu einem neuen inneren Anker zu verhelfen. Die tiefe wirtschaftliche Depression, die danach folgte, zerriss endgültig die lockeren Bande, die zwischen den Bürgern und ihrer Republik inzwischen bestanden. Danach hatten die radikalen Kräfte von links und vor allem von rechts, denen nur daran gelegen war, die Demokratie zu beseitigen, um ihr jeweils eigenes diktatorisches Regime zu errichten, leichtes Spiel.

Walter Laqueur, der langjährige Direktor des Instituts für Zeitgeschichte der Wiener Library in London, hat in seinem Buch über die Kulturgeschichte der Weimarer Republik die grundlegenden Phänomene und Aspekte beschrieben, die Berlin in diesen Jahren kennzeichneten: den Weg vom Kaiserreich zur Republik; die Rolle der Linksintellektuellen und das Donnergrollen der politischen Rechten; den Aufstieg und den Niedergang der Avantgarde in Literatur, Theater und bildender Kunst; das Amüsement der Berliner Szene; und natürlich das »Ende mit Schrecken«. Alles dies verbindet sich mit dem Begriff »Weimar« – und alles dies war besonders komprimiert in Berlin. Laqueurs Fazit, dass das, was in Weimar geschah, bereits seit der Jahrhundertwende –

und damit im Kaiserreich – angelegt war, aber dass die Weimarer Zeit gleichwohl eine »faszinierende Ära« dargestellt habe, weil sie »so reich an Inhalten und so gegensätzlich in ihrem Charakter« gewesen sei, könnte auch als Motto über diesem Band stehen: Alle Autoren kommen zu dem Ergebnis, dass der Mythos des Weimarer Berlin in vieler Hinsicht erklärungs- und korrekturbedürftig ist, dass er dadurch aber gleichwohl keineswegs seine Faszination verliert.

Was darunter im Einzelnen zu verstehen ist, soll in einer Verbindung aus Bildern und Texten zu höchst unterschiedlichen Facetten der Entwicklung Berlins zwischen 1918 und 1933 – mit Rückgriffen auf die Kaiserzeit – aufgezeigt werden. Der Band beginnt mit einem Beitrag zur Entstehung der Republik und deren politischer und wirtschaftlicher Entwicklung in den zwanziger Jahren, um den Rahmen abzustecken, in dem sich der »Mythos Weimar« entfaltete. Bereits die Beschreibung des Alltags im »Groß-Berlin« nach 1920 sowie die nähere Betrachtung von Architektur und Städtebau der Metropole machen jedoch deutlich, dass zwischen Vision und Realität oft ein großer Unterschied bestand: Vieles von dem, was im Rückblick mit der Weimarer Zeit identifiziert wird, war kaum mehr als Randerscheinung – oder hat nie existiert. Tatsächlich war die Wirklichkeit des Weimarer Berlin oft weniger imposant oder dramatisch, als manche in der verklärenden Rückschau heute meinen. Dies gilt auch für die Entwicklung der »neuen Frau«, deren Befreiung aus traditionellen Rollenzuweisungen und politischer Diskriminierung nur ansatzweise gelang, und sogar für das literarische Berlin, das hier – ausgehend von Alfred Döblins *Berlin Alexanderplatz* – nach neuer, realistischer Interpretation verlangt.

Am deutlichsten offenbarte sich der Mythos des Weimarer Berlin vermutlich in der »Szene« der »goldenen Zwanziger«: in Tanz und Kabarett, Revuen und Revuetten, Musik und Vergnügungsangeboten. Die Stadt, die niemals schlief, entdeckte ein neues dynamisches Lebensgefühl, das zwar ebenfalls bereits im Kaiserreich angelegt gewesen war, aber erst jetzt auf breiter Front zum Durchbruch kam. Auch hier zehrt der Mythos bis heute von der Tatsache, dass die vergnügungssüchtige Aufbruchstimmung der Weimarer Zeit zwischen Weltkrieg und Nationalsozialismus den Keim des Untergangs von Anfang an in sich trug – ein Bewusstsein, das den Zeitgenossen vor dem Hintergrund anhaltender politischer Unruhe und wirtschaftlicher Krisenzeichen keineswegs verborgen war und sie nur zu umso heftigeren Ausbrüchen und Exzessen trieb.

Der Blick auf die Berliner Presselandschaft und den Aufstieg des Nationalsozialismus spannt schließlich noch einmal den Bogen vom Kaiserreich zur NS-Zeit. In gleicher Weise, wie die Pressezaren in der Epoche vor 1918 wurzelten und bemerkenswert wenig dazu beitrugen, die Republik zu verteidigen, knüpften die Nationalsozialisten an eine tiefe antidemokratische Grundstimmung in Deutschland an, für die Reichspräsident Paul von Hindenburg ebenso typisch war wie die Deutschnationale Volkspartei, die ihn auf den Schild gehoben hatte. Das Bündnis von Hindenburg und Hugenberg – von alten Eliten und neuen Pressezaren –, das vom 19. Jahrhundert bis in die Zeit nach 1933 reichte und der Weimarer Republik kaum eine Chance ließ, bereitete Hitler den Weg und führte nicht nur die erste deutsche Demokratie, sondern auch das Deutsche Reich ins Verderben.

Der Historiker Arthur Rosenberg, der von 1924 bis 1928 dem Reichstag angehörte, zunächst als Abgeordneter der KPD, dann der SPD, und 1943 im amerikanischen Exil starb, schrieb dazu in einer Bilanz der Geschichte der Weimarer Republik, Weimar sei als »Symbol des neuen Deutschland« gedacht gewesen, das »nicht mehr dem Potsdamer Militarismus dienen, sondern der Tradition Goethes und Schillers folgen sollte«. Das Problem habe jedoch darin bestanden, dass das deutsche Bürgertum die bürgerliche Republik »entweder bekämpft oder nur lau unterstützt« habe. Beinahe zwangsläufig sei diese deshalb – schon mit Beginn der Notverordnungspolitik Brünings 1930 – zugrunde gegangen, »weil ihr Schicksal den Händen des Bürgertums anvertraut war und weil die Arbeiterschaft nicht mehr stark genug war, um die Republik zu retten.« Nicht anders sah es der Publizist Carl von Ossietzky, der am 7. Februar 1933 – eine Woche nach der Machtergreifung Hitlers – in der Weltbühne mutig kommentierte, die Republik habe »diese Bataille verloren, nicht weil sie sich des ›Novemberverrats‹ und anderer Schandtaten schuldig gemacht« habe, sondern weil es ihr »an dem notwendigen Lebenswillen fehlte, über den die Rechte in hohem Maß verfügt«. Die Gegenrevolution habe »kampflos die Höhen besetzt«. Nun werde man wohl »mit neuen Menschen neu beginnen müssen«.

Der vorliegende Band ist in enger Zusammenarbeit mit dem Bildarchiv der Stiftung Preußischer Kulturbesitz entstanden, das auch als Mitheraus geber fungiert. Im bpk werden »Bilder« – Fotografien, Grafiken, Drucke etc. – als historische Dokumente gesammelt, erschlossen und für Veröffentlichungen zur Verfügung gestellt. Neben Fotografien politischer und militärischer Ereignisse der Zeitgeschichte gehören zu seinem Bestand vor allem sozial- und kulturhistorische Bilddokumente; zugrunde liegt ein breiter Ansatz der Kultur- und Alltagsgeschichte. Aus diesem Fundus konnten für diesen Band auch die Personen und Themen ins Bild gesetzt werden, die zumeist hinter dem Glamour und der Faszination dieser Zeit und damit auch aus der Historiografie der »civitas« verschwinden.

Der Leiter des Archivs, Dr. Karl Heinz Pütz, und seine Stellvertreterin Elke Schwichtenberg waren unentbehrliche Ratgeber bei der Bildauswahl, die sie gemeinsam mit Michael Bienert vom Historischen Institut der Universität Potsdam vorgenommen haben. Von Michael Bienert stammen auch die Bildlegenden, die Chronologie und die Literaturauswahl. Für seinen unermüdlichen Einsatz und seine große Sorgfalt in allen Details gebührt ihm besonderer Dank. Dies gilt in gleicher Weise für Ulrich Hopp, den Verleger des be.bra verlages, von dem die Idee zu dem Buch stammt, sowie für die Lektorin Gabriele Dietz, die das gesamte Projekt beharrlich und energisch, aber auch mit der nötigen Geduld koordiniert hat und bei der oft mühseligen und zähen Kleinarbeit an Texten und Bildern nie die Übersicht verlor. Zu danken ist ferner allen Autoren, die durch ihre mit Fachkompetenz und Engagement verfassten Beiträge das Erscheinen des Bandes erst möglich gemacht haben.

Potsdam, im Juli 2002
Manfred Görtemaker

Manfred Görtemaker

Zwischen den Kriegen Revolution, Reaktion, Republik

»Über Nacht sind wir zur radikalsten Demokratie Europas geworden und müssen das noch als die relativ gemäßigte Lösung unseres politischen Lebensproblems betrachten.« Mit diesen Worten beschrieb der evangelische Theologe, Soziologe und Philosoph Ernst Troeltsch, der seit 1914 an der Berliner Universität lehrte, am 29. Dezember 1918 die Situation in Deutschland. Der Erste Weltkrieg war zu Ende, das Deutsche Reich hatte um einen sofortigen Waffenstillstand und um Frieden gebeten, der Kaiser war geflohen. In Berlin tagte inzwischen ein »Rat der Volksbeauftragten« aus SPD und USPD, der nur einen Tag nach Ausrufung der »deutschen Republik« durch den Sozialdemokraten Philipp Scheidemann vor dem Reichstag und der beinahe zeitgleichen Proklamation einer »freien sozialistischen Republik« durch Karl Liebknecht im Lustgarten vor dem Schloss am 9. November 1918 gebildet worden war, um Wahlen zu einer Nationalversammlung vorzubereiten, die eine Verfassung ausarbeiten und damit den neuen Staat begründen sollte. Von einem geordneten Übergang in die Republik konnte indessen keine Rede sein. Für Troeltsch, den besonnenen Mitbegründer der Deutschen Demokratischen Partei (DDP) und späteren Unterstaatssekretär im preußischen Kultusministerium, bedeutete er vielmehr »das vollkommene Chaos«. Die Bismarcksche Reichsgründung, bemerkte er mitleidig, sei »bis auf die Fundamente abgetragen«, die politische Ordnung »in der Auflösung oder doch mindestens totalen Umbildung begriffen«.

Das Ende der Monarchie

Der Zusammenbruch des alten Regimes war allerdings weniger das Ergebnis der Revolution, die erst an ihrem Beginn stand, als ein Resultat der militärischen Niederlage der deutschen Truppen im Ersten Weltkrieg, die schließlich auch von der Obersten Heeresleitung (OHL) unter Paul von Hindenburg und Erich Ludendorff eingestanden wurde. Tatsächlich hatte die OHL bereits am 29. September 1918 einen sofortigen Waffenstillstand verlangt und – in der Erwartung, dass der amerikanische Präsident Woodrow Wilson die deutsche Position unterstützen werde, wenn eine parlamentarisch gebildete Regierung um die Aufnahme von Friedensverhandlungen nachsuche – Kaiser Wilhelm II. gedrängt, per Dekret die Einführung der Demokratie in Deutschland und den Übergang zu einem parlamentarischen Regierungssystem anzuordnen.

In dem Erlass des Kaisers vom 30. September hieß es, er »wünsche, dass das deutsche Volk wirksamer als bisher an der Bestimmung der Geschicke des Vaterlandes mitarbeitet«. Es sei daher sein Wille, »dass Männer, die vom Vertrauen des Volkes getragen sind, in weitem Umfang teilnehmen an den Rechten und Pflichten der Regierung«. Reichskanzler Georg Freiherr von Hertling trat zurück, Prinz Max von Baden bildete die neue Regierung, in die er auch drei Zentrumspolitiker und zwei Sozialdemokraten aufnahm. Mit Zustimmung der SPD, des Zentrums und der Liberalen sprach er sich unverzüglich für einen Verständigungsfrieden aus, der allerdings vom amerikanischen Präsidenten an die Bedingung der Beseitigung der Monarchie geknüpft wurde. Wilhelm II. verließ daraufhin am 29. Oktober Berlin, reiste zunächst in das Große Hauptquartier ins belgische Spa, um sich der Diskussion über seine Person zu entziehen, und floh schließlich am 10. November in die Niederlande ins Exil, nachdem am Tag zuvor auch Prinz Max von Baden zurückgetreten war und der Sozialdemokrat Friedrich Ebert nach der Ausrufung der Republik das Amt des Regierungschefs im »Rat der Volksbeauftragten« – der provisorischen Übergangsregierung – übernommen hatte.

Inzwischen war bereits das gesamte Reich von Unruhen erfasst. Von Kiel aus, wo es am 3. November zu einer Meuterei der Matrosen gekommen war, breitete sich die Aufstandsbewegung rasch aus und führte überall zur Bildung von Arbeiter- und Soldatenräten, die zumeist einen bolschewistischen Staat nach russischem Vorbild anstrebten. Ein Putschversuch gegenrevolutionärer Offiziere am 6. Dezember blieb zwar erfolglos, doch rebellierende Teile der Volksmarine-Division lieferten sich am 24./25. Dezember am Berliner Stadtschloss und am Marstall erneut schwere Kämpfe mit Regierungstruppen, bei denen mehr als 60 Menschen ums Leben kamen. Die »Blutweihnacht« war ein Schock, der insbesondere auf der politischen Linken eine Radikalisierung bewirkte. Die Vertreter der USPD verließen den Rat der Volksbeauftragten, der nun nur noch aus Mitgliedern der SPD bestand, und gründeten auf einer Reichskonferenz des Spartakusbundes, die im Preußischen Abgeordnetenhaus in der Niederkirchnerstraße in Berlin-Mitte vom 30. Dezember 1918 bis 1. Januar 1919 stattfand, zusammen mit anderen linken Gruppierungen unter Führung von Rosa Luxemburg und Karl Liebknecht die »Kommunistische Partei Deutschlands« (KPD). Diese verstand sich nicht als Teil der reformorientierten Arbeiterbewegung, sondern strebte nach leninistischem Vorbild als Partei des Klassenkampfes das Ziel einer »Diktatur des Proletariats« im Rahmen einer »sozialistischen Republik« an und suchte daher auch sogleich mit revolutionären Aktionen die Wahlen zur Nationalversammlung am 19. Januar zu verhindern. Alle linkssozialistischen Politiker traten aus den Regierungsämtern, die sie bisher im Reich und in den Ländern wahrgenommen hatten, aus. Nur der Berliner Polizeipräsident Emil Eichhorn (USPD) blieb auf seinem Posten, wurde jedoch am 4. Januar 1919 durch eine Verfügung des preußischen Innenministers Paul Hirsch (SPD) abgesetzt.

In Berlin kam es daraufhin zu einer neuen Welle der Gewalt. Karl Liebknecht und der Sprecher der USPD, Georg Ledebour, riefen am 5. Januar die Berliner Arbeiterschaft zum Widerstand und zum Sturz der Regierung Ebert auf. Bewaffnete Aufständische, die vor allem dem Spartakusbund zugerechnet wurden, besetzten das Polizeipräsidium am Alexanderplatz und das Zeitungsviertel im Bereich der Leipziger Straße, Friedrichstraße und Kochstraße sowie andere zentrale Punkte in der Stadt. Kleinere Scharmützel eskalierten zu erbitterten Straßenschlachten, als Verhandlungen mit der Regierung scheiterten und die Aufständischen die Bevölkerung zum Generalstreik aufforderten. Die Regierung antwortete mit der Verhängung des Belagerungszustandes. Gustav Noske, der im Rat der Volksbeauftragten für die innere Sicherheit zuständig war, schlug den Aufstand mit Hilfe eilig zusammengezogener Freikorps-Verbände am 11. und 12. Januar blutig nieder. Am 13. Januar hatte die Regierung die Lage in Berlin wieder unter Kontrolle.

Die Anführer des Aufstandes, Rosa Luxemburg und Karl Liebknecht, konnten – ebenso wie Georg Ledebour – zunächst untertauchen, wurden jedoch von Einheiten der »Bürgerwehr«, die auf Seiten der Regierung kämpften, in ihrem Versteck in Berlin-Wilmersdorf entdeckt, gefangen genommen und der Gardekavallerie-Schützendivision übergeben, aus deren Reihen auch die Täter stammten, die Luxemburg und Liebknecht bei der Überstellung in das Untersuchungsgefängnis Moabit während der Fahrt durch den Tiergarten ermordeten. Die Spirale der Gewalt hatte die politische Elite erreicht, und ein Ende war nicht in Sicht. Die Wahl zur Nationalversammlung fand am 19. Januar jedoch wie geplant statt. SPD, Zentrum und DDP gingen daraus mit klarer Mehrheit hervor, die DNVP folgte mit einigem Abstand. Andere Parteien, wie die USPD und die DVP, spielten keine Rolle. Am 6. Februar 1919 trat die Nationalversammlung in Weimar zu ihrer konstituierenden Sitzung zusammen. Sie war sicherheitshalber in die Provinz verlegt worden, um einen möglichst störungsfreien Verlauf der Beratungen zu gewährleisten.

Unruhen und Aufstände

Ruhe und Normalität kehrten allerdings auch dann noch nicht ein, als Friedrich Ebert am 11. Februar 1919 von der Nationalversammlung zum Reichspräsidenten gewählt wurde und Philipp Scheidemann am 13. Februar 1919 eine Mitte-Links-Regierung aus SPD, DDP und dem Zentrum (der später so genannten »Weimarer Koalition«) bildete. Zwar gelang es einer Freiwilligendivision unter Führung des neuen Reichswehrministers Noske in den folgenden Tagen, die Räteherrschaft in Bremen zu stürzen und auch das Ruhrgebiet, wo eine Konferenz der Arbeiter- und Soldatenräte am 18. Februar den Generalstreik ausgerufen hatte, militärisch zu besetzen, so dass die Streikbewegung zunächst zusammenbrach. Doch das Schlimmste stand noch bevor. Bereits am 25. Februar wurde im gesamten Reich ein erneuter Generalstreik ausgerufen, der Anfang März seinen Höhepunkt erreichte. Wieder erteilte Noske den Regierungstruppen den Befehl, den Aufstand niederzuschlagen. Am 1. März kam es beim Einmarsch der Truppen in Halle zu blutigen Auseinandersetzungen. Am 3. März verhängte Noske in Berlin den Belagerungszustand. Freiwilligenverbände und Gardetruppen unter General Walther von Lüttwitz rückten in die Stadt ein und sahen sich bald in schwere Kämpfe mit den gut bewaffneten Aufständischen verwickelt, die sich anfangs als überlegen erwiesen. Erst am 8. März gelang den Regierungstruppen ein entscheidender Vorstoß. Vier Tage später war der Aufstand, der nicht weniger als 1200 Tote gefordert hatte, niedergeschlagen. Unter Berufung auf die angebliche Grausamkeit und Brutalität, mit der die Aufständischen in Berlin kämpften, hatte Noske am 9. März sogar befohlen, jede Person, die mit der Waffe in der Hand gegen Regierungstruppen kämpfend angetroffen werde, »sofort zu erschießen« – eine Anordnung, derentwegen sich Noske zwar vor der Nationalversammlung verantworten musste, die er jedoch mit dem Hinweis rechtfertigte, während der Kämpfe in Berlin habe ein »Zustand außerhalb jeden Rechts« bestanden.

Anfang April kam es nochmals zu einem Generalstreik im Ruhrgebiet, und in München riefen Anarchisten und der linke Flügel von USPD und SPD am 6./7. April eine Räterepublik aus, nachdem der bayerische Ministerpräsident Kurt Eisner (USPD) am 21. Februar auf der Fahrt in den Landtag von dem Offizier Anton Graf Arco-Valley erschossen worden war. Weder dem Streik an der Ruhr noch der Räterepublik in München war jedoch eine lange Dauer beschieden. Während die Bergleute durch Zugeständnisse der Regierung zur Rückkehr an ihre Arbeit veranlasst wurden, bedurfte es in München wiederum des Einsatzes von Reichstruppen, um das Räte-Regime zu stürzen. Am Ende gab es wieder ein Blutbad mit über 1000 Toten. Die Regierungstruppen setzten sogar Artillerie, Flammenwerfer und Panzerwagen ein, um die Aufständischen niederzuwerfen.

Mit der Niederschlagung der Münchner Räterepublik war die Autorität der Regierung in Berlin wiederhergestellt. Doch der Preis war hoch. Die politische Linke, die nun zu resignieren schien, erklärte die Mehrheitssozialisten zu Verrätern an der Revolution. Die *Leipziger Volkszeitung*, das Sprachrohr des linken Flügels der USPD, sprach sogar von »Blutsozialisten«. Die SPD hatte die Krise gemeistert, indem sie gegenrevolutionäre und antirevolutionäre Kräfte zu Hilfe gerufen hatte. Vermutlich war es der einzige Weg gewesen, die Republik vor dem Zusammenbruch zu retten. Dafür rüsteten nun Reichswehr und Freikorps zum Angriff. Als Regierungspläne zur Heeresverminderung und der Entlassung von 20000 Offizieren und 40000 Soldaten sowie zur Auflösung der Freikorps-Verbände bekannt wurden, marschierten Truppenteile unter General von Lüttwitz und Korvettenkapitän Hermann Ehrhardt von Döberitz am Morgen des 13. März 1920 mit schwarz-weiß-roten Fahnen nach Berlin und besetzten das Regierungsviertel. An die Spitze des Putsches stellte sich Generallandschaftsdirektor Wolfgang Kapp, ein höherer Beamter der ostpreußischen Provinzialverwaltung, der sich selbst zum Reichskanzler erklärte.

Die Reichsregierung war schon vor der Ankunft der Putschisten nach Dresden ausgewichen, von wo sie weiter nach Stuttgart floh. Die Gegenregierung wurde allerdings durch einen Generalstreik und das abwartende Verhalten der Beamten während der Wochenendruhe am 13./14. März lahmgelegt und lief ins Leere. Am 17. März brach der Putsch zusammen, der bis dahin unblutig verlaufen war. Kapp floh mit Lüttwitz aus Berlin und setzte sich nach Schweden ab. Beim Auszug der Brigade Ehrhardt kam es am Brandenburger Tor noch zu vereinzelten Gewaltausbrüchen – ebenso wie im Ruhrgebiet, in Sachsen und Thüringen, wo sich die beim Generalstreik bewaffneten Arbeiter angesichts der Ereignisse in Berlin nicht nur weigerten, die Waffen abzugeben, sondern an mehreren Orten, so in Essen, Elberfeld und Düsseldorf, kommunistische Aufstände probten. Die Reichsregierung kehrte unterdessen am 20. März aus Stuttgart in die Hauptstadt zurück und stellte die Ruhe unter Einsatz von Reichswehreinheiten bald auch in den anderen Teilen des Reiches wieder her.

Beginn einer neuen Ordnung

Inzwischen hatte die Nationalversammlung in Weimar am 31. Juli 1919 mit 262 gegen 75 Stimmen die neue Verfassung verabschiedet. Sie stammte wesentlich aus der Feder des Staatsrechtlers Hugo Preuß, der von Reichspräsident Ebert mit der Ausarbeitung eines entsprechenden Textes betraut worden war. Preuß, der der DDP angehörte und als liberaler Politiker von November 1918 bis Juni 1919 das Amt des Innenministers in der Regierung Scheidemann bekleidete, hatte sich der ihm übertragenen Aufgabe mit gewohnter Gewissenhaftigkeit unterzogen. Seine Formulierungen, obgleich vielfach verändert, bildeten die Grundlage der Weimarer Beratungen. Preuß' jüdische Herkunft allerdings wurde sogleich von Gegnern der Republik zum Anlaß genommen, die Weimarer Verfassung als »undeutsch« zu diffamieren.

Die neue Verfassung sah ein parlamentarisches Regierungssystem mit einem starken, vom Volk direkt gewählten Reichspräsidenten vor, der mit Hilfe des Artikel 48 sogar in die Lage versetzt wurde, Grundrechte vorübergehend außer Kraft zu setzen und Maßnahmen »zur Wiederherstellung der öffentlichen Sicherheit und Ordnung« zu treffen, wenn er dies für notwendig hielt. Der Reichskanzler und die Reichsminister bedurften zu ihrer Amtsführung des Vertrauens des Reichstages. Jeder von ihnen musste zurücktreten, wenn ihm der Reichstag durch ausdrücklichen Beschluss das Vertrauen entzog. Die Verfassung, die stark plebiszitäre Züge trug und auch die Möglichkeit eines Volksentscheides enthielt, war also überaus demokratisch. Manche sprachen sogar von der »freiesten Verfassung der Welt«. Die Tatsache, dass sie die Macht bei den Verfassungsorganen konzentrierte, die vom Volk direkt gewählt wurden – beim Reichstag und (vor allem in Krisenzeiten) beim Reichspräsidenten –, sollte sich allerdings bald als schwere Bürde erweisen, da dieses große Maß an plebiszitären Elementen auch Möglichkeiten für diejenigen bot, die darauf aus waren, die Verfassung und die Freiheit zu zerstören.

Ähnlich verhielt es sich mit den Bestimmungen der alliierten Friedenskonferenz, die seit dem 18. Januar 1919 – dem Gedenktag der deutschen Kaiserproklamation von 1871 – in Paris tagte. Die ausgehandelten Bedingungen wurden am 7. Mai 1919 einer deutschen Delegation unter der Leitung von Außenminister Ulrich Graf von Brockdorff-Rantzau im Palasthotel Trianon in Versailles übergeben. Der französische Ministerpräsident Georges Clemenceau, beseelt vom Gedanken der Revanche, erklärte dabei voller Hass und Verachtung: »Meine Herren Delegierten des Deutschen Reiches! … Die Stunde der schweren Abrechnung ist gekommen. Sie haben uns um Frieden gebeten. Wir sind geneigt, ihn Ihnen zu gewähren. Wir überreichen Ihnen hiermit das Buch, das unsere Friedensbedingungen enthält.«

Die deutsche Delegation konnte in den folgenden Wochen schriftlich Einwände und Gegenvorschläge einbringen. Verhandeln konnte sie nicht. Zwar wurden einzelne Vertragsbestimmungen noch leicht geändert. Doch die Milderungen blieben gering. Am 16. Juni standen die endgültigen Bestimmungen fest, die Deutschland innerhalb von sieben Tagen anzunehmen hatte. Kernpunkt war der Artikel 231, in dem es hieß, dass Deutschland und seine Verbündeten »als Urheber für alle Verluste und Schäden verantwortlich sind, welche die alliierten und assoziierten Regierungen und ihre Staatsangehörigen infolge des Krieges, der ihnen durch den Angriff Deutschlands und seiner Verbündeten aufgezwungen wurde, erlitten haben«. Zusätzlich sollten die Deutschen zahlreiche Gebiete abtreten und weitreichende Rüstungsbeschränkungen hinnehmen, darunter die Reduzierung der deutschen Armee auf 100 000 Mann und die militärische Besetzung des linken Rheinufers sowie einiger rechtsrheinischer Brückenköpfe für die Dauer von 15 Jahren.

Der Vertrag, der auch unter den Alliierten selbst nicht unumstritten war, wurde in Deutschland keineswegs nur in rechtsgerichteten und nationalen Kreisen mit Empörung zur Kenntnis genommen. Vor allem der »Kriegsschuldartikel« 231, der zugleich die Begründung für alle folgenden Reparationsforderungen lieferte, erregte die Gemüter. »Welche Hand müsste nicht verdorren«, rief deshalb Scheidemann, der sich während des Krieges für einen Frieden des Ausgleichs ohne Annexionen eingesetzt hatte und nun diesen Vertrag unterzeichnen sollte, am 12. Mai vor der Nationalversammlung aus, »die sich und uns in solche Fesseln legt? Dieser Vertrag ist nach Auffassung der Reichsregierung unannehmbar.« Danach trat er als Regierungschef zurück, um nicht unterschreiben zu müssen. Auch Ebert erwog seinen Rücktritt, nahm aber davon bald wieder Abstand, da schließlich »nicht das ganze Volk zurücktreten« könne. Stattdessen erörterte Reichswehrminister Noske am 19. Juni mit höheren Truppenführern, welche Chancen die deutsche Armee bei einer Wiederaufnahme der Kampfhandlungen im Falle einer Nichtunterzeichnung voraussichtlich haben würde. Generalfeldmarschall Paul von Hindenburg, der »Sieger von Tannenberg«, teilte der Regierung am folgenden Tag seine Einschätzung mit, man dürfe »kaum auf Erfolg rechnen«. Allerdings müsse er »als Soldat den ehrenvollen Untergang einem schmählichen Frieden vorziehen«.

Ob Hindenburg dies ernst meinte oder nur die Verantwortung von sich abwälzen wollte, wenn der Vertrag doch unterzeichnet würde, blieb ungeklärt. Jedenfalls mussten am Ende diejenigen die Verantwortung übernehmen, die zur deutschen Niederlage am wenigsten beigetragen hatten. Als die Frist für die Annahme des Vertrages am 23. Juni ablief, teilte General Wilhelm Groener, der Nachfolger Erich Ludendorffs als Chef der Obersten Heeresleitung, auf telefonische Anfrage Ebert mit, die Wiederaufnahme des Kampfes sei »aussichtslos«, der Friede müsse daher »unter den vom Feinde gestellten Bedingungen abgeschlossen werden«. Noch am selben Nachmittag trat die Nationalversammlung zusammen. Eine große Mehrheit der Abgeordneten sprach sich für die Unterzeichnung aus, die am 28. Juni 1919 im Spiegelsaal des Schlosses von Versailles erfolgte – an gleicher Stelle, an der 1871 das Deutsche Reich proklamiert worden war. Der Vertrag trat nach der Ratifikation am 10. Januar 1920 in Kraft.

Hindenburg indessen, der sich so erfolgreich um die Übernahme von Verantwortung gedrückt hatte, leistete der Republik einen weiteren unheilvollen Dienst, als er am 18. November 1919 als Zeuge vor dem Parlamentarischen Untersuchungsausschuss, der die Ursachen des militärischen Zusammenbruchs aufdecken sollte, eine vorbereitete Erklärung verlas, in der es hieß: »Ein englischer General sagte mit Recht: Die deutsche Armee ist von hinten erdolcht worden. Wo die Schuld liegt, ist klar erwiesen.« Natürlich blieb Hindenburg die Antwort schuldig, auf wen er sich berief. Die »Dolchstoß-Legende« aber, die er damit in die Welt gesetzt und zugleich durch den Nimbus seines Namens mit der nötigen Autorität versehen hatte, wurde bald zu einem der wichtigsten Instrumente in den Händen der Gegner der Republik.

Der Weg in die Inflation

In Berlin, wohin sich das Zentrum der deutschen Politik nach Abschluss der Beratungen der Weimarer Nationalversammlung wieder verlagerte, waren die Auswirkungen dieser Entwicklungen sogleich als düstere Schatten spürbar. Neben der Diskussion um die Kriegsschuld waren es besonders die Reparationsbestimmungen des Versailler Vertrages, die Anlass zur Sorge boten. Bis Mai 1921 sollte Deutschland einen ersten Teilbetrag von 20 Milliarden Goldmark zahlen. Im Januar 1921 wurde von der Reparationskommission zum ersten Mal auch eine Endsumme genannt: 226 Milliarden Goldmark, zahlbar in 42 Jahresraten, die schrittweise von zwei auf sechs Milliarden Goldmark ansteigen sollten. Bereits drei Monate später wurde die Gesamtzahl nach unten korrigiert: Man blieb zwar bei einer Schadenssumme von 223,5 Milliarden, forderte jedoch nur noch 132 Milliarden als Reparationen. Die Tatsache, dass die Reichsregierung unter Joseph Wirth (Zentrum) sich bemühte, den Forderungen so weit wie möglich zu entsprechen, um militärische Maßnahmen gegen Deutschland – etwa die alliierte Besetzung des Ruhrgebietes – zu vermeiden, trug ihr den Hass der antidemokratischen Rechten und den Vorwurf der »Erfüllungspolitik« ein, dem als Erstes der Zentrumspolitiker Matthias Erzberger zum Opfer fiel, der 1918 den Waffenstillstand unterzeichnet hatte. Am 26. August 1921 wurde er von zwei ehemaligen Offizieren, Angehörigen des von Korvettenkapitän Hermann Ehrhardt geleiteten Geheimbundes der »Organisation Consul«, in Bad Griesbach im Schwarzwald ermordet.

Angesichts der hohen Reparationsforderungen fiel der Kurs der Mark schon 1921 dramatisch: Hatte man im Juli noch 80 Mark für einen Dollar bezahlt, waren es im November bereits 240. Da unter solchen Umständen weitere Reparationszahlungen praktisch ausgeschlossen waren, bat die deutsche Regierung um ein Moratorium, über das auf zwei Konferenzen im Januar 1922 in Cannes und vom 10. April bis 19. Mai 1922 in Genua mit den Alliierten verhandelt wurde. Leiter der deutschen Delegation in Cannes war Walther Rathenau (DDP), der ehemalige Vorstandsvorsitzende der AEG und Organisator der Rohstoffbewirtschaftung im Ersten Weltkrieg, der auch als Verfasser ökonomischer und philosophischer Werke hervorgetreten war und nun im Kabinett Wirth als Minister für den Wiederaufbau fungierte. In Genua verhandelte Rathenau, inzwischen zum Außenminister avanciert, gemeinsam mit Wirth. Da in Genua zum ersten Mal auch die Sowjetunion vertreten war, nutzte Rathenau auf Drängen des Leiters der Ostabteilung im Auswärtigen Amt, Ago Freiherr von Maltzan, die Gelegenheit, sich in den Bergen oberhalb der Stadt mit dem Leiter der sowjetischen Delegation, Georgij Tschitscherin, zu treffen und am 16. April 1922 den Vertrag von Rapallo zu schließen. Beide Seiten verzichteten darin auf den Ersatz der Kriegsschäden und vereinbarten die Aufnahme diplomatischer Beziehungen sowie umfangreiche Wirtschaftskontakte, die später noch um eine geheime militärische Zusammenarbeit erweitert wurden.

Als Wirth und Rathenau aus Genua zurückkehrten, wurden sie in Berlin sofort von rechten Nationalisten, die eine energischere deutsche Außenpolitik forderten, attackiert. Rechtsradikale Flugblätter riefen zum Mord an Rathenau auf. Im Reichstag hielt der deutschnationale Abgeordnete Karl Helfferich aus der Fraktion der DNVP am 23. Juni 1922 eine wütende Hetzrede, in der er Rathenau beschuldigte, das deutsche Volk am Rhein und an der Saar verraten zu haben. Einen Tag später wurde Rathenau nach Verlassen seiner Villa im Grunewald im offenen Wagen erschossen. Auch diesmal kamen die Mörder aus den Reihen der »Organisation Consul«. Wenig später folgte – ebenfalls in Berlin – noch ein Anschlag auf Maximilian Harden, der allerdings das Ziel, den Publizisten zu töten, knapp verfehlte.

Die deutsche Währung erlitt danach einen neuen Kurssturz. Im Januar 1923 zahlte man für einen Dollar bereits 18 000 Mark. Frankreich beschuldigte dagegen die Reichsregierung, Deutschland absichtlich in den Bankrott zu treiben, um sich besser vor den Reparationslieferungen drücken zu können. Als die alliierte Reparationskommission am 9. Januar 1923 mit Blick auf ausbleibende Kohlenlieferungen ebenfalls zu dem Ergebnis kam, dass die deutsche Regierung bewusst Verfehlungen in Kauf nehme, um sich den vertraglichen Verpflichtungen zu entziehen, rückten am 11. Januar fünf französische und belgische Divisionen in das Ruhrgebiet ein, um die Lieferungen zu erzwingen. Die Deutschen wehrten sich mit passivem Widerstand, dessen Kosten in Höhe von etwa 40 Millionen Goldmark täglich von der Reichsregierung wiederum mit einer Beschleunigung der Notenpresse finanziert wurden. Im Juli 1923 kostete ein Dollar bereits 350 000 Mark, im August 4,5 Millionen, im September nahezu 100 Millionen, im Oktober 25 Milliarden, am 15. November, dem Ende der Inflation, schließlich 4,2 Billionen.

Mit dem Beschluss zur Einführung der so genannten »Rentenmark« am 16. Oktober 1923 begann jedoch die Sanierung der deutschen Währung. Kurz darauf wurde mit der Einberufung eines internationalen Sachverständigen-Ausschusses zur Untersuchung der deutschen Zahlungsfähigkeit unter dem Vorsitz des amerikanischen Finanzfachmannes Charles G. Dawes am 30. November auch eine Neuregelung der Reparationsfrage in Angriff genommen, deren Ergebnis – der »Dawes-Plan« vom 16. April 1924 – die Grundlage für eine Konsolidierung der Republik bildete, die bis zum Beginn der Weltwirtschaftskrise 1929 andauern sollte.

Stresemann und die »goldenen Zwanziger«

Das größte Verdienst an der Stabilisierung der Republik kam in dieser Phase Gustav Stresemann (DVP) zu, der am 13. August 1923 das Amt des Reichskanzlers übernahm und eine »Große Koalition« aus DVP, DDP, Zentrum und SPD bildete. Er brach nicht nur den Ruhrkampf ab, der sich als kostspieliger Fehlschlag erwiesen hatte, wobei er sogar das Risiko eines Rechtsputsches der »Schwarzen Reichswehr« einging, sondern löste auch das Währungsproblem. Mit Hilfe des parteilosen Reichsfinanzministers Hans Luther und des Direktors der Darmstädter und Nationalbank, Hjalmar Schacht, der am 12. November 1923 zum Währungskommissar ernannt wurde und im Dezember das Amt des Reichsbankpräsidenten übernahm, betrieb Stresemann eine konsequente Deflationspolitik und beschränkte den Zahlungsumlauf, bis die Bevölkerung Vertrauen zur neuen Währung fasste. Zwar wurde Stresemann trotz dieses »Wunders der Rentenmark« am 23. November durch ein Misstrauensvotum des Reichstages, bei dem die DNVP und die SPD gegen ihn votierten, als Reichskanzler gestürzt. Doch er blieb im Kabinett und übernahm in der neuen Regierung, die von dem Zentrumsabgeordneten Wilhelm Marx geführt wurde, das Amt des Außenministers.

Auch in seiner neuen Funktion trug Stresemann dazu bei, die Republik zu festigen. So bestätigte er auf der Konferenz von Locarno vom 5. bis 16. Oktober 1925 die in den Bestimmungen des Versailler Vertrages festgelegte Grenzziehung zwischen Deutschland, Frankreich und Belgien und leitete damit eine Politik der Verständigung mit Frankreich ein, die auf französischer Seite von Stresemanns Amtskollegen Aristide Briand erwidert wurde. Gemeinsam wurde beiden dafür am 10. Dezember 1926 der Friedensnobelpreis verliehen. Ein »Ost-Locarno« blieb zwar ein unerfüllter Wunsch. Doch gelang Stresemann am 24. April 1926 immerhin der Abschluss eines Freundschafts- und Neutralitätsvertrages (»Berliner Vertrag«) mit der Sowjetunion, der die beiderseitigen Wirtschaftsbeziehungen sowie die militärische Zusammenarbeit zwischen der Reichswehr und der Roten Armee verstärkte. Schließlich arbeitete Stresemann auch erfolgreich auf die Revision des Dawes-Plans von 1924 hin, der am 7. Juni 1929 durch den »Young-Plan« ersetzt wurde, der weitere Verbesserungen in der Frage der Reparationen und Auslandsschulden brachte.

Die heftige Kritik, die in deutschnationalen Kreisen und von der NSDAP am Young-Plan geübt wurde, war allerdings ein unmissverständlicher Beleg dafür, dass sich die politischen Rahmenbedingungen der Weimarer Republik erneut verändert hatten. Schon die Wahl des »Kriegshelden« Hindenburg zum Nachfolger Friedrich Eberts als Reichspräsident am 26. April 1925 hatte die Klimaveränderung signalisiert. Nun war die Hoffnung auf dauerhafte Stabilität vollends dahin: Als am 25. Oktober 1929, dem »Schwarzen Freitag« an der Börse von New York, die Aktienkurse zusammenbrachen und die Weltwirtschaftskrise ihren Anfang nahm, war auch das Ende der Weimarer Republik nicht mehr fern.

Gustav Stresemann erlebte dieses Ende nicht mehr. Er starb zwei Wochen vor dem New Yorker Börsenkrach, in den frühen Morgenstunden des 3. Oktober 1929, an den Folgen eines Schlaganfalls. Die Nachricht von seinem Tod löste im In- und Ausland tiefe Bestürzung aus. Nahezu alle Beobachter waren sich einig, dass mit seinem Tod auch die Republik, der er so große Dienste erwiesen hatte, einer ungewissen Zukunft entgegenging. Am 6. Oktober wurde er auf dem Luisenstädter Friedhof in Berlin beigesetzt. Hunderttausende säumten die Route des Trauerzuges. Noch Tage später musste der Friedhof gesperrt werden, weil der Andrang derjenigen, die sein Grab besuchen wollten, zu groß war. Die Menschen schienen zu ahnen, dass nach seinem Tod auch das Ende der Republik nicht mehr fern war, und nahmen Abschied – nicht nur von einem Politiker, sondern auch von der ersten deutschen Demokratie.

Das Gesicht des Krieges: Britische Infanterie verlässt am 29. Oktober 1917 ihre Stellungen bei Château Wood in Westflandern.
In der dritten Flandernschlacht vom Mai bis Dezember 1917 fanden Hunderttausende von deutschen und alliierten Soldaten den Tod.

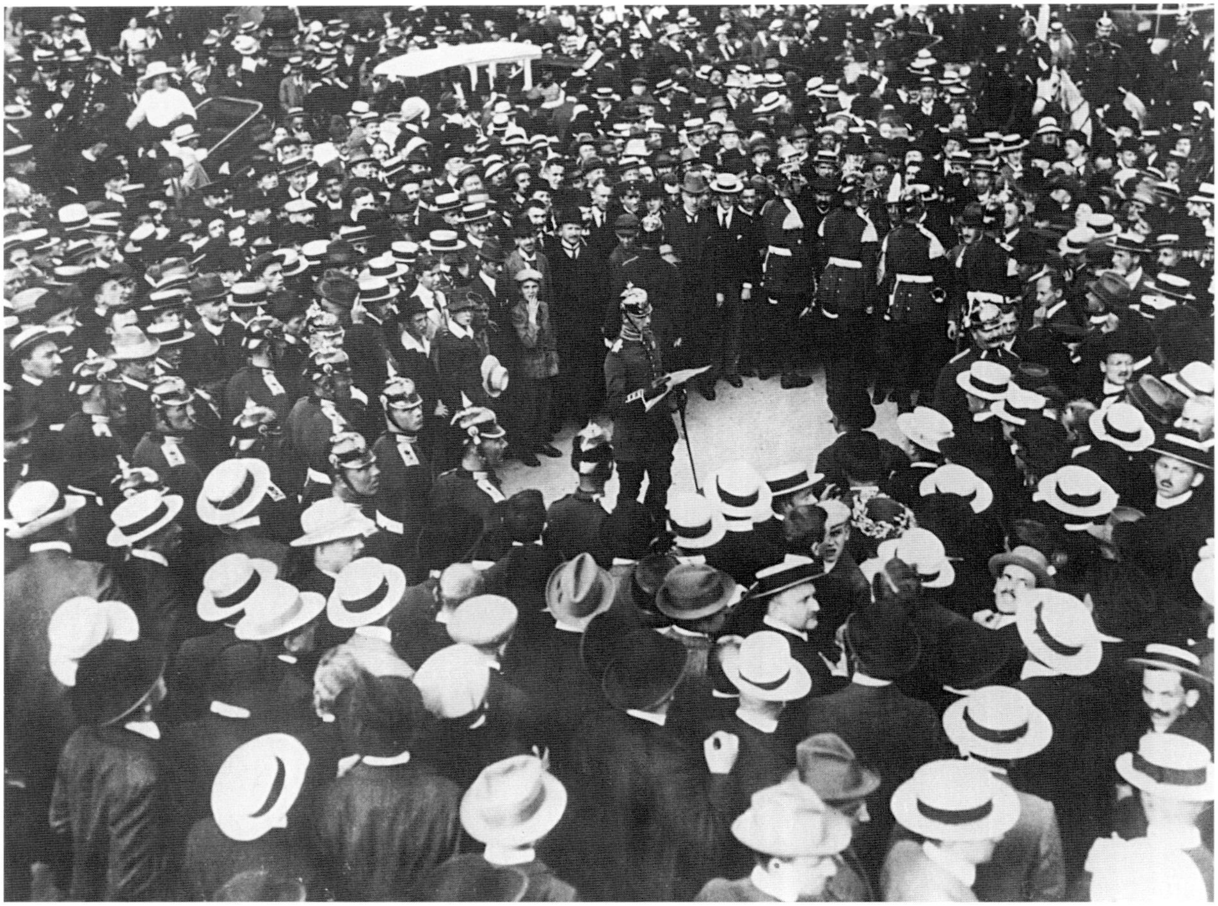

Am 31. Juli 1914 wird Unter den Linden die Verhängung des Kriegszustandes verlesen.
»Mitten im Frieden überfällt uns der Feind. Darum auf! Zu den Waffen! Jedes Schwanken, jedes Zögern wäre Verrat am Vaterlande. Um Sein oder Nichtsein unseres Reiches handelt es sich, das unsere Väter neu sich gründeten. Um Sein oder Nichtsein deutscher Macht und deutschen Wesens. Wir werden uns wehren bis zum letzten Hauch von Mann und Roß. Und wir werden diesen Kampf bestehen auch gegen eine Welt von Feinden. [...] Vorwärts mit Gott, der mit uns sein wird, wie er mit den Vätern war.«
Aufruf Kaiser Wilhelms II. an das deutsche Volk vom 6. August 1914.

Am 10. Dezember 1918 erwarten die Berliner am Pariser Platz die ersten heimkehrenden Divisionen der Fronttruppen.
»Kameraden, Genossen, Bürger. Eure Opfer und Taten sind ohne Beispiel. Kein Feind hat euch überwunden! [...] Unendliche Leiden habt ihr erduldet, unvergängliche, fast übermenschliche Taten vollbracht, unvergleichliche Proben eures unerschütterlichen Mutes Jahr um Jahr abgelegt. [...] Ihr sollt mitschaffen an dem großen Werk einer neuen deutschen Zukunft – der Zukunft unseres Volkes, dessen Glück eure fleißigen Hände erbauen müssen von Grund auf.«
Rede Friedrich Eberts vor den Truppen.

Die zweite Extra-Ausgabe des sozialdemokratischen »Vorwärts« vom 9. November 1918, in der die Abdankung Kaiser Wilhelms II. und der Thronverzicht des Kronprinzen bekannt gegeben werden.

2. Extraausgabe. Sonnabend, den 9. November 1918.

Vorwärts

Berliner Volksblatt.
Zentralorgan der sozialdemokratischen Partei Deutschlands.

Der Kaiser hat abgedankt!

Der Reichskanzler hat folgenden Erlaß herausgegeben:

Seine Majestät der Kaiser und König haben sich entschlossen, dem Throne zu entsagen.

Der Reichskanzler bleibt noch so lange im Amte, bis die mit der Abdankung Seiner Majestät, dem Thronverzichte Seiner Kaiserlichen und Königlichen Hoheit des Kronprinzen des Deutschen Reichs und von Preußen und der Einsetzung der Regentschaft verbundenen Fragen geregelt sind. Er beabsichtigt, dem Regenten die Ernennung des Abgeordneten Ebert zum Reichskanzler und die Vorlage eines Gesetzentwurfs wegen der Ausschreibung allgemeiner Wahlen für eine verfassunggebende deutsche Nationalversammlung vorzuschlagen, der es obliegen würde, die künftige Staatsform des deutschen Volks einschließlich der Volksteile, die ihren Eintritt in die Reichsgrenzen wünschen sollten, endgültig festzustellen.

Berlin, den 9. November 1918. Der Reichskanzler.
Prinz Max von Baden.

Es wird nicht geschossen!

Der Reichskanzler hat angeordnet, daß seitens des Militärs von der Waffe kein Gebrauch gemacht werde.

Parteigenossen! Arbeiter! Soldaten!

Soeben sind das Alexanderregiment und die vierten Jäger geschlossen zum Volke übergegangen. Sozialdemokratische Reichstagsabgeordnete Wels u. a. haben zu den Truppen gesprochen. Offiziere haben sich den Soldaten angeschlossen.

Der sozialdemokratische Arbeiter- und Soldatenrat.

9. November 1918: Philipp Scheidemann ruft von einem Fenster des Berliner Reichstagsgebäudes die deutsche Republik aus. *Fotopostkarte.*
Weil in dem historischen Augenblick kein Pressefotograf vor Ort war, wurde die Szene 1927 nachgestellt.

9. November 1918: In der Wilhelm- / Ecke Zimmerstraße drängen sich Schaulustige und Demonstranten.

Übergabe der Kaserne des 2. Garde-Ulanen-Regiments in der Invalidenstraße an die Mitglieder des Arbeiter- und Soldatenrates am 9. November 1918.

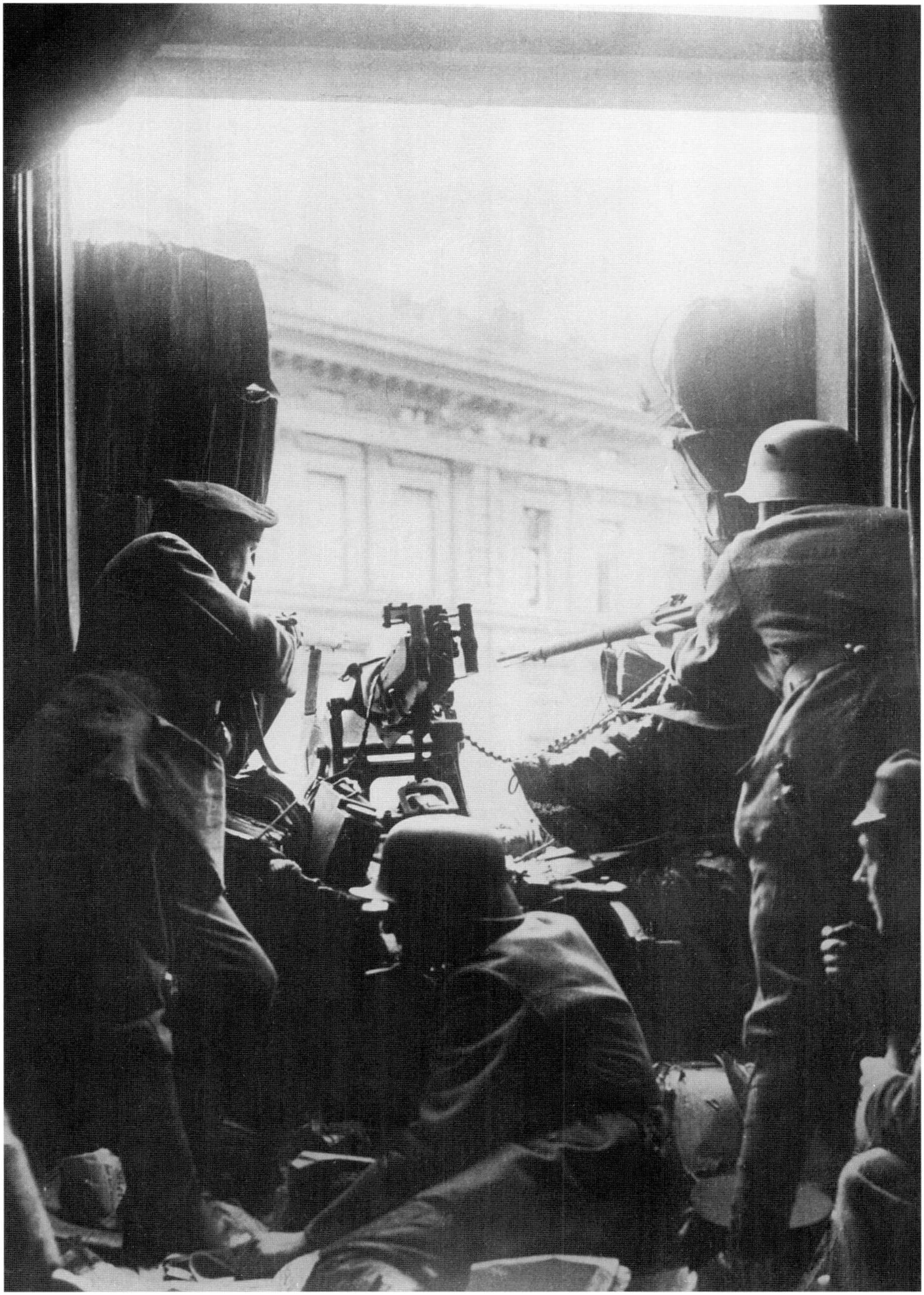

Matrosen der Volksmarine-Division und revolutionäre Soldaten des Heeres verteidigen am 23. und 24. Dezember 1918 den Marstall gegen Regierungstruppen. Am 24. Dezember kam es im Stadtzentrum zwischen Schloss, Marstall und Unter den Linden zu schweren Kämpfen, bei denen sich die Aufständischen der Volksmarine-Division gegen Regierungstruppen behaupten konnten und letztlich freien Abzug erhielten. Die gefallenen elf Matrosen der »Blutweihnacht« wurden am 29. Dezember 1918 unter großer Anteilnahme der Bevölkerung auf dem Friedhof der Märzgefallenen in Friedrichshain beigesetzt.

Spartakisten am Maschinengewehr, Januar 1919. Nach dem Bruch zwischen SPD und USPD und der Gründung der KPD wurde die Frage nach einer zweiten, sozialistischen Revolution kompromissloser denn je gestellt. Mit dem Aufruf zum Sturz der Ebert-Scheidemann-Regierung durch einen »Revolutionsausschuss« vom 6. Januar, begann der Spartakusaufstand, der in Berlin zu bürgerkriegsähnlichen Zuständen führte.

Karl Liebknecht mit seinem Sohn im Tiergarten, die vermutlich letzte (retuschierte) Aufnahme vor seiner Ermordung am 15. Januar 1919.

Beerdigung von Rosa Luxemburg am 13. Juni 1919. Luxemburg, die den Erfolgschancen des Spartakusaufstands skeptisch gegenüberstand, wurde wie Karl Liebknecht am 15. Januar 1919 durch Offiziere der Gardekavallerie-Schützendivision in Wilmersdorf verhaftet und noch am gleichen Abend ermordet. Erst Wochen später wurde ihre Leiche aus dem Landwehrkanal geborgen.

Der Volksbeauftragte Gustav Noske besucht Stellungen der Regierungstruppen, Januar 1919.

Drahtverhau am Spittelmarkt während des Generalstreiks im März 1919. Anfang März 1919 riefen die Arbeiter- und Soldatenräte sowie verbliebene Spartakisten in einem letzten Kraftakt zum bewaffneten Generalstreik gegen die sich in Weimar tagenden Nationalversammlung auf. »Zur Sicherung der öffentlichen Ordnung« erließ der inzwischen zum Reichswehrminister ernannte Gustav Noske (SPD) am 9. März schließlich den durch kein Gesetz bedeckten »Schießbefehl«. 1200 Menschen fanden den Tod.

Stellung der Regierungstruppen auf dem Brandenburger Tor. *Fotografie von Alfred Grosz, Januar 1919.*

19. Januar 1919: Die Deutsche Demokratische Partei (DDP) wirbt in den Straßen Berlins für die Liste Naumann.

Ganz oben: Unter dem Schutz von Regierungssoldaten warten Wähler am 19. Januar 1919 vor einem Berliner Wahllokal.

Oben: Aufruf der Kommunistischen Arbeiter-Partei und Allgemeinen Arbeiter-Union zum Wahlboykott, Ende 1918.

Erste Sitzung der Nationalversammlung in Weimar am 6. Februar 1919. »In der Revolution erhob sich das deutsche Volk gegen eine veraltete, zusammenbrechende Gewaltherrschaft. [...] Mit den alten Königen und Fürsten von Gottes Gnaden ist es für immer vorbei. Wir verwehren niemandem eine sentimentale Erinnerungsfeier. Aber so gewiß diese Nationalversammlung eine große republikanische Mehrheit hat, so gewiß sind die alten gottgegebenen Abhängigkeiten für immer beseitigt. Das deutsche Volk ist frei, bleibt frei und regiert in alle Zukunft sich selbst.«
Friedrich Ebert in seiner Eröffnungsrede

Die erste Kabinettsitzung der Regierung Scheidemann am 13. Februar 1919 in Weimar.
Von links nach rechts: der Pressechef der Reichsregierung Ulrich Rauscher, Robert Schmidt (Ernährungsminister, SPD), Eugen Schiffer (Finanzminister, DDP), Reichskanzler Philipp Scheidemann (SPD), Otto Landsberg (Justizminister, SPD), Rudolf Wissel (Wirtschaftsminister, SPD), Gustav Bauer (Arbeitsminister, SPD), Ulrich Graf von Brockdorff-Rantzau (Außenminister, parteilos), Eduard David (ohne Geschäftsbereich, SPD), Hugo Preuß (Innenminister, DDP), Johannes Giesberts (Postminister, Zentrum), Johannes Bell (Kolonialminister, Zentrum), Georg Gotheim (Schatzminister, DDP), Gustav Noske (Reichswehrminister, SPD).

Flugblattagitation, 19. Januar 1919.

Bewaffnete Posten der Lüttwitz-Truppen auf dem Halleschen Tor, März 1920.
Mit dem Putschversuch reaktionärer Kreise um den Generallandschafts-Direktor Wolfgang Kapp und den General Walther von Lüttwitz flammten die Kämpfe in Berlin erneut auf.

Arbeiter Genossen

Durch einen brutalen Gewaltstreich hat die einstige militärische Reaktion die Macht an sich gerissen. Lassen wir sie gewähren, so steht uns der

weiße Schrecken nach ungarischem Muster

bevor. Auflösung aller Arbeiterorganisationen, Mord- und Einkerkerung aller Funktionäre, Niederknüttelung jeder freiheitlichen Regung, unumschränkte Unternehmerwillkür, — das wird das Los der Arbeiterschaft sein.

Gegen diese Vergewaltigung müssen wir uns mit allen Mitteln zur Wehr setzen. Keinen Handgriff, keinen Hammerschlag mehr für Lüttwitz, Ludendorff, Kapp und Genossen.

Heraus aus den Betrieben!

An dem einmütigen Widerstand des ganzen werktätigen Volkes muß der Gewaltstreich der Reaktion zerschellen.

Aktionsausschuß Süden der S. P. D.

Aufruf der SPD Berlin zum Generalstreik. Flugblatt vom März 1920.

Putschtruppen am Reichskanzlerpalais, März 1920.

Schießerei auf dem Pariser Platz am 18. März 1920. Bei mehreren Zwischenfällen am Brandenburger Tor, Bahnhof Tiergarten und am Luisenplatz in Charlottenburg eröffneten die unter klingendem Spiel abziehenden Putschtruppen das Feuer auf Demonstranten und Schaulustige.

General Walther von Lüttwitz im Gespräch mit Bernhard von Hülsen, März 1920.
Seine Truppen, die im Jahr zuvor für die Übergangsregierung die linksextremen Aufstände niedergeschlagen hatten, wendeten sich nun selbst gegen die Republik.

Oben: Der Putsch bricht zusammen. Die Kapp-Truppen werden am 18. Märzes 1920 von der Reichswehr abgelöst und ziehen ab. Links die einrückenden Regierungstruppen, rechts Teile der revoltierenden Marine-Brigade Ehrhardt vor dem Reichskanzlerpalais in der Wilhelmstraße.
Fotografie von W. Körner.

Zuhörer auf der Tribüne des Reichstags. *Fotografie von Erich Salomon, Oktober 1930.*

Nach Ende einer Reichstagssitzung führen die Abgeordneten Ernst Heilmann (SPD), Otto Landsberg (SPD), Philipp Scheidemann (SPD) und Georg Bernhard (DDP) ihre Debatten fort. *Fotografie von Erich Salomon, 1926.*

Walther Rathenau, 1922. Der Außenminister im Kabinett Wirth wurde am 24. Juni 1922 auf offener Straße von Mitgliedern der terroristischen »Organisation Consul« in Grunewald ermordet.

Begegnung von Wissenschaft und Politik auf einem Empfang, den Reichskanzler Heinrich Brüning im August 1931 zu Ehren des britischen Premierministers Mac Donald in Berlin gab. Von links nach rechts: Max Planck, Ramsay Mac Donald, Albert Einstein, Finanzminister Hermann Dietrich (DDP), Geheimrat Hermann Schmitz (IG Farben) und Außenminister Julius Curtius (DVP). *Fotografie von Erich Salomon.*

Matthias Erzberger in Weimar. *Fotografie von Willy Römer, 1919.*
Der Zentrumsabgeordnete Erzberger, der am 11. November 1918 den Waffenstillstand im Wald von Compiègne unterzeichnet hatte, wurde eines der prominentesten Opfer in einer langen Reihe von Fememorden und Attentatsversuchen.

Anlässlich der dritten Reichsverfassungsfeier am 11. August 1922 schreitet Reichspräsident Friedrich Ebert die Front der Ehrenkompanie vor dem Reichstag ab. Hinter ihm Reichskanzler Joseph Wirth und der Chef der Heeresleitung, General Hans von Seeckt (in Uniform).

Protestversammlung gegen die Besetzung des Ruhrgebiets durch französische und belgische Truppen auf dem Königsplatz, 1923.

Das Hotel Adlon Unter den Linden, um 1928. Das von den Architekten Carl Gause und Robert Leibniz zwischen 1905 und 1907 errichtete Luxushotel am Pariser Platz, dessen Bau auf die persönliche Initiative Kaiser Wilhelms II. zurückging, beherbergte die französischen Mitglieder der Interalliierten Militärkontrollkommission.

Französische Mitglieder der Interalliierten Militärkontrollkommission zur Überwachung der Auflagen des Versailler Vertrags, um 1920.

Der Weltverband der Völkerbundsligen eröffnet im Plenarsaal des Deutschen Reichstags seine Sitzung mit einer Ansprache Professor Aulards von der Pariser Sorbonne, 1927. *Fotografie von Carl Weinrother.*
Am 10. September 1926 war auch Deutschland in den Völkerbund aufgenommen worden.

Die »Väter« der wirtschaftlichen Nachkriegsordnung Deutschlands: Die amerikanischen Finanzexperten und Politiker Owen D. Young (rechts) und Charles G. Dawes (links) zu Besuch in Berlin, um 1928.

Gustav Stresemann, 1928. Dem Sohn eines Berliner Bierhändlers gelang während des Kaiserreichs und in den Jahren der Weimarer Republik eine beeindruckende politische Karriere. Ebenso spektakulär gestaltete sich sein politischer Wandel: Aus dem glühenden Verfechter einer deutschnationalen Annektionspolitik während des Ersten Weltkrieges wurde nach 1918 ein »Vernunftrepublikaner«, der maßgeblich zur deutsch-französischen Verständigung beitrug. Zusammen mit dem französischen Außenminister Aristide Briand erhielt Stresemann 1926 den Friedensnobelpreis.

Das von Paul Wallot entworfene Reichstagsgebäude am Königsplatz. *Kolorierte Fotografie von H. Hoeffke, 1929.*

DEM DEUTSCHEN VOLKE

Laurenz Demps

Licht und Schatten Alltag in der Großstadt

Das »Gesetz über die Bildung einer neuen Stadtgemeinde Berlin« vom 27. April 1920, das am 1. Oktober desselben Jahres in Kraft trat, war eine »Sternstunde der Berliner Geschichte« (Henning Köhler). Denn damit entstand nicht nur eine Großgemeinde (»Groß-Berlin«, wie man allgemein sagte), sondern eine Metropole: gewaltig in der Fläche, riesig in der Einwohnerzahl, mächtig in der politischen Sogwirkung – kurz: ein Moloch. Berlin wurde, durch einen Federstrich der Verwaltung, über Nacht zu einer Stadt mit fast vier Millionen Einwohnern, die mehrere Großstädte in sich vereinigte: ein uneinheitlicher Organismus voller sozialer und gesellschaftlicher Gegensätze, aber auch voller Dynamik und Modernität.

Nicht weniger als acht Städte – Berlin, Charlottenburg, Köpenick, Lichtenberg, Neukölln, Schöneberg, Spandau und Wilmersdorf – sowie 59 Landgemeinden und 27 Gutsbezirke waren von dem Zusammenschluss betroffen. Unter den so genannten »Landgemeinden« befand sich auch Steglitz, dessen Einwohnerzahl allein die Gründung einer eigenen Großstadt gerechtfertigt hätte. Doch nun ging alles im neuen Groß-Berlin auf. Dem explosionsartigen Wachstum von Industrie und Bevölkerung, das im Berliner Raum schon nach 1871 eingesetzt hatte, wurde durch eine neue politisch-administrative Gestalt Rechnung getragen, nachdem Krieg und Revolution die Stadt noch einmal gehörig durcheinandergewirbelt hatten.

Vision und Realität

Der Eindruck, der heute gemeinhin vom Berlin der zwanziger Jahre vermittelt wird, ist meist geprägt von hoher Leuchtkraft: nasser, glänzender Asphalt, Revuen, Theater, Kunst und Film, große Literatur. Es entsteht das Bild einer prächtigen, zumindest aufregenden Zeit, eines kurzen, vulkanischen Lebensgefühls, das abrupt zu Ende ging, noch ehe es sich ganz entfalten konnte, so dass vieles Vision blieb. Nach Reichsgründung und Industrialisierung, Erstem Weltkrieg und Untergang des Kaiserreiches hatte sich manches geändert; die große Politik hatte ihren Einfluss nicht verfehlt. Doch die Stadt war sich dabei – zumindest auf den ersten Blick – erstaunlich gleich geblieben.

Tatsächlich schienen die Veränderungen des Alltags nicht sehr groß. Zwar wurde in Politik, Wirtschaft, Gesellschaft und Kultur manches Neue erdacht und versucht. Aber dies wurde nicht Allgemeingut, sondern blieb Ausnahme oder Theorie. Das Bild, das später vom Weimarer Berlin gezeichnet wurde, zeigt eine Welt, wie die Zeitgenossen sie gerne gehabt hätten – oder wie nachfolgende Generationen sie sich vorstellten: glitzernd, bunt, prall. Die Realität war anders. Vieles von dem, was heute für die zwanziger Jahre als typisch gilt, erreichte die Mehrheit der Berliner nicht, die in den Jahren nach dem Krieg, in Nachkriegskrise und Inflation einen harten Überlebenskampf führten.

Dabei waren die Voraussetzungen keineswegs schlecht. Ein sich selbstbewusst entwickelndes Bürgertum hatte es nach der Reichseinigung 1871 verstanden, durch kompetente kommunale Verwaltung einen städtischen Organismus zu schaffen, der den Bewohnern eine hohe soziale Mobilität verlieh und eine gesunde Ernährung sowie eine vorbildliche Müll- und Abwasserentsorgung ermöglichte. Berlin war – früher als andere Städte – eine Einwohnergemeinde geworden und damit beispielgebend für andere große Metropolen des Kontinents. Die Vorleistungen aus der Zeit des Kaiserreichs waren so bedeutend, dass hier 1918/19 kein Bruch notwendig war, sondern man den eingeschlagenen Weg des Ausbaus der Ver- und Entsorgung, des Verkehrs und der Hygiene weiter fortsetzen konnte. Die größten Anforderungen ergaben sich nun aus der Notwendigkeit, die Stadt den neuen technischen Möglichkeiten anzupassen. Dies galt für den Ausbau befestigter Straßen ebenso wie für die Elektrifizierung, die bereits im Kaiserreich begonnen hatte und nun zu Ende geführt werden musste, vor allem jedoch für die Schaffung einer modernen Infrastruktur im öffentlichen Nahverkehr.

Stadt in Bewegung

Ein funktionierendes Verkehrswesen ist eine zentrale Grundbedingung des Lebens in jeder Metropole. Für das große Berlin nach 1920, das mit 878 Quadratkilometern zur flächenmäßig zweitgrößten Stadt Europas geworden war und dessen geografische Ausdehnung nahezu der Fläche des gesamten Ruhrgebietes entsprach, traf dies jedoch in besonderem Maße zu. Sämtliche Stadt-, Ring- und Vorortbahnen wurden deshalb elektrifiziert und unter dem Begriff »Schnellbahn« zu einem leistungsfähigen S-Bahn-Netz zusammengefasst, das sich über ganz Berlin – und teilweise darüber hinaus – erstreckte und es den Bewohnern ermöglichte, sich schnell und preiswert in der Stadt zu bewegen. Ein dichter, gut aufeinander abgestimmter Verbund von S- und U-Bahnen sowie Verbindungsstrecken von Straßenbahn und Omnibus ermöglichte nun ein Tempo des Verkehrs, das in der Welt seinesgleichen suchte.

Im Jahre 1929 wurde von diesen Verkehrsträgern die gewaltige Zahl von 1,9 Milliarden Menschen transportiert. Fast die Hälfte der beförderten Personen entfiel dabei auf die Straßenbahn, deren Haltestellen sich oft in unmittelbarer Nähe der Wohnung und des Arbeitsplatzes befanden und die überdies Linien besaß, die über weite Strecken führten, wie die legendäre Linie 74 von Weißensee nach Lichterfelde. Der Straßenbahn folgte die S-Bahn, deren zunehmende Elektrifizierung eine schnellere Abfertigung ermöglichte, so dass die Zugfolgen – insbesondere im Berufsverkehr – immer kürzer und auch die Fahrzeiten um bis zu 30 Prozent geringer wurden. Die Erweiterung des U-Bahnnetzes machte nach 1925 ebenfalls rasche Fortschritte, ehe die Weltwirtschaftskrise den weiteren Ausbau unterbrach. Immerhin wurde 1930 noch die Verbindung zwischen Lichtenberg und dem Alexanderplatz fertig gestellt, die den Berliner Osten an das Stadtzentrum anschloss. Danach kam der U-Bahnbau praktisch zum Erliegen, weil die städtische Finanzkrise, die seit 1929 katastrophale Züge annahm, weitere Investitionen nicht mehr zuließ.

Von zentraler Bedeutung – ungeachtet aller kurzfristigen wirtschaftlichen Probleme – war hingegen die Gründung der Berliner Verkehrsgesellschaft (BVG), die am 1. Januar 1929 ihre Tätigkeit aufnahm. Alle kommunalen Verkehrsbetriebe der Straßenbahn, der Untergrundbahn und der Busunternehmungen wurden darin vereinigt und so eine einheitliche kommunale Verkehrspolitik überhaupt erst möglich. Die BVG war alleiniges Eigentum von Groß-Berlin und, wie damals stolz verkündet wurde, mit einem Aktienkapital von 400 Millionen Reichsmark das größte kommunale Unternehmen der Welt. Den Vorsitz des Aufsichtsrates übernahm

Ernst Reuter, der seit 1926 Stadtrat für Verkehrswesen gewesen war und sich in dieser Funktion entscheidend für die Gründung der BVG eingesetzt hatte, die im Übrigen von den bürgerlichen Parteien ebenso unterstützt wurde wie von der KPD. Auch Reuter gelang es allerdings nicht, eine Tarifgemeinschaft oder ein leistungsfähiges Verbundsystem mit der Reichsbahn zu erzielen. Ein kostenfreies Umsteigen zwischen den Linien der BVG und der S-Bahn im Sinne einer modernen Verkehrskonzeption, wie sie Reuter vorschwebte, blieb jedoch Zukunftsmusik.

Ein wichtiges Argument Reuters, den U-Bahnbau voranzutreiben, bestand schon in den zwanziger Jahren in dem Verweis auf die bedrohliche Zahl von 97 000 Autos, die angeblich in Groß-Berlin registriert waren. In einem Zeitungsartikel bemerkte Reuter dazu im September 1928: »Das Anwachsen der Autos, das Anwachsen des Oberflächenverkehrs zwingt uns, einen möglichst großen Teil des örtlichen Nahverkehrs unter die Erde zu legen.« Das Argument war vorausschauend sicher richtig, in der konkreten Situation aber durchaus übertrieben. Auch die von Reuter immer wieder genannten Zahlen hielten einer Überprüfung nicht stand. Das Auto – damals zumeist noch Automobil oder Kraftwagen genannt – zeigte sich zwar mehr und mehr im Straßenbild, aber es war noch kein Verkehrsmittel der Allgemeinheit. Die tatsächliche Zahl der privaten Autos betrug 1930 exakt 48 623 – eine eher bescheidene Zahl im Vergleich zur Entwicklung späterer Jahrzehnte. Der Verkehrsturm am Potsdamer Platz, 1924 aufgestellt und eine der ersten Ampelanlagen in der Welt überhaupt, galt als Symbol des Fortschritts – war aber eigentlich noch überflüssig.

Berlin war immer noch eine verhältnismäßig ruhige Stadt. Man fuhr mit den öffentlichen Verkehrsmitteln oder ging zu Fuß. Wie sehr dem Auto die Zukunft gehörte, zeigte sich indessen nicht nur bei den Droschken, wo schon Ende 1925 den 5 945 Kraftdroschken nur noch 598 Pferdedroschken gegenüberstanden, sondern auch an der Tatsache, dass für den Autoverkehr bereits am 19. September 1921 die »Automobilverkehrs- und Übungsstraße« im Grunewald eingerichtet worden war, die als »AVUS« in die Geschichte eingehen sollte.

Großstädter als »Ackerbürger«

Der öffentliche Güterverkehr innerhalb der Stadt wurde allerdings in den zwanziger Jahren immer noch überwiegend mit Pferdefuhrwerken bewältigt. Zwar begann sich die Zahl der Pferde langsam zu verringern, aber sie lag 1926 immer noch bei 44 471. Auch sonst hatte sich der ländliche Raum aus der Stadt noch nicht völlig verabschiedet. So gab es 1926 unter anderem noch 22 569 Milchkühe, die teilweise in Stallungen auf Hinterhöfen gehalten wurden. 24 390 Schweine wurden in zahlreichen größeren und kleineren Betrieben gemästet. Auf Balkonen oder in Kleingärten wurden mehr als eine halbe Million Hühner gehalten.

Besonders charakteristisch für Berlin waren die Kleingärten, deren Besitzer im Volksmund kurz »Laubenpieper« genannt wurden. Auf knapp 4000 Hektar innerhalb der Stadt bewirtschafteten mehr als 110000 Kleingärtner mit ihren Familien kleine und kleinste Flächen – teils als Freizeitland, in Notsituationen aber auch als Nutzfläche, um das materielle Überleben zu sichern. Man konnte Blumen ebenso wie Blumenkohl anbauen und besaß damit die Möglichkeit, Hungerzeiten durch Gemüse aus der eigenen Laube zu überbrücken.

Schon 1901, lange vor dem Weimarer Berlin, hieß es dazu in der Zeitschrift *Ackerbürger*: »Für ewige Zeiten wird das heutige Ackerbürgertum, die Laubenkolonisten Berlins und Umgebung, ein Denkmal in der Geschichte sein. Keine Stadt des ganzen Deutschen Reiches oder der ganzen Welt kann derartiges aufweisen, und stolz kann jeder sein, der sich Ackerbürger Berlins und Umgebung nennt.« In den zwanziger Jahren, als die wirtschaftliche Not immer größere Kreise der Bevölkerung erfasste, wurden die Laubenkolonien zu einem wichtigen Bestandteil des Überlebens.

Der eigene Stromanschluss

Eine neue Entwicklung trat mit dem Einsatz des elektrischen Stroms im privaten Bereich ein. Krieg und Inflation ließen zwar nur eine langsame Elektrifizierung der privaten Haushalte zu, zumal der Strom noch sehr teuer war. Doch 1926 gab es in der Stadt immerhin bereits 442 608 Abnehmer von Strom, davon allerdings immer noch ein sehr großer Teil in der Wirtschaft. Nur etwa 25 Prozent der Berliner Haushaltungen besaßen zu dieser Zeit einen Stromanschluss. In den folgenden Jahren verlief die Entwicklung jedoch so rasant, dass 1932 bereits etwa 75 Prozent der Haushaltungen über einen Stromanschluss verfügten.

Mit dem Strom kamen auch die Elektrogeräte und gewannen bald immer mehr an Bedeutung: Elektroherde, die das Kochen erleichterten, Staubsauger, die den Hausputz vereinfachten, elektrische Kühlschränke, die die Aufbewahrung verderblicher Lebensmittel ermöglichten, vor allem jedoch Heißwasserspeicher, die man zunächst noch mietete, schließlich aber auch immer öfter selbst besaß und die – eine wahre Revolution – dafür sorgten, dass in den Haushaltungen ständig warmes Wasser zur Verfügung stand. Eine Lehrküche des Stromerzeugers BEWAG am Schiffbauerdamm führte die Geräte vor. 1932 gehörte dazu auch die erste elektrische Waschmaschine. Angesichts der Weltwirtschaftskrise war vieles davon für die große Mehrzahl der Bevölkerung allerdings noch nicht erschwinglich. Erst im Zuge des »Wirtschaftswunders« nach dem Zweiten Weltkrieg hielten die Geräte allgemein Einzug in die Haushalte.

Auf ganz andere Weise trug die Elektrifizierung schließlich dazu bei, dass ein völlig neues, bisher gänzlich unbekanntes Gerät die modernen Wohnungen zu erobern und den Alltag der Menschen zu verändern begann: das Radio. Am 29. Oktober 1923 nahm der erste Rundfunksender im Vox-Haus am Potsdamer Platz seinen Betrieb auf. Den Zeitungen erwuchs nun mit dem Rundfunk ein ernsthafter Konkurrent. Er ermöglichte schnelle Information und die Übertragung musikalischer Programme – und man konnte beim Hören anderen Beschäftigungen nachgehen. Zwar steckte der Rundfunk in den zwanziger Jahren noch in den Anfängen. Aber die Entwicklung schritt stürmisch voran: 1925 waren bereits 269 000 Geräte angemeldet, 1932 mehr als dreimal soviel (854 000). Für den Rundfunk entstanden eigene Programmzeitungen, wie *Die Koralle*, die ab 1925 erschien und deren Titel der letzten Seite »Da lacht die Koralle« zu einer stehenden Redewendung wurde.

Das Wohnungsproblem

Ein zentrales Problem in der Stadt blieb die Versorgung mit quantitativ und qualitativ ausreichendem Wohnraum. Schon vor 1918 hatte es daran gemangelt. Obwohl engagierte Wissenschaftler und Kommunalpolitiker wie Rudolf Virchow immer wieder auf den Zusammenhang zwischen der Qualität der Wohnungen einerseits und Krankheit und frühem Tod andererseits hingewiesen hatten, war in diesem Bereich viel zu wenig geschehen. Selbst die Einführung einer entsprechenden Statistik, die auch international Aufsehen erregte, hatte daran nichts geändert.

Nach dem Ersten Weltkrieg, als die Stadt in geringen Abständen immer wieder von wirtschaftlichen Krisen heimgesucht wurde, reichte die kurze Phase einer flüchtigen Stabilität zwischen 1924 und 1929 nicht aus, eine wirkliche Wende zu vollziehen. So ergab die Wohnungszählung vom 16. Mai 1927 ein düsteres Bild: In 1,2 Millionen Wohnungen drängten sich 1,3 Millionen Haushaltungen, das heißt, etwa 100000 Haushaltungen verfügten über keinen eigenen Wohnraum. Der Wohnungsbestand wurde deshalb schon seit dem 19. Januar 1922 zwangswirtschaftlich reglementiert, was bedeutete, dass die Bezirke den Wohnungsbestand kontrollierten und frei werdende Wohnungen nach Dringlichkeit vergaben. Der Verwaltungsbericht der Stadt Berlin für die Zeit von 1920 bis 1924 meldete allein für den Bezirk Kreuzberg zum Stichtag 31. März 1924 einen Fehlbestand von 19036 Wohnungen, für den Bezirk Prenzlauer Berg 10713. Zudem wurde in dem Bericht festgestellt, dass infolge »der Nachwirkungen eines Jahrzehntes fast völliger Vernachlässigung der Hausinstandsetzungen« der Zustand der Wohnungen überwiegend schlecht sei und – wegen Materialknappheit – nur die dringendsten Reparaturen vorgenommen werden könnten.

Die schleppende Verbesserung der Wohnungsstruktur lag jedoch nicht nur an den schlechten materiellen Voraussetzungen, sondern auch an einer überbordenden Bürokratie. So stellte Werner Hegemann 1930 in seinem Buch *Das steinerne Berlin* fest, dass 26 Dienststellen tätig werden müssten, um ein Bauvorhaben in der Stadt zu genehmigen. Durch ein neues Städtebau-Gesetz solle die Anzahl der »dreinredenden Behörden« sogar auf 40 erhöht werden. So blieben die für die Kaiserzeit typischen Wohnverhältnisse auch im Weimarer Berlin weitgehend erhalten: Stube und Küche oder zwei Zimmer mit Küche. Etwa zwei Drittel des Bestandes, insgesamt 887576 Wohnungen, wiesen diese Struktur auf. Sie waren über die ganze Stadt verteilt, fanden sich jedoch besonders konzentriert in den Innenstadtbezirken Wedding, Friedrichshain und Kreuzberg.

Viele dieser kleinen Wohnungen waren hoffnungslos überbelegt, teilweise mit bis zu acht Personen in eineinhalb Zimmern. Etwa 20000 Familien sollen während der Weimarer Zeit unter solchen Bedingungen gelebt haben – zusätzlich geplagt durch schlechte sanitäre Verhältnisse, die vor allem in den vor 1880 errichteten Altbauten indiskutabel waren. Waschgelegenheiten in der Wohnung mussten improvisiert werden, Badezimmer gab es nicht, die Toiletten befanden sich auf dem Hof oder auf halber Treppe im Flur. Noch schlechter erging es allerdings denjenigen, die sich überhaupt keine Wohnung leisten konnten: Etwa 25000 Familien behalfen sich mit dem Umbau von Gartenlauben zu Wohnzwecken. Weitere 20000 Familien hausten unter oft menschenunwürdigen Umständen in Kellern oder Verschlägen, die sich von einem Zustand völliger Obdachlosigkeit nur graduell unterschieden.

Großfamilien waren unter diesen Bedingungen in der Stadt immer seltener anzutreffen. Vorherrschend war die Kleinfamilie mit einem Kind oder zwei Kindern, für die es aber ebenfalls nicht genug Wohnungen gab. Der städtischen Wohnungspolitik gelang es bis zum Ende der Weimarer Republik nicht, das Problem in den Griff zu bekommen. Zwar wurde immer wieder auf den Bedarf an Wohnungen insbesondere für kleinere Familien hingewiesen, doch an der düsteren Wirklichkeit änderte sich dadurch nichts: Die Wohnungsnot blieb eine drängende Sorge im Alltag der Stadt.

Obdachlosigkeit und Arbeiterelend

Hunderttausende von Menschen strömten in den zwanziger Jahren nach Berlin, um hier zu arbeiten, weil die Großstadt sie reizte oder weil sie hier die Anonymität suchten, die es an anderen Orten nicht gab. Aber es kamen auch andere, die in Not geraten waren und hofften, in der Stadt neue Existenzmöglichkeiten zu finden. Nicht wenige von ihnen waren aus der Bahn geworfen worden oder selbst aus der Gesellschaft ausgestiegen. Obwohl es kein festes soziales Netz gab, das diese Menschen auffing, konnte die Stadt nicht umhin, sich um sie zu kümmern. So übernachteten allein im Jahre 1925 nicht weniger als 1,2 Millionen Männer, über 100000 Frauen und sogar 1500 Kinder im städtischen Obdachlosenasyl. Diese Zahl halbierte sich bis 1932, da eine Vielzahl sozialer Maßnahmen ergriffen wurde, um die Menschen von der Straße zu holen und ihnen zu einem festen Dach über dem Kopf zu verhelfen. Aber auch danach blieb das Problem der Obdachlosigkeit und der Versorgung von Migranten eine ständige Herausforderung für die Stadtverwaltung.

So mussten 1931 von den städtischen Einnahmen, die sich in diesem Jahr auf etwa eine Milliarde Reichsmark beliefen, nicht weniger als 103 Millionen – also mehr als 10 Prozent – für die offene Fürsorge in den sechs Innenstadtbezirken ausgegeben werden. 426688 Berliner – etwa ein Zehntel der Bevölkerung – wurden ständig unterstützt, 205312 zeitweilig. Hinzu kamen soziale Leistungen für die über 50000 Kriegsversehrten, die Hinterbliebenen und die Maßnahmen der freien Wohlfahrt. Es war eine Belastung, die in wirtschaftlich komplizierter Lage von der Stadt nur schwer zu erbringen war. Trotz größter Anstrengungen der Verwaltung ließ sich die Armut weiter Teile der Bevölkerung daher nicht beseitigen. Angesichts des Glanzes, den die Stadt nach außen verbreitete, und angesichts des Reichtums, der in manchen Kreisen herrschte, wuchs deshalb der soziale Unmut, der sich insbesondere während der Weltwirtschaftskrise in Demonstrationen, Mieterstreiks und spontanen Protesten entlud. Hier lag auch eine der Wurzeln für die nach 1930 zunehmende Radikalisierung in den Berliner Arbeitervierteln, in denen sich trotz aller Bemühungen um eine Verbesserung der Lebensverhältnisse qualitativ und quantitativ wenig änderte.

Slatan Dudow machte mit seinem Film *Wie der Berliner Arbeiter lebt* auf das Elend aufmerksam, indem er in einer Mischung von Dokumentaraufnahmen und Spielszenen den Alltag der Arbeiter beschrieb. Andere Filme wie *Die im Schatten, die im Licht* widmeten sich ebenfalls diesem Thema. Und auch der typische Berliner Witz prägte schon um 1920 einen Spruch, der die Verhältnisse treffend charakterisierte:

Wer nie bei Siemens-Schuckert war,
bei AEG und Borsig,
der kennt des Lebens Jammer nicht,
der hat noch manches vor sich.

Da bist du nichts, da wirst du nichts,
wenn auch der Magen kluckert,
so ist's bei Borsig, AEG,
bei Siemens und bei Schuckert.

Stadt der Arbeit

Obwohl Berlin in den zwanziger Jahren immer noch die größte Industriestadt Deutschlands war, begann sich die soziale Zusammensetzung der Bevölkerung allmählich zu verändern. Noch bestimmten allerdings die großen Produktionsstätten das Bild der Stadt, die weiterhin als »Stadt der Arbeit«, das heißt der gewerblichen Wirtschaft, galt. Diese Tatsache wurde dokumentiert durch die 46 Prozent der etwa 2,2 Millionen Erwerbstätigen, die in Industrie und Handwerk arbeiteten. Im öffentlichen Dienst und im privaten Dienstleistungssektor waren es dagegen nur etwa 15 Prozent, in Handel und Verkehr 31 Prozent. Der Umstand, dass in den beiden letztgenannten Gruppen zusammen mehr Menschen beschäftigt waren als in der gewerblichen Wirtschaft, deutete indessen bereits darauf hin, dass – wie in den modernen Industriegesellschaften allgemein – auch in Berlin eine allmähliche Verschiebung des gewerblichen Profils zugunsten des Dienstleistungssektors stattfand, der den Alltag der Menschen beeinflusste.

In der Weimarer Zeit war dies jedoch höchstens zu erahnen. Die Berliner Arbeiterschaft umfasste 1929 noch fast 800000 Menschen, die weiterhin als geschlossene, wenn auch nicht homogene Gruppe agierten. Über 400000 von ihnen waren als qualifizierte Arbeiter in der Metallindustrie tätig, etwa 200000 in der Elektroindustrie. Der Facharbeiter, der in Großbetrieben wie Siemens oder AEG arbeitete und in Prenzlauer Berg, in Tiergarten oder in Friedrichshain wohnte, besaß in der Regel ein ausgeprägtes Selbst- und Standesbewusstsein, das nicht nur durch den Stolz auf die eigene Leistung, sondern auch durch die Solidarität innerhalb des Betriebes und die Zugehörigkeit zu einer festgefügten sozialen Gruppe zustande kam.

Von einem solchen Gefühl der Zusammengehörigkeit konnte bei den Beamten und Angestellten im Reichs- oder Landesdienst, bei den städtischen Einrichtungen oder im Bankgewerbe nicht die Rede sein. Zwar betrug ihre Gesamtzahl ebenfalls immerhin fast 120000. Doch der Dienstleistungssektor blieb soziologisch betrachtet eher heterogen und war nicht in der Lage, die notwendige Geschlossenheit zu entwickeln, um als politische Kraft Bedeutung zu erlangen. Bemerkenswert war hier indessen der hohe Anteil der berufstätigen Frauen, der 1930 bereits etwa 27 Prozent der erwerbstätigen Bevölkerung ausmachte. Anders als im Kaiserreich stand den Frauen in der Weimarer Republik sogar der Zugang zur Beamtenlaufbahn offen, auch wenn es beispielsweise den Lehrerinnen in den Anfangsjahren der Republik noch immer verboten war zu heiraten.

Der Berliner – ein Mensch besonderen Typs?

Die Entwicklung zur Metropole führte nicht nur zu strukturellen Veränderungen in Politik, Wirtschaft und Verwaltung, sondern schuf auch einen neuen Menschentyp, den es in dieser Form in Deutschland nur einmal gab, weil das Reich zwar zahlreiche Großstädte, aber nur eine Metropole hatte: den Berliner – schlagfertig, gelegentlich ruppig bis zur Unfreundlichkeit, jedoch offen und neugierig und von hohem Tempo – immer schnell gehend und dann doch voller Interesse stehen bleibend. Man merkte den Menschen ihren neuen Lebens- und Arbeitsrhythmus an, der den Alltag bestimmte: zu viele Termine, keine Zeit, zwischendurch ein schnelles Essen bei Aschinger oder in einem anderen »Expreßrestaurant«. Familienleben nach traditionellen Regeln – unmöglich.

Das Leben in der Metropole – ein schwieriges Geschäft. Ein Zeichen dafür schien auch die Zunahme der Kriminalität zu sein. Glaubt man den zeitgenössischen Berichten, war Berlin die Hauptstadt des Verbrechens. Die Statistik indessen zeigt ein anderes Bild. Insbesondere Kapitalverbrechen waren eher selten, 1926 gab es nicht mehr als 38 Morde und 53 Mordversuche – für eine Vier-Millionen-Stadt eine erstaunlich geringe Zahl. Selbst 100000 Gerichtsverfahren wegen Kleinkriminalität hielten sich im Rahmen. Dafür entwickelten sich die Gerichtsverhandlungen, die auch während des Kaiserreiches schon öffentlich gewesen waren, in den Weimarer Jahren zu einer Bühne für die Auseinandersetzung mit den Umständen der Zeit. Viele Prozesse fanden großes öffentliches Interesse, was populäre Anwälte, wie Erich Frey und Max Alsberg, zu imposanten Auftritten nutzten. Spektakuläre Fälle gab es genug, etwa die geschickt inszenierten Einbrüche der Gebrüder Saß oder die Schlägereien der »Ringvereine« – der in Vereinen sich zusammenfindenden Ganoven

– mit der Polizei. Vieles wurde aufgebauscht und übertrieben. Aber man las die Berichte gern, verglich sich mit den Typen, über die geschrieben wurde, erkannte sich wieder oder lehnte sie ab.

Die Stadt als politischer Seismograf

Das Wahlverhalten der Berliner und Berlinerinnen (Frauen besaßen seit der Revolution von 1918 das Wahlrecht) änderte sich während der Weimarer Republik im Vergleich zur Kaiserzeit kaum: Berlin wählte links. Splitterparteien hatten in der Stadt keine Chance. Die SPD war zunächst stärkste Partei und blieb es bis zur Wahl zum Preußischen Landtag am 31. Juli 1932. Ihr folgte die Deutschnationale Volkspartei (DNVP), die im Wesentlichen über einen konstanten Wählerstamm verfügte. Die Kommunistische Partei Deutschlands (KPD), die unmittelbar nach der Revolution wenig Einfluss besessen hatte, nach dem Zusammenschluss mit der Unabhängigen Sozialdemokratischen Partei (USPD) im Jahre 1920 aber allmählich aufholte, schob sich bis zum Ende der zwanziger Jahre an die zweite Stelle in der Wählergunst. Das Zentrum, die Deutsche Demokratische Partei (DDP) und die Deutsche Volkspartei (DVP) spielten in Berlin – anders als im Reich – keine Rolle.

Bis zur Weltwirtschaftskrise waren die politischen Verhältnisse in Berlin weitgehend stabil, wenn auch die allgemeine Unsicherheit des Reiches stets fühlbar blieb. Nach 1929 nahm die Radikalisierung derjenigen Bevölkerungsteile, deren soziale Lage schon immer kompliziert gewesen war und die nun von hoher Arbeitslosigkeit und Sozialabbau besonders betroffen waren, dramatisch zu. Der Wunsch nach einfachen, griffigen Lösungen, wie sie die KPD, insbesondere aber die NSDAP bereit hielten, trat an die Stelle der politischen Auseinandersetzung. Die daraus resultierende Polarisierung der politischen Kräfte läßt sich an den Ergebnissen der Reichstagswahl vom 6. November 1932 ablesen, bei der nur die vier großen Parteien in nennenswertem Umfang Wählerstimmen auf sich vereinigen konnten: Die KPD wurde mit 860 837 Stimmen zur stärksten Partei in der Stadt. Knapp dahinter folgte die NSDAP, die erstmals bei den Reichstagswahlen am 7. Dezember 1924 angetreten war, mit 720 613 Stimmen. Die beiden extremistischen Parteien, die den Weimarer Staat ablehnten und bekämpften, verdrängten die SPD, die nur noch 646 644 Stimmen erhielt, von ihrem bisherigen Spitzenplatz. Die DNVP blieb in ihren Ergebnissen mit 315 412 Stimmen weiter konstant, ohne mit den anderen Parteien mithalten zu können.

Das Wahlergebnis warf ein bezeichnendes Licht auf die Lage in der Stadt – und ließ erahnen, was in nicht allzu ferner Zukunft geschehen würde. Die Bürger Berlins hatten vor dem Hintergrund der Weltwirtschaftskrise, hoher Arbeitslosigkeit und der offensichtlichen Unfähigkeit der demokratischen Politiker, die Krise zu meistern, in ihrer großen Mehrheit radikale Parteien gewählt. 1,9 Millionen Wähler hatten sich für einen kommunistischen, nationalsozialistischen oder deutschnationalen Weg entschieden, nur noch knapp 650 000 für den gemäßigten Kurs der SPD. Dies war umso bemerkenswerter, als sich die Veränderung, die darin zum Ausdruck kam, in einer Stadt vollzog, die für ihren liberalen Geist und ihre Toleranz bekannt war. Was hatte die Menschen zu einem derartigen Richtungswechsel bewogen? Licht und Schatten lagen offenbar näher beieinander, als man es lange hatte wahrhaben wollen. Berlin – das war und blieb eine Metropole voller Glanz; aber es war auch eine Stadt mit dunklen Seiten, die man gerne übersah und die sich nun in den Vordergrund drängten und einem neuen Regime zur Macht verhalfen. Berlin war nicht die Ursache dieser Entwicklung. Doch gleich einem Seismografen kündigte sich hier das kommende Unheil früh an.

Blick auf die Leipziger Straße in der Weihnachtswoche 1928. *Fotografie von H. Hoeffke.*
»Gottes eigenes Land hatte von einer solchen Hauptstraße keinesfalls Konkurrenz zu besorgen. / Herr Smith betrachtete zunehmend freundlicher Häuser, Gesichter, Autos, Schaufenster, Leute. / Er konstatierte, als guter Onkel, London sei eine Mischung von gestern und morgen, / Paris sei von gestern, New York von morgen, Berlin sei von heute.«
J. L. Wetcheek (d. i. Lion Feuchtwanger), Herr B. W. Smith besichtigt die Leipziger Straße, 1929.

Unter einer Berliner Hochbahntrasse – Fußgänger, Straßenbahn, PKW und Pferdewagen. *Fotografie von Hans G. Casparius, 1929.*
»Autos, Autobusse, Lastautos, Straßenbahnen, Radfahrer, Schupos, schwingende rot beleuchtete Winkarme, Zeitungsverkäufer, Lärm, Serienangebote entschlossen marschierender Frauenbeine, schubsende Herren, Firmenschilder, Flecken und Guirlanden und Flächen von Lichtern, vollgestopfte Auslagen, backsteinerne Zacken und Spitzen und riesige Kisten, in denen Menschen arbeiten, leben und glücklich zu sein versuchen. Über dem Krater voll tierischer Lavamassen hoch in der Luft ein erleuchteter Reklameflieger.«
Walter von Molo, Berliner Tempo, 1929.

Der Potsdamer Bahnhof. *Fotografie von Friedrich Seidenstücker, 1932.* Das am 30. August 1872 von Kaiser Wilhelm I. eingeweihte Bahnhofsgebäude am Potsdamer Platz ersetzte einen Vorgängerbau aus der ersten Hälfte des 19. Jahrhunderts.

Auf dem Potsdamer Platz: Im Hintergrund links Haus Vaterland und der Potsdamer Bahnhof. *Fotografie von Herbert Hoffmann, um 1930.* Um das immer größer werdende Verkehrsaufkommen am Potsdamer Platz zu bewältigen – bei einer Verkehrszählung im Juli 1928 wurden mehr als 33 000 Fahrzeuge an einem Tag registriert –, wurde bereits Ende 1924 probeweise eine Ampelanlage geschaltet. Nach einigen technischen Anpassungen nahm diese dann am 1. Oktober 1926 als erste elektrische Verkehrsampel Europas ihren Betrieb auf.

In der Berliner U-Bahn. *Fotografie von Hans G. Casparius, 1929.* Als viel gepriesenes »Verkehrsmittel der Zukunft« wurde dem Ausbau des städtischen U-Bahnnetzes besondere Priorität eingeräumt. In seiner Funktion als Berliner Stadtrat für Verkehr fasste Ernst Reuter 1928 die Vorteile dieses Transportsystems zusammen: »Das Anwachsen des Oberflächenverkehrs zwingt uns, einen möglichst großen Teil des örtlichen Nahverkehrs unter die Erde zu legen. Nur dort lassen sich die beiden Voraussetzungen schaffen, die der moderne Verkehr erfordert: Schnelligkeit und Sicherheit!« *Ernst Reuter, Das Gesicht des neuen Berlin, in: Der Abend vom 7. September 1928.*

286 t S.
N 6187 P.B.N.
Vereinigte Berliner
Mörtelwerke № 15

Linke Seite: Hafenszene mit Lastkahn. *Fotografie von Hans G. Casparius, 1929.*

Rechts: Das Luftschiff LZ 126 verlässt unter großer Anteilnahme der Bevölkerung am 26. September 1924 Berlin.
Obwohl gemäß des Versailler Vertrages dem Deutschen Reich der Bau von Luftschiffen untersagt war, konnte die deutsche Regierung gegenüber den USA einen Kompromiss erzielen. Anstelle der Reparationszahlungen wurde den USA ein Luftschiff zugesagt, das nach der spektakulären Erstüberquerung des Atlantiks vom 12.–15. Oktober 1924 auf dem Flughafen Lakehurst den amerikanischen Behörden übergeben wurde.

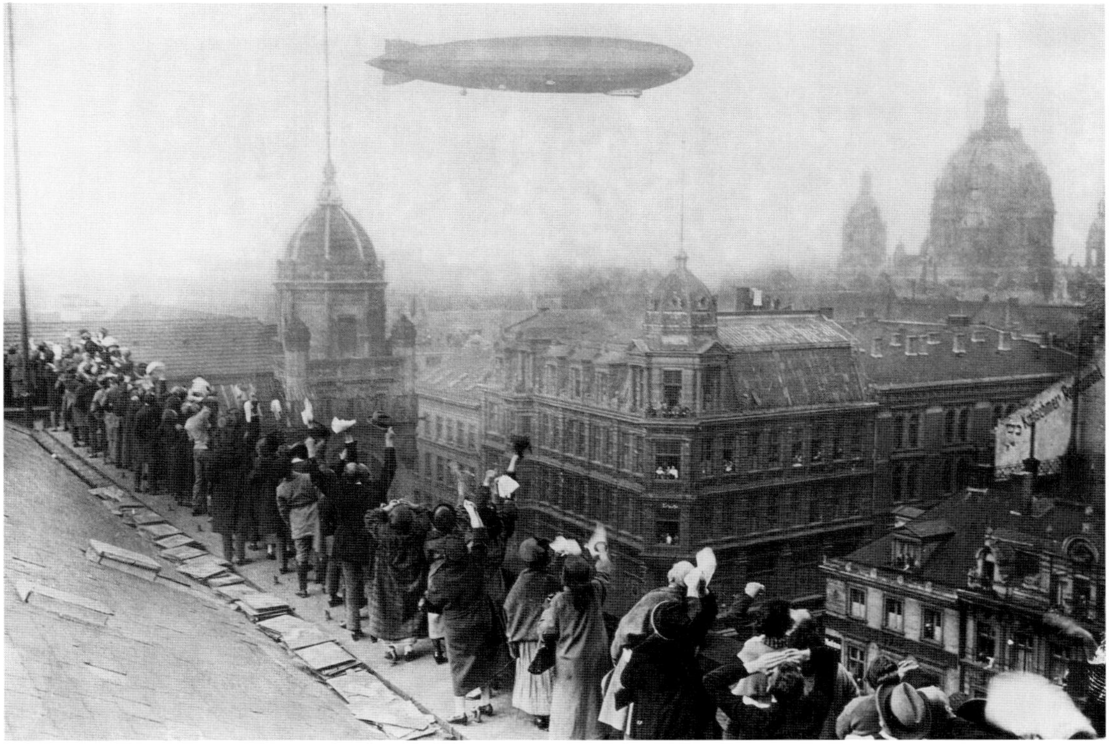

Junkers-Flugzeug G 24 (Baujahr 1924) mit Passagieren, 1926.

Flughafen Tempelhof, 1929.
Am 8. Oktober 1923 wurde im Süden der Stadt auf dem Tempelhofer Feld ein neuer Flughafen eröffnet, der sich schon bald gegen die bereits vorhandenen Anlagen in Johannisthal und Staaken durchsetzen konnte. Bis 1927 entstand eines der modernsten Luftfahrtzentren Europas, von dem aus alle europäischen Metropolen erreicht werden konnten.

Aufbringen und Glätten einer Teerschicht.
Fotografie von Friedrich Seidenstücker, o.J.

Der Wasserturm in der Belforter Straße in Prenzlauer Berg, 1927.

Der Gasriecher. Überprüfen der Gasrohre unter dem Gehwegpflaster. *Fotografie von Friedrich Seidenstücker, o. J.*

Linke Seite: Straßenkehrer vor dem Bahnhof Zoo, 1925. Allein 1925 mussten in Berlin über 1,2 Millionen Kubikmeter Abfall entsorgt werden. Neben der Müllbeseitigung auf Deponien und in der 1921 in Betrieb genommenen Verbrennungsanlage Schöneberg blieb ein Teil der Abfälle als Füll- und Schüttmaterial erhalten. Auf diese Weise entstanden Straßen, Eisenbahndämme, Teile der Rollbahn auf dem Tempelhofer Flughafen sowie eine Grünfläche auf dem ehemaligen Wilmersdorfer See.

Gasanstalt Tegel. Der Dampf wird abgelassen. *Fotografie von Friedrich Seidenstücker, o. J.*

Luftaufnahme des AEG-Kabelwerkes Oberspree, um 1930.
Das bis 1900 errichtete und mehrmals erweiterte Industriegelände an der Spree, das über ein eigenes Kraftwerk verfügte, gehörte schon vor dem Ersten Weltkrieg zu den wichtigsten Produktionsstandorten des AEG-Konzerns. Um 1927 arbeiteten hier mehr als 10 000 Beschäftigte.

Die Industriellen Hugo Stinnes (links) und Carl Duisberg (rechts) auf dem Weg zum Reichstag, 1923. Während ein Großteil der Bevölkerung nach dem Weltkrieg die negativen Seiten der Inflation zu spüren bekam, gelang Stinnes 1922/23 ein beispielloser wirtschaftlicher Aufstieg, indem er mittels schnell verfallender Kredite eine Vielzahl von Firmen kaufte. Bei seinem Tode 1924 umfasste der Stinnes-Konzern mehr als 1500 Einzelunternehmen.

Kesselfertigung in einer Kupferschmiede.
Fotografie von Friedrich Seidenstücker, 1930.

Sektion der Handelsarbeiter im Demonstrationszug der Gewerkschaften am 19. September 1926. Bereits 1920 lag die Zahl der Mitglieder in den verschiedenen reichsweiten Gewerkschaften mit rund 10,5 Millionen um das Dreifache höher als vor Kriegsausbruch. Die Forderungen nach besseren Arbeitsbedingungen, höheren Löhnen und einer gerechten Sozialpolitik zogen sich durch die gesamte Weimarer Republik.

Tanz im Kroll-Garten, um 1926.
Garten und Café der Kroll-Oper am Königsplatz / Platz der Republik gehörten zu den beliebtesten Treffpunkten in der Hauptstadt.

Wandervögel warten auf die Straßenbahn, 1930.
Die um die Jahrhundertwende in Berlin entstandene Wandervogel-Bewegung suchte den Ausbruch aus den als einengend empfundenen Normen der wilhelminischen Gesellschaft. Sie richtete sich in erster Linie an Jugendliche beiderlei Geschlechts und gewann besonders in den Zwanzigern an Popularität. Die Begeisterung über Naturverbundenheit, Wanderfahrten mit Rucksack, »Klampfe« und Lagerfeuer verband sich bei vielen Vereinigungen mit völkischem Gedankengut sowie der Ablehnung der Weimarer Republik.

Laubenpieper, um 1925. Mehr als 171 000 Kleingärten erfüllten um 1924 den Berlinern den Wunsch nach dem eigenen Fleckchen Grün. Neben der Versorgung der Familie mit Kartoffeln, Obst und Gemüse diente die Parzelle auch der Erholung vom Arbeitsalltag. »Ich habe ein Gärtchen. Seither bin ich sehr beliebt. Sonntags kommen die Leute. Sie kriegen ja auch Kaffee, doch das ist nicht der Grund ihres Kommens. Sie können schlimmstenfalls auch was reden. Unterhalten nennt man das. Aber das ist auch nicht das Ziel ihrer Wünsche. Sie wollen da sitzen und Grün sehen. Augen machen, grüntrunkene. Und mit den Lungen piepsen sie – ech, die Luft.« *Paul Schlesinger in der »Vossischen Zeitung« vom 27. Juni 1926.*

Ausflug mit dem Hanomag »Kommißbrot«, 1928. »Wochenend' und Sonnenschein / und dann mit dir im Wald allein, / weiter brauch ich nichts zum Glücklichsein, / Wochenend' und Sonnenschein.« *Comedian Harmonists, 1929.*

Wochenende im Grunewald. *Fotografie von Friedrich Seidenstücker, 1929.* »Diese Hunderttausende machen alle Wälder zu Volksparks und nehmen Besitz von allen Gewässern der Umgegend. Spree, Havel und alle die zu diesen Flüssen gehörenden Seen sind bedeckt mit wohlgebauten Segelschiffen, mit schnellen Motorbooten, mit Kanus, Ruderbooten und menschenvollen Dampfern.« *Karl Scheffler, Berlin. Wandlungen einer Stadt, 1931.*

Eine Kapelle aus Weißrussland spielt zur Unterhaltung im Hotel Adlon, 1929.
Für etwa 360 000 Russen, die vor dem Bürgerkrieg und den Bolschewisten aus ihrer Heimat flohen, wurde Berlin eine wichtige Zwischenstation auf dem Weg ins Exil. Vor allem in Charlottenburg, schon bald als »Charlottengrad« bekannt, organisierte sich rasch eine starke russische Gemeinde mit eigenen Cafés, Sportklubs, Anwaltskanzleien und Geschäftsvereinen.

Russische Exilliteraten in Berlin, 1922.
In der ersten Reihe von links nach rechts: Alexej M. Remisow und Aleksander S. Jaschtschenko. Dahinter Andrej Belyj, Boris A. Pilnjak, Alexej N. Tolstoi und Ivan S. Sokolow-Mikitow (von links nach rechts). Um 1927 existierten nahezu 70 russischsprachige Verlage in der Stadt, die einen Großteil der rund 150 Zeitungen und Zeitschriften für die emigrierten Intellektuellen vertrieben.

Russische Kirche, um 1925.
Nachdem die Kirche der alten Kaiserlich-Russischen Botschaft Unter den Linden seit 1923 für die orthodoxe Gemeinde nicht mehr zugänglich war, richteten sich die Gläubigen am Hohenzollerndamm/Ecke Ruhrstraße in Wilmersdorf ein neues Gotteshaus ein.

Vor dem Ladengeschäft des Textilfabrikanten D. Grünbaum in Berlin-Mitte, 1929.
»Kein Ostjude geht freiwillig nach Berlin. Wer in aller Welt kommt freiwillig nach Berlin? Berlin ist eine Durchgangsstation, in der man aus zwingenden Gründen länger verweilt. Berlin hat kein Ghetto. Es hat ein jüdisches Viertel. Hierher kommen die Emigranten, die über Hamburg und Amsterdam nach Amerika wollen. Hier bleiben sie oft stecken. Sie haben nicht genug Geld. Oder ihre Papiere sind nicht in Ordnung.«
Joseph Roth, Juden auf Wanderschaft, 1927.

Zigeunerkinder vor dem Berliner Zeughaus Unter den Linden. *Fotografie von Friedrich Seidenstücker, 1931.*

Vor der Synagoge in der Berliner Fasanenstraße nach dem Ende eines Gottesdienstes. *Fotografie von Hans G. Casparius, 1929.*

Die Schnittmusterabteilung im Kaufhaus Wertheim in der Leipziger Straße 132–137, um 1925. Bei dem 1903 eröffneten Warenhaus, das ob seines exklusiven Warenangebotes und des hochqualifizierten Personals mit »Harrods« in London und den »Galeries Lafayette« in Paris verglichen wurde, handelte es sich um weit mehr als nur einen luxuriösen Konsumtempel: Mit seinem Selbstbedienungsrestaurant und einem breiten Konfektionsangebot von der Stange setzte es zugleich neue Maßstäbe für das moderne Einkaufsverhalten.

Milchwagen der Meierei C. Bolle in der Waisenstraße, 1931.
Seit dem Ende des 19. Jahrhunderts versorgten die Milchwagen der Meierei Bolle Berlin tagtäglich mit frischen Milchprodukten.

Bücherkarren am Auguste-Viktoria-Platz (heute Breitscheidplatz). *Fotografie von Hans G. Casparius, 1931.*

Der »Men's Store« von C. A. Herpich & Söhne in der Leipziger Straße (Architekt: Erich Mendelsohn). Innenansicht, um 1927.

Blumenfrau am Tauentzien. *Fotografie von Hans G. Casparius, 1931.*

Ein alter Mann verkauft Streichhölzer am Kurfürstendamm. *Fotografie von Friedrich Seidenstücker, 1928.*

Andrang vor der Reichsbank, 1923.
Die katastrophale Finanzlage des Deutschen Reiches, die aus den Staatsanleihen während des Weltkrieges, und aus den immensen Reparationszahlungen an die Siegermächte resultierte, beschwor eine Inflationsentwicklung nie dagewesenen Ausmaßes herauf. Sie erreichte im November 1923 ihren Höhepunkt, als 1 US-Dollar mit 4,2 Billionen Papiermark gehandelt wurde.

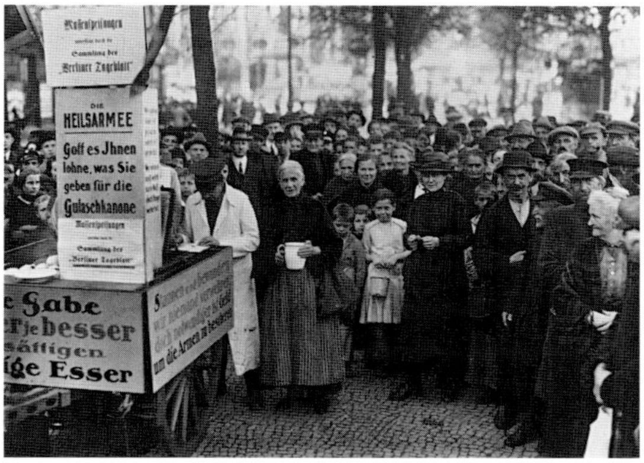

Massenspeisungen der Heilsarmee, die durch das »Berliner Tageblatt« unterstützt werden, 1923.

Schlafsaal eines Berliner Asyls für Obdachlose, 1929.

Verarmte und Arbeitslose versetzen in der Pfandkammer in der Münzstraße 17 hinter dem Alexanderplatz ihre letzten Habseligkeiten.
Fotografie von Friedrich Seidenstücker, 1923.

Frauen auf der Joachimsthaler Straße.
Fotografie von Friedrich Seidenstücker, 1929.

Wolfgang Schäche

»Das Neue Berlin« Architektur und Städtebau

»Was ist der Geist unserer Zeit?
Es ist nicht der Geist der Geruhsamkeit
und Romantik, der efeuumwachsenen Mauern
und des kleinbürgerlichen Marktplatzes,
es ist der Geist der großen Linie und des
weiten Raumes, der Kurve, die das Flugzeug
steuert, der Bahn, auf der das Auto gleitet,
der knappen, klaren Form, die die Maschine
zeigt.«
Martin Wagner, Stadtbaurat 1926 – 1933

Die Architektur und der Städtebau der Jahre zwischen 1918 und 1933 sind zu einem Mythos geworden. Insbesondere das Berlin der Weimarer Republik erscheint als »avantgardistischer Nabel der Welt«. Zahllose Schriften haben sich der vermeintlichen »goldenen zwanziger Jahre« der vibrierenden Weltstadt als Thema angenommen. Immer wieder wurden die kulturelle Kraft und Ausstrahlung der Metropole beschrieben, die diese vor dem Hintergrund komplizierter politischer und wirtschaftlicher Verhältnisse zu entfalten vermochte. Allerdings wurden dabei nicht selten die Grenzen zwischen Vision und Realität, zwischen Dichtung und Wahrheit verwischt. Dies gilt nicht zuletzt im Hinblick auf das »Neue Bauen«, das im Zeichen des Aufbruchs zu einer besseren Gesellschaft stand. Die oftmals verklärenden literarischen Beschwörungen gelten in der Mehrzahl der damals geträumten und erdachten »neuen Stadt« mit ihren imaginären, niemals verwirklichten architektonischen Glanzlichtern, während die vergleichsweise wenigen realisierten stadträumlichen Interventionen sowie die damit verbundenen konkreten baulichen Hinterlassenschaften erheblich geringere Beachtung finden. Im Rückblick auf die Zeitspanne zwischen dem Ende des Ersten Weltkrieges und der so genannten »Machtergreifung« der Nationalsozialisten offenbart sich somit das nicht gebaute, unsichtbare Berlin zuweilen als ungleich kreativer und komplexer sowie in seiner architektonischen Haltung radikaler als die in Veränderung begriffene existente Stadt. Gleichwohl hat das, was im Berlin der zwanziger Jahre an moderner Architektur verwirklicht wurde, zum Teil eine derart nachhaltige Wirkung – bis in die Gegenwart – gehabt, dass es durchaus lohnend erscheint, sich damit näher zu beschäftigen.

Kontinuität und Wandel

Betrachtet man vor diesem Hintergrund die vielschichtigen Entwicklungen und Bewegungen, die es in der Zeit nach dem Ersten Weltkrieg in Deutschland im Allgemeinen und in Berlin im Besonderen gab, so ist zunächst mit dem verbreiteten Vorurteil zu brechen, die zwanziger Jahre seien eine Zeit gewesen, in der es architektonisch und städtebaulich nur »Modernes Bauen«, »Bauhaus-Architektur«, »Neue Sachlichkeit« und »Internationalen Stil« gegeben habe. Obwohl die Architektur- und Städtebaudiskussion zeitweise maßgeblich von avantgardistischen Positionen bestimmt wurde, die auch die internationale Entwicklung des Bauens im weiteren

Verlauf des 20. Jahrhunderts entscheidend bestimmten, machte die »Moderne« selbst in Berlin quantitativ nur einen Bruchteil dessen aus, was in der Zeit zwischen 1918 und 1933 geplant und gebaut wurde. Zwar vollzog sich der Übergang der Architektur vom Kaiserreich zur Republik keineswegs bruchlos. Doch das Gedankengut und das Selbstverständnis der bürgerlichen Eliten aus der Vorkriegszeit reichte weit in die zwanziger Jahre hinein und beeinflusste auch die Architektur nachhaltig, die damit – allen Änderungen zum Trotz – in ihren Ansätzen und Intentionen noch weitgehend von den Wertvorstellungen der Kaiserzeit durchdrungen blieb. Während sich also die architektonischen Erscheinungsformen partiell veränderten und die Moderne in phantastischen Entwürfen – übrigens schon vor 1914 – auf sich aufmerksam machte, blieb daneben durchgängig eine Kontinuität im Denken und Handeln feststellbar, deren ästhetisches Selbstverständnis im Wesentlichen noch den gesellschaftlichen Vorstellungen des Wilhelminismus verhaftet war, so dass auch die Art, wie in dieser Zeit gebaut wurde, weithin traditionellen Architekturmustern entsprach.

Wenn sich neben diesen konservativen Grundhaltungen, die bis zu einem gewissen Grad auch die politisch-gesellschaftlichen Kräfteverhältnisse der Weimarer Republik widerspiegelten, die »Spielarten« der Moderne gerade in Berlin phasenweise prächtig entwickeln konnten, spricht dies nicht zuletzt für die tiefen Widersprüche, die in den zwanziger Jahren in dieser Stadt bestanden. Es erscheint deshalb geradezu widersinnig, dass gerade das »Neue Bauen« in seinen unterschiedlichen Facetten von den politischen Gegnern der Republik als deren »charakteristische Ausdrucksform« verketzert wurde. Tatsächlich gelang es den Protagonisten des »Neuen Bauens« zu keinem Zeitpunkt, die Inhalte, die der neuen Architektur zugrunde lagen, breiteren Schichten der Gesellschaft zu vermitteln. Die formale Erscheinung der Bauten blieb in ihrer Abstraktion und Reduktion weitgehend unverständlich und bot keine ausreichenden Identifikationsmöglichkeiten, so dass auch die Bereitschaft, sich mit dem »Neuen Bauen« zu solidarisieren und ernsthaft dafür zu streiten, gering blieb.

Mit der Verschärfung der Wirtschaftskrise gegen Ende der zwanziger Jahre wuchs stattdessen die inzwischen formierte Front wider die Moderne. Noch ehe der Nationalsozialismus imstande war, »sein Guillotine-Urteil zu vollstrecken«, war »die Neue Sachlichkeit als offizieller Ausdruck tot« (Anna Taut). Insofern stellte der 30. Januar 1933, bezogen auf die Architekturentwicklung, nicht die immer wieder hartnäckig behauptete Zäsur dar. Die »Verengung der Perspektive« war bereits zu Beginn der dreißiger Jahre vollzogen worden.

Städtische Expansion und die Entwicklung von »Groß-Berlin«

Die Zeitspanne während der Weimarer Republik, in der sich Berlin bei seinem gesellschaftlichen »Tanz auf dem Vulkan« bewusst auf die konkrete Veränderung seiner städtischen Struktur und Gestalt konzentrieren konnte, war außerordentlich kurz. Sie umfasste letztlich nur acht Jahre und dauerte von 1924 bis 1932. Denn erst nach der Stabilisierung des Geldes durch die Währungsreform im November 1923 konnte ernsthaft über öffentliche wie private Investitionen auf dem Bausektor nachgedacht werden. Erst jetzt ließen sich bereits in Planung befindliche Projekte realisieren. Und als die Weltwirtschaftskrise, die 1929 begann, 1932 ihren Höhepunkt erreichte, trat die »schmerzliche Zäsur« ein, die das Bauen nach kurzer Blüte wieder zum Erliegen brachte.

Wichtigste Weichenstellung für die städtebaulichen Einlassungen der zwanziger Jahre und deren spezifische architektonische Qualitäten war die Bildung von »Groß-Berlin«. Vor allem die Not der unmittelbaren Nachkriegszeit ließ die schon formell seit 1908 verfolgte Idee der administrativen Zusammenfassung des verstädterten Ballungsraumes Berlin nun Realität werden, die zuvor an den Einzelinteressen der betroffenen Städte und Gemeinden immer wieder gescheitert war. 1920 erfolgte schließlich der Zusammenschluss der die Stadt Berlin umgebenden 93 Städte, Landgemeinden und Gutsbezirke zur Einheitsgemeinde »Groß-Berlin«.

Für die territorial expandierte Stadt, die überaus heterogene Strukturen aufwies, war eine neue Dimension der Planung notwendig, die – verknüpft mit visionären architektonischen Ansätzen – vor allem darauf abzielte, die existente Stadt des 19. Jahrhunderts durch eine »neue Stadt des 20. Jahrhunderts« zu ersetzen. Waren die städtebaulichen Vorschläge des »Wettbewerbs zum neuen Grundplan für die Bebauung von Groß-Berlin«, der 1907/08 stattgefunden hatte, vor allem auf die qualitative Verbesserung der vorhandenen Strukturen sowie auf die Formulierung einer einheitlichen Leitplanung für den gesamten Stadtraum eingedenk seiner Erweiterungspotenziale gerichtet gewesen, konzentrierte sich nun die Idee einer modernen Großstadt – in Verbindung mit der Utopie einer neuen Gesellschaft – auf den radikalen Bruch mit den herausgebildeten Charakteristika der seit Jahrhunderten »gewachsenen« europäischen Stadt und ihrer Geschichte. Der Großstadtbegriff wurde rigoros uminterpretiert. Die Stadt sollte in ihren wesensprägenden Funktionen neu geordnet, ja neu erfunden werden. Der Verkehr als Ausdruck des Fortschritts bestimmte im Sinne einer »vierten Dimension« die neuen städtebaulichen Vorstellungen, die zugleich die konsequente Entmischung der städtischen Funktionen und Nutzungsstrukturen mit bedingte. Nicht mehr dem erheblich größer gewordenen Stadtkorpus in seiner Gesamtheit galten jetzt die planerischen Eingriffe, sondern – in Überwindung der existenten kontextlichen Stadt – nur noch einigen ausgewählten partiellen Bereichen.

Die durchgängig zu beobachtende Obsession der zwanziger Jahre, den Begriff der »modernen Zeit« auch baulich zu verdinglichen, kam in fünf bemerkenswerten städtebaulichen Experimenten zum Ausdruck, die ihre Intention auf unterschiedliche Weise anschaulich machten: dem 1921/22 veranstalteten Wettbewerb für ein Hochhaus am Bahnhof Friedrichstraße, dem 1925 ausgelobten Ideen-Wettbewerb zur Neugestaltung der Straße Unter den Linden, dem Wettbewerb zur Umgestaltung des Alexanderplatzes und dem von Martin Wagner vorgeschlagenen Umbau des Potsdamer Platzes der Jahre 1928/29 sowie der 1929 entwickelten Neubebauung der Friedrichstadt im Bereich des Gendarmenmarktes von Ludwig Hilberseimer.

Bedeutete die Intention des zu Anfang der zwanziger Jahre initiierten Wettbewerbs für ein Hochhaus am Bahnhof Friedrichstraße, der das später zur »Ikone der Moderne« gewordene gläserne Turmhaus von Ludwig Mies van der Rohe hervorbrachte, die Erweiterung und Verdichtung der Innenstadt in die Vertikale und als Konsequenz die bewusste Aufgabe der strukturellen Balance von Grundriss und Aufriss des Stadtkörpers, offenbarten die Entwürfe zur Neugestaltung des Berliner Prachtboulevards den rigiden Bruch mit der Geschichte. Die an der Straße Unter den Linden bis dahin in fünf Bebauungsgenerationen entwickelte architektonische Mischung unterschiedlicher parzellenbezogener Bauten, die trotz ihrer Ungleichzeitigkeit zur Einheit verschmolzen waren, wurden vor allem in dem mit dem ersten Preis gekrönten Entwurf von Cornelis van Eesteren bis auf wenige historische Fragmente getilgt; die Neubebauung wurde in monotone Großstrukturen von »Zeile und Punkt« aufgegliedert.

Der »Weltstadtplatz« als Verkehrsbauwerk

Mit der 1928/29 vorgeschlagenen Umgestaltung des Alexanderplatzes suchte Martin Wagner, der legendäre Stadtbaurat dieser Zeit, den »Weltstadtplatz« zu thematisieren, den er vor allem als eine räumliche Bündelung dynamischer Verkehrsströme betrachtete. Wagner, der sich selbst als Regisseur des »Neuen Berlins« verstand, die großstädtischen Architekturen als »Maschinen« und die moderne Stadt als eine komplexe »Fabrik« begriff, erklärte in diesem Zusammenhang, der »Weltstadtplatz« sei »kein Kleinstadtplatz«, sondern »eine fast dauernd gefüllte Verkehrsschleuse, der Clearing-Punkt eines Adernetzes von Verkehrsstraßen erster Ordnung.«

Der dazu von den Luckhardt-Brüdern und von Alfons Anker vorgelegte Entwurf schien diesen Vorstellungen schließlich eine konkrete Gestalt zu geben und wurde mit dem 1. Preis ausgezeichnet. Der neue Alexanderplatz erhielt von ihnen eine verkehrsgerechte Kreisform, die mit dynamisierten, die Horizontale und damit die Bewegung der Straße betonenden Fassadenfronten konturiert waren.

Auch wenn der Luckhardt / Anker-Vorschlag nicht zur Ausführung kam, wurde die Platzfläche in den Jahren 1929 bis 1932 dennoch in einen Verkehrskreisel verwandelt und mit den heute noch existenten Bürohäusern »Alexander« und »Berolina« von Peter Behrens, der im Wettbewerb den 3. Platz belegt hatte, im Sinne des vermeintlichen Fortschritts verändert. Die alte Umbauung des Alex, dem Alfred Döblin kurz zuvor sein literarisches Denkmal gesetzt hatte, wurde damit gleichsam demontiert.

Eine weitere Zuspitzung erfuhr die Idee des »Weltstadtplatzes« im Sinne eines gigantischen Verkehrsbauwerkes mit dem 1929 von Martin Wagner selbst entwickelten und der Öffentlichkeit vorgeschlagenen Entwurf zur Umgestaltung des Potsdamer Platzes. Indem er die Flächen von Potsdamer und Leipziger Platz vereinigte und die unterschiedlichen Verkehrsströme von U-Bahnen, Straßenbahnen, Bussen, Autos sowie Fußgängern auf verschiedenen Ebenen anordnete, die in einem »Karussell« ihren architektonischen »Verteiler« fanden, veranschaulichte er seine radikale Idee von der Überwindung der als obsolet begriffenen, überkommenen Qualitäten eines großstädtischen Platzes.

Die ebenfalls 1929 von Ludwig Hilberseimer modellhaft vorgeschlagene Tilgung der Friedrichstadt-Bebauung westlich des Gendarmenmarktes zugunsten von schematisch in Ost-West-Ausrichtung angelegten gleichförmigen Hochhausscheiben von jeweils 600 Metern Länge, die sich über 60 Meter breite Straßenschluchten erheben sollten, deren Bewegungsebenen von Schnellbahnsystemen, Autoverkehr und Fußgängerbereichen strikt voneinander geschieden waren, griff auf städtebauliche Studien zurück, die sich – orientiert an Einlassungen Le Corbusiers zur modernen Stadt – bis 1924 zurückverfolgen lassen. Hilberseimer kommentierte die zur Friedrichstadt gemachten Planvorschläge im kritischen Rückblick Jahrzehnte später als »unmenschlich in jeder Hinsicht«. Obwohl nichts von dieser Planung realisiert wurde, erwiesen sie sich für den unwirtlichen Neubau der Städte in der Zeit nach dem Zweiten Weltkrieg als verhängnisvolle Anstiftung und konkretes Muster.

Vom Wohnungsbau zur Großsiedlung

Aus heutiger Sicht müssen alle diese avantgardistischen Versuche, der existenten Stadt ein tragfähiges Zukunftsmodell gegenüberzustellen, als restlos gescheitert angesehen werden. Denn so formal wie funktional bestechend sich die städtebaulichen Utopien der »goldenen Zwanziger« im Plan auch darstellten und so intensiv sie die internationale Debatte der zweiten Hälfte des 20. Jahrhunderts anregten und beschäftigten, so wenig vermochten sie in ihrer totalen Ablehnung der historischen Stadt die wirklichen Probleme zu erfassen oder gar zu lösen. Gerade auf dem Gebiet des Wohnungsbaus, der an Quantität wie architektonischer Qualität im Berlin der zwanziger Jahre zweifellos Bedeutendes zustande brachte, zielten die zukunftsbeschwörenden Intentionen des Bauens in ihren Ergebnissen letztlich an den eigentlichen großen sozialen Aufgabenstellungen der Zeit vorbei. Selbst die im Einzelnen durchaus beispielhaften baulichen Lösungen der durchgrünten, durchlüfteten und mit Gemeinschaftseinrichtungen ausgestatteten Mustersiedlungen, die ab 1924 vorbereitet und schließlich auch in respektabler Zahl in der zweiten Hälfte der zwanziger Jahre von genossenschaftlichen beziehungsweise gewerkschaftlichen Wohnungsbaugesellschaften als Antwort auf die Mietskasernen nach den Prinzipien von »Licht, Luft und Sonne« an der Peripherie errichtet wurden, konnten nur wenig zur Verbesserung der Wohnverhältnisse der Arbeiterschaft beitragen, da sie die Problematik der innerstädtischen Massenquartiere ignorierten.

Gleichwohl stellten die von 1925 bis 1932 errichtete »Hufeisensiedlung« in Britz, die zwischen 1926 und 1932 gebaute »Onkel-Tom-Siedlung« in Zehlendorf sowie die in den Jahren 1929 bis 1932 entstandene »Weiße Stadt« in Reinickendorf und die »Ringsiedlung« in Siemensstadt – um nur die bedeutendsten Beispiele zu nennen – herausragende soziale und architektonische Leistungen dar, die bis heute nichts von ihrer Bedeutung eingebüßt haben. Sie kennzeichnen den für die Wohnungsfrage der Zeit entscheidenden qualitativen Sprung vom Wohnungsbau zur Großsiedlung, wobei die »Hufeisensiedlung« von Bruno Taut und Martin Wagner das exemplarische Muster vorgab. Mit ihr war der bewusste Vorstoß auf unbekanntes Terrain gelungen und das »Experiment Großsiedlung« erstmals in überzeugender Weise Realität geworden. In baulicher Größe und Konfiguration der Siedlung sowie in dem für sie so prägenden Zusammenspiel von Architektur und Naturraum hatte der Wohnungsbau für die Massen eine bisher nicht gekannte Dimension gefunden. Folgerichtig gilt die »Hufeisensiedlung« bis heute als »das Wahrzeichen des modernen Wohnungsbaus« und als beispielgebender Modellfall.

Die »Wohnstadt Carl Legien« schließlich wies am Ende der Entwicklung den Weg von der »Großsiedlung im Grünen« zur Stadt zurück. In den Jahren 1929/30 von der GEHAG nach Entwürfen von Bruno Taut und Franz Hillinger entstanden, manifestierte sich mit ihr die komplexe Transformation der gesammelten Siedlungserfahrungen von der städtischen Peripherie auf den innerstädtischen Kontext. Mit dem Lösungsmodell der »Wohnstadt«, bei der von der typisierten Kleinwohnung bis zum Einsatz der Farbe als »billigstes Gestaltungsmittel«, wie es Taut ausdrückte, alle bis dahin erprobten Register gezogen wurden, war man nun endlich wieder in der Großstadt – im »steinernen Berlin« – angekommen.

Aufbruch in eine neue Architektur

Im Gegensatz zu den Plan gebliebenen städtebaulichen Utopien, die Berlin in radikaler Weise zu verändern trachteten, entstanden von 1918 bis 1933 schließlich neben den Wohnsiedlungen noch einige bemerkenswerte Einzelgebäude beziehungsweise Baukomplexe, die zum Besten gehören, was die Moderne im europäischen Maßstab zustande gebracht hat. Kompromisslos und konsequent in Konstruktion und Materialität sowie in ihrer architektonischen Gestaltung, bezeugen sie den Reichtum und die Vielfalt des »Neuen Bauens« und heben sich noch heute wie »Ikonen eines anderen Zeitbegriffs« von der mediokren Masse des ansonsten in dieser Zeit Gebauten deutlich ab. Bemerkenswert erscheint dabei, dass sie sich im Unterschied zu den parallel entfalteten Visionen einer »Stadt der Zukunft« bei aller Unterschiedlichkeit der Gestaltungsansätze mit der existenten Stadt arrangierten. Indem sie sich in die jeweilige stadträumliche Situation selbstbewusst einpassten, offenbarten sie den Weg des Dialogs von Alt und Neu, ohne die alte Stadt grundsätzlich in Frage zu stellen.

Hans Poelzigs 1919 ausgeführter Umbau des Zirkus Schumann zum »Großen Schauspielhaus« für Max Reinhardt war ein früher Aufbruch in eine neue ausdrucksstarke Architekturwelt, der zugleich als Signal einer neuen Zeit gedeutet werden kann. Erich Mendelsohns (mit Paul Rudolf Henning und Richard Neutra) zwischen 1921 und 1923 neu gestaltetes Verlagsgebäude von Mosse führte mit der dynamischen Überformung der in den Stürmen des Spartakusaufstandes zerstörten Ecke mit dem Haupteingang erstmals das Thema der Bewegung und Beschleunigung in die Architektur der Großstadt ein. Und das nach Plänen von Eugen Schmohl 1925/26 in Tempelhof gebaute Druckereigebäude des Ullstein-Verlages bedeutete den expressiven Weg des modernen Industriebaus der zwanziger Jahre, wobei der im Äußeren in Backstein gehaltene Stahlskelettkomplex mit seinem hoch aufragenden Turm nach dem Borsig-Turm, den Schmohl bereits 1924 fertig gestellt hatte, das zweite Beispiel für den vehementen Drang in die Vertikale darstellte.

Der 1925 vorgelegte Entwurf von Otto Kohtz für das Verlagshaus des Scherl-Konzerns schrieb schließlich das seit etwa 1910 im Büro- und Gewerbebau entwickelte Prinzip der offenen, aufgerasterten Grundrisse fort und übersetzte es von der Hauseinheit auf die den gesamten Block vereinnahmende Großform. In der strengen Vertikalität der Fassaden, über die sich kühne Staffelgeschosse aufbauten, die von einem kräftigen Turm überhöht wurden, beschwor Kohtz die Vision des »Weltstädtischen« und damit die Perspektive der »modernen Großstadtarchitektur«, während das zwischen 1926 und 1931 gegenüber dem Anhalter Bahnhof erbaute »Europahaus« nach Entwürfen von Bielenberg und Moser sowie Otto Firle das Licht zum elementaren Bestandteil der architektonischen Gestaltung werden ließ und damit die Vorstellung der Tag und Nacht in Bewegung befindlichen Metropole veranschaulichte.

Das 1929 fertig gestellte Karstadt-Warenhaus am Hermannplatz in Neukölln von Philipp Schäfer vereinte schließlich den bei Scherl gewiesenen Weg in die Vertikale mit der Architektur des Lichtes des Europahauses und übersetzte sie in die Formenwelt einer neuen, nunmehr amerikanisch geprägten Großstadtarchitektur. Und mit den Kant-Garagen, die 1929/30 nach Plänen von Richard Paulick und Hermann Zweigenthal entstanden, erhielt die Begeisterung für das Automobil ihre eigenständige großstädtische Gebäudeform, während das »Shell-Haus« am Landwehrkanal – nach Entwürfen von Emil Fahrenkamp 1930/31 errichtet und längst zum Signet der Berliner Moderne geworden – mit seiner elegant gestaffelten Travertin-Fassade eine signifikante »Landmarke« in den städtischen Kontext setzte, ehe die vielschichtige Entwicklung des »Neuen Bauens« auf dem Höhepunkt der Weltwirtschaftskrise zu Beginn der dreißiger Jahre ein jähes Ende fand.

Dem Shell-Haus folgte noch das 1932 fertig gestellte Columbus-Haus am Potsdamer Platz von Erich Mendelsohn, der seine Architektur des Plastisch-Dynamischen in die kühle Ästhetik von Stahl und Glas übersetzte. Das Columbus-Haus ist zugleich das letzte bedeutende Gebäude des »Neuen Bauens«, das im Berlin der Weimarer Republik entstanden ist. Nachdem es beschädigt und ramponiert den Zweiten Weltkrieg überstanden hatte, wurde es in den Auseinandersetzungen des 17. Juni 1953 in Brand gesetzt und musste wenig später abgerissen werden. Als architektonischer Ausdruck des modernen Berlins ist es jedoch zu einem elementaren Bestandteil der Baugeschichte geworden und damit in der Erinnerung der Stadt noch immer gegenwärtig.

Der Potsdamer Platz.
Entwurf zur Umgestaltung von Martin Wagner, 1929.

Umgestaltung des Alexanderplatzes. *Fotografie von Friedrich Seidenstücker, 1931.*
Im Hintergrund links der Rohbau des Alexanderhauses, rechts der Neubau des Berolina-Hauses nach Entwürfen von Peter Behrens (1930–1932).
Der 1805 nach dem russischen Zaren Alexander I. benannte Platz wurde durch den Bau des S-Bahnhofes (Eduard Jacobsthal, 1878–1882) und der U-Bahnstation (Alfred Grenander, 1911–1913) neben dem Potsdamer Platz zum wichtigsten Verkehrsknotenpunkt der Metropole.

Ludwig Mies van der Rohe: Wettbewerbsbeitrag für ein Hochhaus am Bahnhof Friedrichstraße, *Entwurf von 1921, Bauhaus-Archiv Berlin.* Unter den mehr als 140 Beiträgen, die anlässlich des Wettbewerbs für das erste Bürohochhaus Berlins 1921 eingereicht wurden – es sollte jedoch unrealisiert bleiben –, erregte besonders Mies van der Rohes spektakulärer Entwurf großes Interesse: »Nur im Bau befindliche Wolkenkratzer zeigen die kühnen konstruktiven Gedanken, und überwältigend ist dann der Eindruck der hochragenden Stahlskelette. Mit der Ausmauerung der Fronten wird dieser Eindruck vollständig zerstört […]. Das neuartige, konstruktive Prinzip dieser Bauten tritt dann klar hervor, wenn man für die nun nicht mehr tragenden Außenwände Glas verwendet. Die Verwendung von Glas zwingt allerdings zu neuen Wegen. […] Meine Versuche an einem Glasmodell wiesen mir den Weg, und ich erkannte bald, daß es bei der Verwendung von Glas nicht auf eine Wirkung von Licht und Schatten, sondern auf ein reiches Spiel von Lichtreflexen ankam.« *Ludwig Mies van der Rohe, Hochhausprojekt für Bahnhof Friedrichstraße in Berlin, 1922.*

Ludwig Hilberseimer:
Strukturmodell für groß-städtische Bebauung, 1929.
Vorgesehen waren bei der geplanten Neubebauung der Friedrichstadt im Bereich des Gendarmenmarktes Blöcke mit Lagerräumen in den Kellergeschossen, Läden in Erd- und 1. Obergeschossen, darüber Büros.

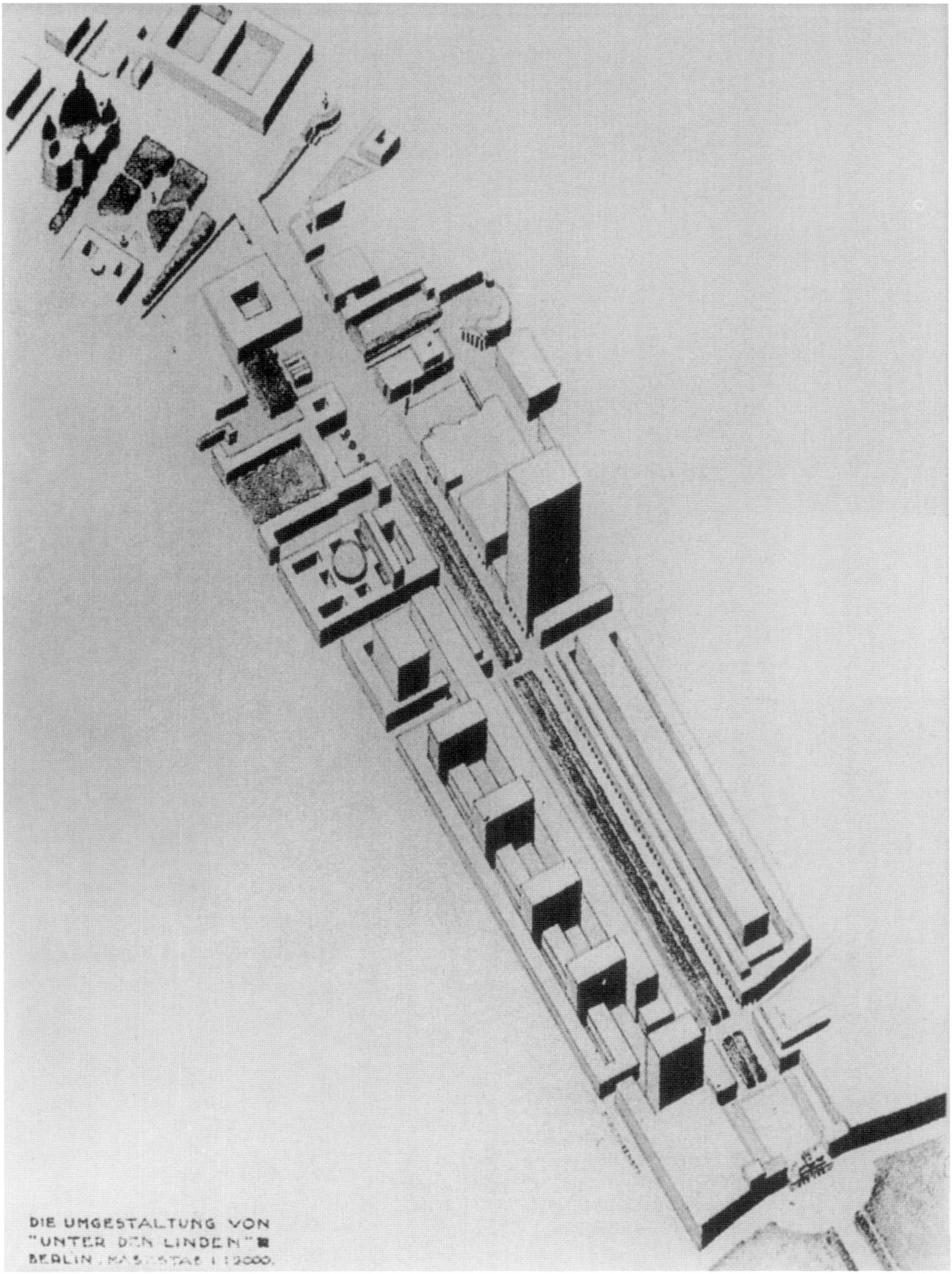

Wettbewerbsentwurf für die Umgestaltung der Straße Unter den Linden von Cornelis van Eesteren, 1925.

Block der Siedlung Berlin-Siemensstadt (Bauteil Hans Scharoun, 1929–1931), um 1931.
Im Gegensatz zu den Großsiedlungen Onkel-Toms-Hütte in Zehlendorf oder der »Hufeisensiedlung« in Britz musste bei der Großsiedlung Siemensstadt durchgängig mehrgeschossig gebaut werden, um die geplanten 1400 Wohnungen für die Arbeiter und Angestellten des Industrieunternehmens unterbringen zu können. Mit dem Stadtbaurat Martin Wagner erarbeitete die Architektenvereinigung »Der Ring«, der u.a. Scharoun, Otto Bartning, Fred Forbat, Walter Gropius, Hugo Häring und Paul Rudolf Henning angehörten, ein städtebauliches Konzept. Nach zweijähriger Bauzeit wurde die »Ringsiedlung« 1931 fertig gestellt.

Schorlemmer Allee 12–12 c (Wassili und Hans Luckhardt, Alfons Anker, 1928) in Berlin-Dahlem, um 1930. Die zweigeschossige Reihenhausgruppe stellte den Abschluss einer 1925 begonnenen Versuchssiedlung der drei Architekten dar.
»Der verbesserte Städtebau wird vielen das Einzelwohnhaus mit Garten erschwinglich machen. Haus und Garten werden ineinander verschmelzen. Die schmuddelige Erscheinung unserer grauen Städte wird verdrängt werden durch die neuen selbstabwaschenden, farbigleuchtenden Wände der modernen Baukunst.«
Werner Hegemann, Berlin und die internationale Baukunst, in »Querschnitt«, 1931, Heft 5.

Hufeisensiedlung in Britz auf einem Flugblatt der SPD anlässlich der Wahlen zur Berliner Stadt- und Bezirksverordnetenversammlung am 17. November 1929.

Das Laubenganghaus in Berlin-Steglitz, Neuchateller Straße (Anton Brenner, Paul Mebes, Paul Emmerich, 1929–1930), um 1931.
Auf der Suche nach einer optimalen Raumausnutzung gab es verschiedene Versuche mit dem Konzept des »Laubenganges«, bei dem mehrere Wohnungen von einem Etagenflur erschlossen werden. Weitere Varianten dieses Gebäudetyps wurden in Berlin-Siemensstadt (Walter Gropius, 1929–1932) sowie in der »Weißen Stadt« in Reinickendorf (Otto Rudolf Salvisberg, 1929–1930) realisiert.

Verwaltungshochhaus der Borsig AG in Tegel, um 1925.
Nachdem die Planungen für den Wolkenkratzer in der Friedrichstraße verworfen worden waren, war es Eugen Schmohl, der zwischen 1922 und 1924 mit seinem 65 Meter hohen Bürogebäude das erste Hochhaus Berlins realisierte.

Bürogebäude für den Scherl-Konzern in der Jerusalemer Straße 56–58 / Kochstraße / Zimmerstraße. *Entwurf von Otto Kohtz, 1925.*

Das fertig gestellte Scherl-Haus (Bauteil Zimmerstraße), um 1928.

Lenz-Haus in der Kurfürstenstraße 87, Ecke Burggrafenstraße (Heinrich Straumer, 1928–1929), 1936.

Neubau des Karstadt-Komplexes am Hermannplatz in Neukölln.
Fotografie von Fritz Bettge, 1929.
Das am 21. Juni 1929 eröffnete Karstadt-Warenhaus, von Philipp Schäfer in Eisenbetonbauweise geplant, galt seinerzeit als das modernste Kaufhaus Europas. Als neuartig bestaunte man vor allem den 4000 Quadratmeter großen Dachgarten sowie die großzügige technische Ausstattung des Gebäudes.

Das Shell-Haus von Emil Fahrenkamp am Landwehrkanal, Blick zur Königin-Augusta-Straße/Ecke Regentenstraße.
Fotografie der Staatlichen Bildstelle Berlin, 1931.
In einem 1928 ausgeschriebenen Wettbewerb konnte sich Emil Fahrenkamp mit seinem Entwurf für ein zehngeschossiges Bürohochhaus gegen mehrere Mitkonkurrenten durchsetzen.

Das Europahaus am Anhalter Bahnhof, Saarlandstraße 118 – 119 (heute Stresemannstraße). *Fotografie von Josef Donderer, 1937.*
Aus einem Wettbewerb des Jahres 1924, der zur Errichtung des »schönsten und größten Hotels Europas« ausgeschrieben worden war, gingen die Planungen der Berliner Architekten Richard Bielenberg und Josef Moser sowie von Otto Firle erfolgreich hervor. Zwischen 1926 und 1931 errichteten sie das »Deutschlandhaus« sowie den angrenzenden elfstöckigen Bau des »Europahauses« (Entwurf: Firle). Der an Stelle des ursprünglich geplanten Hotelbaus errichtete Büro- und Geschäftskomplex mit seinen überdimensionalen Reklamezügen, die für großes Aufsehen sorgten, galt als Wahrzeichen der modernen Weltstadt Berlin.

Das nahezu fertig gestellte Ufa-Filmtheater, 1928. Bei dem Projekt am Lehniner Platz handelte es sich ein Gebäudeensemble, welches neben dem Kino auch einen Wohnblock, ein Hotel sowie eine Laden- und Geschäftszeile umfasste.

Erich Mendelsohn, um 1930. Mendelsohn gehört zu einer kleinen Gruppe von Architekten, die das architektonische Berlin der zwanziger Jahre entscheidend mitgeprägt haben. Sein umfangreiches Wirken umfasste das gesamte Spektrum öffentlicher wie privater Gebäude.

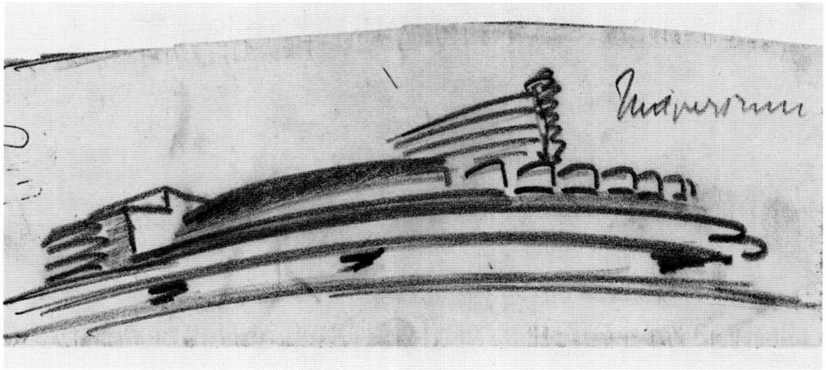

Entwurfszeichnung von Erich Mendelsohn für das Ufa-Filmtheater »Universum« am Lehniner Platz, 1927.

Erich Mendelsohns Columbushaus am Potsdamer Platz, fertig gestellt 1931, das letzte bedeutende Gebäude in der Ära des »Neuen Bauens«.

Christiane Eifert

Die neue Frau Bewegung und Alltag

Die »neue Frau« ist ein irritierendes Phänomen. Erkennbar an ihrer äußeren Erscheinung, mit kurzen Haaren, knabenhafter Gestalt und im knielangen Rock, trat sie in den 1920er Jahren weltweit in die Öffentlichkeit der Großstädte, in Bombay wie in Peking, in New York, Paris, London und in Berlin. Als Modern Girl, Flapper oder Garçonne bevölkerte sie den Diskurs und die Klatschgeschichten.

Die neue Frau war im Weimarer Berlin allgegenwärtig. In den Schaufenstern der großen Kaufhäuser stand sie. Kaum zu unterscheiden von der Vorführdame eines Modesalons präsentierte die Schaufensterpuppe dort neue Kleidung und verführte Passanten und Passantinnen zum Kauf. Die Schaufensterfotografie bannte die Darbietungen der als neue Frauen stilisierten Modepuppen auf Papier und brachte sie in die illustrierten Zeitschriften, aus denen sie nun einem großen Lesepublikum entgegen lächelten. Von Litfasssäulen und von Reklametafeln blickte die neue Frau auf die vielen tausend Männer und Frauen, die durch die Straßen eilten. Von den Fassaden der Filmtheater, der Kabaretts und Varietés strahlten Bilder der Revuetänzerinnen oder von Marlene Dietrich als Blauem Engel. Sie trugen die Botschaft von der neuen Frau weiter. In und vor den Cafés saßen Frauen ohne männliche Begleitung, in kurzen Röcken und mit kurzen Haaren, rauchend, trinkend. Die U-Bahnen und Busse wie die Straßen waren angefüllt mit diesen Wesen, um die sich so viele Diskussionen drehten: Die neue Frau galt als Verkörperung der Neuen Sachlichkeit. Sie war rational, unabhängig, schnell, zielstrebig, unbekümmert.

Ein neues Selbstbewusstsein

Es war in der Weimarer Republik eine weit verbreitete Mode, sich mit dem Adjektiv »neu« zu garnieren, um die Öffentlichkeit auf sich und die eigenen Erneuerungsbestrebungen aufmerksam zu machen. In der darstellenden Kunst wurde die Neue Sachlichkeit zum Leitbegriff und vereinte Malerinnen und Maler wie Jeanne Mammen, Christian Schad und Otto Dix, die ihre je eigene Sichtweise der neuen Frau auf die Leinwand brachten. In der Literatur zählen Marieluise Fleißer, Irmgard Keun, Mascha Kaléko, Erich Kästner und Carl von Sternheim zu denjenigen, die sich mit dem Phänomen der neuen Frau auseinandergesetzt haben. Selbst in der Architektur geriet die neue Frau zu einem Topos für die moderne Zeit; ihr angemessen war ein neues Bauen, das die einfachen und billigen Wohnungen für die ledige Frau mit einer neuen Küche ausstattete. Erstaunlicherweise trat neben die neue Frau, die auf mancherlei Weise in diese Diskurse eingebunden war, während der zwanziger Jahre kein neuer Mann, um, ihr vergleichbar, einen unabhängigen, rationalen, zielstrebigen Gegenpart zu bilden.

Wie neu war also das Neue, das Frauen im Weimarer Berlin auszeichnete? Bereits kurz nach der Jahrhundertwende ließen sich die ersten Anfänge des Phänomens in Berlin beobachten. Die Medien wurden aufmerksam und präsentierten gleich mehrere Varianten: die neue Frau als berufstätige oder als studierende Frau, als ledige Akademikerin, als Tänzerin oder Schauspielerin, als Radfahrerin oder

Sportlerin. Selbstverständlich gab es schon vor 1900 nicht nur vereinzelt Frauen, die ihren Lebensunterhalt selbst erwarben, und einzelne, die als »exzentrisch« angesehene Neigungen und Interessen wie der Luftschifffahrt, der Wissenschaft oder der Kunst nachgingen. Seit 1900 aber wuchs die von der Öffentlichkeit wahrgenommene Gruppe von Frauen, die sich ein aktives und erfülltes Leben ohne Ehemann und Kinder vorstellen konnten und es auch verwirklichten. Manche dieser Frauen engagierten sich in den verschiedenen Vereinen der Frauenbewegung und trennten sich vereinzelt schon jetzt von ihren Haarnadeln und vom Korsett und zeigten sich stattdessen, wie Lida Gustava Heymann und Anita Augspurg, in Reformkleidern und mit Kurzhaarfrisur. Sie wählten die eigene Berufsausbildung anstelle der üblichen Vorbereitung auf die Ehe, nahmen ihre Berufstätigkeit ernst und orientierten sich somit an einem damals vorrangig für Männer akzeptierten Lebensentwurf.

Während des Ersten Weltkriegs verschwanden diese Frauen wieder aus der allgemeinen Wahrnehmung. Denn nun war die Öffentlichkeit damit beschäftigt, die offenbar immer zahlreicher auftretenden erwerbstätigen Frauen, etwa die Schaffnerinnen in Bussen und Bahnen, Postzustellerinnen, Straßenfegerinnen oder Munitionsarbeiterinnen zu registrieren und langsam als Normalität zu akzeptieren. Dies gelang, indem die Frauen zu legitimen Vertreterinnen ihrer Ehemänner, Brüder und Väter gemacht wurden: Indem sie deren Arbeitsplatz übernahmen, stellten sie ihre männlichen Verwandten für die Zeit des Krieges für den Fronteinsatz frei. Die konstruierte Stellvertretung endete allerdings mit dem Beginn des Friedens. Doch die von zurückkehrenden Soldaten wie von erschöpften Arbeiterinnen und vor allem von Ordnungspolitikern geteilte Hoffnung, Frauen würden sich nun wieder in die eigenen vier Wände zurückziehen und Männern die Erwerbstätigkeit und den öffentlichen Raum überlassen, erwies sich bald als trügerisch. Nach der Revolution, in der neuen Republik, wurden die selbstständigen und selbstbewussten Frauen allgegenwärtig, zu einem Massenphänomen, zum Bild einer ganzen Generation. Sie wurden zur Verkörperung eines Lebensgefühls – und stilisierten sich auch selber gerne in dieser Weise, was umso besser gelang, je weniger sie damit einen politischen Anspruch verbanden.

Auf politischem Terrain

In der ersten deutschen Republik verbesserte sich der rechtliche Status von Frauen deutlich. Sie erhielten das aktive und das passive Wahlrecht, zogen in die ersten frei und gleich gewählten Parlamente ein und verankerten ihre staatsbürgerrechtliche Gleichberechtigung in der neuen Verfassung. Die neuen Bürgerinnen arbeiteten energisch an der sozialen Gestaltung des neuen Staates mit und setzten sich mit großem Engagement für Friedensregelungen auf europäischer Ebene ein. Die politischen Parteien warben insbesondere in Wahlkampfzeiten um die aktive Mitarbeit von Frauen, die Vereine der Frauenbewegung suchten nach jungen Aktivistinnen, und die gewerkschaftlichen Organisationen luden Frauen ebenso zur Mitarbeit ein wie die vielen Freizeit-, Sport- und Kulturvereine. Vor allem Wander- und Sportvereine, Theater- und Gesangsgruppen sowie Jugendgruppen besaßen offensichtlich eine große Attraktivität und zogen neue Mitglieder an – unter ihnen viele Frauen.

Dabei verschärfte sich in allen Bereichen der Abstand zwischen den Generationen. Dies galt besonders in der Politik: Die Älteren behielten ihre angestammten Positionen in den Parteien bei und somit die Leitung inne, die Jüngeren traten erst gar nicht ein, blieben passives Mitglied oder gingen rasch wieder. Den wenigen Frauen, die in politischen Organisationen aktiv waren, gelang es deshalb trotz ihres Engagements nicht, aus dem mächtigen Schatten herauszutreten, den die neue Frau auf die 1920er Jahre warf. Weder eine stadtbekannte Politikerin wie die frühere Sozialdemokratin und jetzige Kommunistin Clara Zetkin noch eine verdiente Kämpferin der Frauenbewegung wie Marie Elisabeth Lüders wurden als Repräsentantinnen der neuen Frau im Berlin der Weimarer Republik wahrgenommen. Zwar wurden beide 1920 in den Reichstag gewählt, in dem Marie Elisabeth Lüders bis 1932, Clara Zetkin sogar bis zur »Machtergreifung« der Nationalsozialisten 1933 ihre Plätze einnahmen (Lüders hatte zuvor auch schon der Weimarer Nationalversammlung angehört). Doch da die Karrieren beider Frauen bereits im Kaiserreich begonnen hatten und da sie zudem von ihrem Lebensalter her eindeutig zu den »Alten« gerechnet werden mussten, konnten sie kaum als Vertreterinnen einer neuen Generation gelten.

Das »Zeitalter der befreiten Frau« war somit noch keineswegs angebrochen. Dennoch erlebten insbesondere junge Frauen die schnell einsetzenden Veränderungen im kulturellen Leben der Stadt und in ihrem eigenen Leben als Entgrenzung zuvor sehr strikter Verhaltenskodices. Ganz aus eigenem Recht waren sie nun erwerbstätig und verdienten ihr Geld. Sie bewegten sich auf Straßen und Plätzen, ohne als »öffentliche Frau« unter Prostitutionsverdacht zu fallen, nahmen am Berliner Nachtleben teil und besuchten Kinos und andere Vergnügungszentren wie das Haus Vaterland am Potsdamer Platz. Und sie taten dies gemeinsam mit einer Freundin, nicht mehr nur in männlicher Begleitung. Wie sie mit ihrem Bubikopf demonstrierten, dass alte Zöpfe abgeschnitten gehörten, so rauchten sie in aller Öffentlichkeit. Mit dieser und anderen typisch »männlichen« Handlungen zeigte die neue Frau, dass sie überkommene Verhaltenszuweisungen an ihr Geschlecht nicht mehr akzeptierte – und viele junge Frauen schienen daran Gefallen zu finden.

Arbeit und Bildung

Die Erwerbsquote von Frauen war zwischen 1907 und 1925 gerade einmal von 34,9 auf 35,6 Prozent gestiegen. Das Phänomen der neuen Frau kann daher nicht auf eine radikal erhöhte Erwerbstätigkeit der Frauen zurückgeführt werden. Allerdings veränderte sich der Ort, an dem Frauen ihrer Arbeit nachgingen: Sie wechselten aus Stellungen in der Land- und Hauswirtschaft immer stärker auf Arbeitsplätze in der Industrie und im Dienstleistungssektor. Damit verkürzten sich fast immer ihre Arbeitszeiten, während ihr Einkommen stieg. Sie waren somit nicht häufiger, aber zu anderen Tageszeiten und an anderen Orten sichtbar als beispielsweise die Marktfrauen, bei denen die Dienstbotinnen täglich für ihre Herrschaft eingekauft hatten, oder die Kindermädchen, die die herrschaftlichen Kinder spazieren geführt und auf Spielplätzen beaufsichtigt hatten. Vor allem jedoch waren die in der Industrie und im Dienstleistungssektor tätigen Frauen anders als ländliches oder häusliches Personal mit einem Einkommen ausgestattet, das sie als attraktive Zielgruppe der Mode- und Vergnügungsindustrie erscheinen ließ. Die neue Frau war folglich ein Wesen der Großstadt – zu finden hauptsächlich unter den qualifizierten Erwerbstätigen, Angestellten und Künstlerinnen, in der Regel ohne Familie. Zu ihnen gehörten nicht die Studentinnen, die in wachsender Zahl die Fakultäten der Berliner Universität besuchten, aber mit ihrem kargen Nebenverdienst oder einem väterlichen Scheck sparsam wirtschaften mussten. Allerdings zählten die ersten Akademikerinnen dazu, die nach der Öffnung der Universitäten 1908 ihr Studium aufgenommen hatten. Diese Lehrerinnen, Ärztinnen und Juristinnen gewannen in der Weimarer Republik den Zugang zu Staatsexamina, Referendariaten und Habilitationen, so dass sie endlich auch in ihrer formalen Qualifikation mit ihren männlichen Kollegen gleichgestellt wurden.

Eine Gleichheit der Karrierechancen ging damit noch nicht einher. Juristinnen beispielsweise konnten in Berlin seit 1922 im Prinzip einen vollwertigen juristischen Beruf ausüben, da sie jetzt Zugang zu allen erforderlichen Staatsexamina besaßen; dennoch fanden die meisten von ihnen keine Anstellung als Richterin oder Staatsanwältin, und sie ließen sich auch nicht als Rechtsanwältinnen nieder, weil sie kaum mit Klienten rechnen konnten, sondern arbeiteten in Wohlfahrtsorganisationen, Rechtsberatungsstellen von Frauenvereinen, der Privatindustrie oder der Verwaltung.

Ähnliches galt für die Situation von Ärztinnen. Sie stiegen nicht zu Leiterinnen medizinischer Forschungseinrichtungen oder zu Chefärztinnen von Krankenhausabteilungen auf. Doch das Studium der Medizin galt als eine akzeptable Disziplin für Frauen. Für einzelne Bereiche, wie die Kinder- und die Frauenheilkunde, erschienen sie sogar besonders geeignet. Im Weimarer Berlin gab es deshalb deutlich mehr Ärztinnen als Juristinnen oder Nationalökonominnen: 1929 waren in Berlin 476 von insgesamt 2562 im Deutschen Reich praktizierenden Ärztinnen niedergelassen, 1932 zählte man in Berlin bereits 722 Ärztinnen unter 6785 in der Stadt praktizierenden Medizinern. Einzelne Ärztinnen, die in den Schwangeren- und Sexualberatungsstellen mitarbeiteten und sich im politischen Kampf gegen den Paragrafen 218 StGB engagierten, wie Käthe Frankenthal, Herta Nathorff oder Martha Ruben-Wolf, erlangten sogar über Berlin hinaus Bekanntheit, als sie dazu beitrugen, dass sich die von der SPD und KPD unterstützte Bewegung gegen das Abtreibungsverbot zu einer Massenbewegung entwickelte.

Akademikerinnen wie auch Studentinnen präsentierten einen neuen Frauentyp, der in der Öffentlichkeit heftig diskutiert wurde. Angesichts ihrer insgesamt geringen Zahl können diese Frauen aber schwerlich für das Massenphänomen »neue Frau« verantwortlich gewesen sein.

Die kunstseidenen Mädchen

Die Protagonistinnen waren vielmehr die weiblichen Angestellten, Verkäuferinnen und Bürokräfte. Diese Berufe waren Ledigen-Berufe, in denen die Frauen neben ihrer Arbeitskraft auch Erotik und Weiblichkeit verkauften. So beobachtete es die Psychologin Alice Rühle-Gerstel in ihrer 1932 veröffentlichten Studie *Das Frauenproblem der Gegenwart*, in der es hieß: »Chefs und Kollegen betrachten es als selbstverständlich, dass die Büroangestellte oder Verkäuferin neben ihrem sachlichen auch noch einen erotischen Beitrag zur Arbeit leistet.« Aus diesem Grunde gewann die äußere Erscheinung für die Laden- und Bürofräuleins eine derartige Bedeutung, dass sie ihre Schönheit durch regelmäßige sportliche Betätigung, Kosmetik und modische Kleidung hervorzuheben und zu erhalten suchten. Eitelkeit scheint sich fast zu einer Berufskrankheit entwickelt zu haben, da die weiblichen Angestellten den geforderten Modestandards trotz ihrer kleinen Geldbeutel so weit als möglich folgen wollten, um ihren Arbeitsplatz zu sichern. Die dabei notwendigen Kompromisse provozierten Rühle-Gerstel zu einem harten Urteil, als sie über die weiblichen Angestellten schrieb: »Ein halbseidener Beruf, halbseiden wie die Strümpfe und Hemdchen der Ladenfräuleins, halbseiden wie ihr Gemüt und ihre Gedankenwelt … ihrer wirtschaftlichen Situation gemäß Proletarierin, ihrer Ideologie nach bürgerlich, ihrem Arbeitsfeld zufolge männlich, ihrer Arbeitsgesinnung nach weiblich. Schillernde Gestalten, von schillerndem Reiz oft, ebenso oft von schillernder Fragwürdigkeit.«

Halbseiden oder kunstseiden – den jungen Frauen wurde in wissenschaftlichen Untersuchungen und Romanen immer wieder vorgehalten, ein Leben in einer Talmiwelt zu führen. Wissenschaftler ebenso wie Schriftsteller schienen sich weniger für die rasanten Veränderungen der Angestelltenberufe an sich zu interessieren, als für die Begleiterscheinungen, die damit verbunden waren. Dabei wurde leicht übersehen, dass viele Angestelltenberufe sich seit dem Ersten Weltkrieg und besonders während der Anfangsjahre der Weimarer Republik von qualifizierten und distinguierten Männerberufen zu angelernten und schlecht bezahlten Frauenarbeitsplätzen gewandelt hatten. So ließen Erhebungen der Angestelltengewerkschaften in der zweiten Hälfte der zwanziger Jahre erkennen, dass der soziale Durchschnittstyp der weiblichen Angestellten 20 Jahre alt und ledig war und noch bei den Eltern oder anderen Familienangehörigen wohnte. Nach dem Volksschulabschluss hatte die Durchschnittsangestellte keine Ausbildung aufgenommen, sondern sich in kurzen Lehrgängen die notwendigen Kenntnisse im Maschineschreiben und in Stenographie angeeignet. Sie verdiente 1930 durchschnittlich 150 Mark brutto im Monat, von denen 10 bis 15 Prozent an Steuern und Sozialabgaben abgezogen wurden. Allein für Wohnung und Ernährung waren im Monat mindestens 140 Mark zu rechnen, für Kleidung, Kosmetik und Fahrgeld weitere 40 Mark – eine Rechnung, die nicht aufgehen konnte, so dass nichts anderes übrig blieb, als an der Wohnung zu sparen. Und da die äußere Erscheinung für den Erhalt des Arbeitsplatzes besonders wichtig war, musste nicht selten auch immer wieder einmal die Ernährung zugunsten von Kleidung und Kosmetik zurückstehen. Vielen weiblichen Angestellten ging es damit finanziell schlechter als den gewerblichen Arbeiterinnen; etwa die Hälfte von ihnen erreichte mit ihrem Gehalt noch nicht einmal das offizielle Existenzminimum.

Dieser Befund änderte jedoch nichts an der bereits eingeübten Kritik am »halbseidenen Verhalten« der Angestellten. Niemand fragte, woher die neuen Frauen eigentlich das Geld für die angeblichen Extravaganzen, die modische Kleidung, die Kosmetika und die vielen teuren Freizeitvergnügungen nehmen sollten. Ebenfalls im Widerspruch zum egoistischen und vergnügungssüchtigen Verhalten der jungen Büro- und Verkaufsangestellten konstatierte die Erhebung der Angestelltengewerkschaften, dass die Mehrheit dieser Frauen zwar ledig, aber durchaus mit Familie – nämlich mit ihren Eltern und Geschwistern – lebte und diese Familie zumindest mit einem Teil ihres Einkommens unterstützte. Allerdings geschah dies zumeist nicht aus Selbstlosigkeit oder Familiensolidarität, sondern aus blanker Notwendigkeit, da sich die Frauen aufgrund ihres extrem niedrigen Einkommens kein möbliertes Zimmer oder gar eine eigene Wohnung leisten konnten.

Das niedrige Einkommen erklärte sich aus mehreren Faktoren: den schlechten Positionen, die die jungen Frauen in den Büros und Geschäften einnahmen, den fehlenden Aufstiegschancen und schließlich dem Geschlechterabschlag, der dafür sorgte, dass Frauen bei gleicher Arbeit 10 bis 15 Prozent weniger Lohn ausgezahlt wurde als einem männlichen Arbeitnehmer in vergleichbarer Stellung. Die Arbeitszeit der weiblichen Angestellten betrug offiziell 48 Stunden in der Woche; einen Anspruch auf Jahresurlaub gab es nicht. Unbezahlte Überstunden und Sonderschichten auch am Wochenende gehörten zu den Selbstverständlichkeiten, damit beispielsweise die großen Berliner Warenhäuser wie Wertheim, Karstadt und Hermann Tietz, die in den zwanziger Jahren immer größere und prachtvollere Häuser errichteten, in denen viele tausend Frauen als Angestellte im Verkauf und in den Büros Arbeit fanden, ihre Türen in der Vorweihnachtszeit an sieben Tagen in der Woche öffnen konnten. Die Gewerkschaften behaupteten, dass die weiblichen Angestellten für diese schlechten Arbeitsbedingungen letztlich selbst die Verantwortung trügen, da sie die gewerkschaftliche und politische Organisation verweigerten. Dieser Vorwurf an die Frauen war alt und stimmte nur teilweise, denn immerhin gehörte jede vierte weibliche Angestellte einer Gewerkschaft an. Außerdem hatte die Zurückhaltung gegenüber den freien Gewerkschaften und politischen Parteien ihre Gründe, weil diese Institutionen immer noch starr und einseitig auf Männerinteressen fixiert waren. Der »Verband weiblicher Angestellter« – ein aus der Frauenbewegung hervorgegangener Berufsverband – setzte hier andere Prioritäten und hatte damit bemerkenswerten Erfolg bei seinen Mitgliedern, denen vielfältige Beratungen, Weiterbildungen und Unterstützungszahlungen im Fall von Krankheit und Erwerbslosigkeit angeboten wurden.

Mehr als eine Reklamefigur

Auch wenn der Alltag vieler Frauen im Berlin der Weimarer Republik kaum Gemeinsamkeiten mit der aufregenden Existenz einer »neuen Frau« aufwies, so stellte diese doch mehr dar als eine Reklamefigur. Denn sie barg ein Versprechen für alle Frauen: dass der Lebensentwurf einer unabhängigen, selbstbewussten und genussvollen Existenz nicht mehr allein für Männer galt, sondern auch von Frauen verwirklicht werden konnte. Dieser Lebensentwurf bezog sich wiederum stark auf die neuen Medien – Fotografie, Film, illustrierte Zeitschriften – und auf die sich entfaltende Freizeitindustrie mit den Kabaretts, Varietés, Nachtclubs, Salons und Tanzpalästen der deutschen Hauptstadt. Clubs von Damen für Damen öffneten ihre Pforten – schicke Nachtlokale nur für Frauen, die zum »Ball der Lila Nacht« oder zu »Eine Nacht im Paradies« einluden. Etwa dreißig lesbische Clubs gab es im Weimarer Berlin. Ein prominenter Stammgast war Claire Waldoff, die in einem ihrer Lieder sang:

> »Rrraus mit den Männern aus'm Reichstag
> Und raus mit den Männern aus'm Landtag
> Und raus mit den Männern aus dem Herrenhaus
> Wir machen daraus ein Frauenhaus!«

Bei den Revuen, die beispielsweise im Admiralspalast oder im Wintergarten gezeigt wurden, wo allabendlich Tanzgruppen wie die Tiller-Girls auftraten und einem aufgeregten Publikum ihre fast nackte Haut präsentierten, oder achtzehn, zwanzig und noch mehr junge Frauen im gleichen Kostüm in geschlossenen Formationen tanzten und die Illusion eines einzigen Körpers erweckten, wurde indessen schon von den Zeitgenossen die fehlende Erotik bemängelt. Tatsächlich zieht sich diese Kritik bis heute durch die Darstellungen der Revuetänzerinnen. So kritisiert David Clay Large in seinem Buch *Berlin – Biographie einer Stadt*: »Ihre Tanznummern waren so präzise choreographiert, dass ihr erotisches Potential oft zugedeckt wurde … Im Grunde standen diese in Reihenformation dargebotenen Revuetänze für den mechanischen Gleichklang bewegter Körperteile und waren in diesem Sinn das unterhaltungsindustrielle Pendant mechanisch schaffender Hände über einem Fabrikfließband.«

Hinter dem Glitter und Glamour der Auftritte verbargen sich allerdings ein harter Arbeitstag und ein geringes Einkommen für die fest engagierten Revuetänzerinnen. Eine von ihnen, Brigitte B., veröffentlichte 1927 in einer Zeitschrift ihr Bekenntnis *Wie ich Revue-Girl wurde*. Es ist die Beschreibung eines Weges aus dem Büro auf die Bühne, der durchaus als sozialer Aufstieg empfunden wird. Brigitte B. genoss es, als Revuetänzerin Leitbild für andere junge Frauen zu sein. Zugleich betonte sie jedoch die Grenzen dieses Berufs, indem sie bemerkte: »…auch wir arbeiten für unser Geld wie andere und sind viel zu müde, als dass wir Sinn für Aventuren hätten.« Dagegen setzten die Einzeltänzerinnen – in scharfer Abgrenzung von den streng geometrischen Tanzdarbietungen der Revue-Girls mit ihrem maschinellen Beigeschmack – auf die künstlerische Qualität ihrer Vorstellung. Als exzentrische Beispiele seien vor allem Anita Berber, die auf dem Höhepunkt ihrer Karriere vom damals noch jungen Otto Dix gemalt wurde, Valeska Gert oder Cilly de Rheydt erwähnt, die mit ihren Nackttänzen weit über Berlin hinaus Berühmtheit erlangten. Die Nackttänzerinnen trugen erheblich dazu bei, dass die neue Frau zu einer sexuell libertären Imagination von Männern wurde, die allabendlich in die Berliner Veranstaltungssäle stürmten und sich bei den Aufführungen der Anita Berber, den Tänzen der Revue-Girls oder in den Filmen der Marlene Dietrich als Voyeure betätigten und von sexuellen Eskapaden träumten.

Als ebenso außergewöhnlich und erstrebenswert, aber nicht gar so übel beleumundet, galten die Berufe einer Filmschauspielerin, Kabarettistin oder Sängerin. Eine Karriere in einem dieser Felder der Massenunterhaltung verlangte es, sich ununterbrochen im öffentlichen Gespräch zu behaupten. Klatsch und Tratsch funktionierten bereits damals als auf Dauer gestellte Reklame, die sich weder Marlene Dietrich noch Claire Waldoff entgehen ließen. Beide perfektionierten den Typus der neuen Frau als einer »gelernten Verführerin« und konnten sich mit ihren inszenierten Skandalen im Stadtgespräch und in der Presse halten. Aus nahe liegenden Gründen überschritten manche Künstlerinnen dabei häufig die Grenze zwischen Kunst und Werbung: Marlene Dietrich verdiente ihr Geld als Fotomodell und posierte für Strümpfe oder in einem Opel-Cabriolet; die Schauspielerin Lil Dagover arbeitete als Mannequin und führte Kleider vor. Weder die Ufa-Werbefilm noch der Werbefilm-Pionier Julius Pinschewer hatten in Berlin die geringste Mühe, für ihre Produktionen geeignete Schauspielerinnen zu finden.

Dicht an diese Sphäre der Kunst und der Massenunterhaltung näherten sich auch diejenigen Frauen an, die in den neuen Medien arbeiteten: in den Werbefilm- und Trickfilmstudios, als Fotografin bei einer illustrierten Zeitschrift oder als Mitarbeiterin bei einer Werbefilmagentur. Berliner Frauenzeitschriften wie *Die Dame*, *Die praktische Berlinerin* oder die *Elegante Welt* waren nicht nur ein Medium für neue Moden, Vergnügungen und Lebensziele, sondern boten auch Arbeitsplätze für Frauen, die Schnittbögen zeichneten, fotografierten, Artikel und Kommentare schrieben oder Filme und Bücher rezensierten. Manche der Künstlerinnen, die hier arbeiteten, wurden bereits von den Zeitgenossen und teilweise auch von der Nachwelt mit dem Phänomen der neuen Frau identifiziert. So fotografierte Marta Huth die Berliner Lebenswelten der zwanziger Jahre, Hannah Höch – die einzige Dada-Künstlerin – stellte für den Ullstein-Verlag Schnittmuster her, Jeanne Mammen zeichnete Mode für Frauenzeitschriften, Dora Benjamin arbeitete bei Ullstein als Schriftleiterin der *Praktischen Berlinerin*, die Schriftstellerin Vicky Baum schrieb als Redakteurin über Gartenpflege, gab Gymnastikvorschläge und räsonierte über »Lippenstift, Parfüm und Spitzenwäsche in Sowjetrußland«. Sie trugen wie viele hier unerwähnte Frauen dazu bei, das Leitbild der neuen Frau in den Medien zu gestalten. Sie alle versicherten in ihrer Arbeit und in ihrem Leben, die neue Frau sei erotisch, genießerisch und unkompliziert in Liebesdingen.

Sport als Lebensstil

Der sichtbar gewordene Körper der neuen Frau erforderte allerdings auch in anderer Hinsicht besondere Aufmerksamkeit und Pflege: Die neue Frau war sportlich. Frauenzeitschriften ebenso wie illustrierte Zeitschriften stimmten darin überein, Sport als bevorzugte Beschäftigung der neuen Frau neben ihrem Beruf darzustellen. Sie propagierten Freizeitsport ebenso wie Leistungssport und priesen dabei besonders Sportarten wie Golf, Reiten, Tennis, Schwimmen und Skifahren. Ein noch höherer Wert in der Selbstdarstellung der neuen Frau kam dem Autofahren zu. Schnelle Autos galten zwar nicht als sportliche Betätigung, doch das »Selbstfahren« des Autos gewann – vergleichbar dem Boxen – angeblich hohe Attraktivität bei Frauen. Die Werbeindustrie lancierte gerne Bilder Auto fahrender Frauen und stellte etwa die Schauspielerin Fritzi Massary in eleganter Kleidung mit Maltheser-Hündchen vor ein teures Maybach-Cabriolet. Auch Modezeichnungen enthielten im Hintergrund gern ein prächtiges Auto.

Dieses Präsentationsmuster, das in illustrierten Zeitschriften, Modezeitschriften und Filmen zu finden war, schuf und stärkte den Mythos, die neue Frau sei eine leidenschaftliche Autofahrerin. Die Frauenzeitschrift *Die Dame* unterstellte Frauen sogar eine emotionale Beziehung zum Auto: »Männer trotzen gegen ihr Auto. Es bleibt eine Machtfrage zwischen ihnen, es ist etwas feindliches, das sie besiegen wollen. Wille steht gegen Wille, Trotz gegen Widerspenstigkeit. Eine Frau steigt in den Wagen, wie sie den Rücken ihres Reitpferdes besteigen würde.« So sorgte die Publizistin und Kabarettistin Erika Mann selbst dafür, dass ihr Beispiel der Nachwelt überliefert wurde: Sie stilisierte das Autofahren zu ihrer Lebensphilosophie und berichtete ausführlich über ihre Autoreisen, Reifenpannen und auch die Teilnahme an der ADAC-Ralley *In zehn Tagen durch Europa*, die sie 1931 gewann. Gerade weil der Topos der neuen Frau als leidenschaftlicher Autofahrerin nur mit sehr vereinzelten Beispielen belegt werden konnte, bestätigte er, dass das Auto als Indikator von Luxus fungierte.

Zum zweiten Modesport neben dem Autofahren avancierte im Berlin der zwanziger Jahre das Boxen. Nachdem Zeitgeist-Zeitschriften den Sport in Künstlerkreisen populär gemacht hatten, war es nur eine Frage der Zeit, bis sich die ersten Frauen ins Boxtraining wagten. Die Schriftstellerin Vicky Baum, Redakteurin beim Ullstein-Verlag, gehörte zu ihnen. Wie ihre männlichen Kollegen sah sie im Boxen eine Metapher für geistige Arbeit unter den Bedingungen der Kulturindustrie; sie bewunderte am Boxen die Disziplin und körperliche Härte, die gebändigte und zugleich unverhohlene Aggressivität und begann, sich genau diese Eigenschaften im täglichen Training anzueignen. Bertolt Brecht, der ebenfalls boxte und den diese Grenzüberschreitung offenbar empfindlich verletzte, kommentierte 1928 hämisch: »Ich weiß sehr gut, warum die Damen der Gesellschaft heute Sport treiben: weil ihre Männer in ihrem erotischen Interesse nachgelassen haben.«

Die neue Frau im Weimarer Berlin repräsentierte somit vieles gleichzeitig und dabei durchaus widersprüchlich: Sie war Symbol eines Aufbruchs von Frauen, die die ihrem Geschlecht zugewiesenen engen Handlungsräume verließen und in die Welt traten, um Grenzen zu überschreiten. Sie war Werbeträgerin einer sich entfaltenden Konsum- und Freizeitindustrie, die Weiblichkeit und Erotik in zuvor ungekannter Weise für den Verkauf ihrer Produkte instrumentalisierten. Insofern war die neue Frau auch eine Erfindung derjenigen Frauen, die im Kulturbetrieb, in den Werbefirmen und in den Massenmedien arbeiteten. Und schließlich gerann die neue Frau zum Maßstab für das Erscheinungsbild und die Verhaltensweise junger lediger Frauen in den Dienstleistungsberufen. Viele tausend junge Frauen mit kurzen Haaren und kurzen Röcken im Berliner Straßenbild bestätigten sowohl die Wirkungsmacht des Symbols wie auch seine kommerzielle Ausbeutung, nämlich der Bürofräuleins und Verkäuferinnen.

Rhönradtruppe bei einer Schauveranstaltung vor dem Berliner Wintergarten in der Dorotheenstraße, 1931.

Demonstrationszug der USPD in Berlin, 1919/20.

Die Reichstagsabgeordnete Clara Zetkin im Gespräch mit einer Besucherin in der Lobby des Reichstags. *Fotografie von Erich Salomon, 1930.*

Unten: Aufruf der SPD, sich an der Wahl zur Nationalversammlung zu beteiligen. *Entwurf von Ludwig Kainer, 1919.* Zum ersten Mal in der deutschen Geschichte waren auch Frauen wahlberechtigt.

Katharina von Kardorff mit ihrem vierten Ehemann, dem Reichstagsabgeordneten Siegfried von Kardorff, und ihren sechs Kindern aus erster und zweiter Ehe, 1929.

Die Politikerin gründete 1919 den »Nationalverband Deutscher Frauen« und war von 1920–1924 Abgeordnete der DVP im Reichstag. »Denn wir dürfen nicht mehr damit zufrieden sein, der stille, liebende, […] der zurückgezogene Lebensgefährte des Mannes zu sein, um uns nur zu freuen, wenn er, den wir lieben, seine Clique, sein Gesellschaftskreis möglichst groß werden, während wir uns bescheiden im Hintergrund halten […]. Das Ziel der Frau ist nicht ›Persönlichkeit‹ zu sein, sondern ›Wesenheit‹ und diese Wesenheit gehört zu der Ichgemeinschaft des großen Alls; sie zu erweitern, zu erhöhen, ist die göttliche Bestimmung der Frau.« *Katharina von Kardorff, Die Frau im modernen Staat, 1928.*

Oben: Eine Berliner Kleinbürgerfamilie, 1928.

Unten: Im Romanischen Café, um 1924.

Wahl der deutschen Schönheitskönigin am 5. Dezember 1929 in der Kroll-Oper. In der Mitte die Siegerin, Fräulein Elisabeth Rodziel aus Berlin.

Während einer Vorlesung des Historikers Hermann Oncken in der Berliner Friedrich-Wilhelms-Universität. *Fotografie von Erich Salomon, 1930.* Zwischen 1918/19 und 1933 erhöhte sich der Anteil von Studentinnen an den Hochschulen des Reiches von rund 6,3 Prozent auf fast 19 Prozent. Für immer mehr Frauen gewann dabei neben den »klassischen« philosophischen Fächern auch der Studiengang Medizin an Attraktivität.

Vorlesestunde. *Fotografie von Friedrich Seidenstücker, um 1925.* »Arme Mütter von 1890! Eure Welt war so eng wie ein Kaninchenstall, auf allen Seiten mit Brettern vernagelt und ohne Lüftung. Wie haben wir euch erschreckt, als wir aus euren Wänden ausbrachen, wir jungen Mädchen von 1905 […]. Jetzt also sind wir an der Reihe, Mütter zu sein, wir Dreißig-, Vierzigjährigen. Die Eierschalen des neunzehnten Jahrhunderts haben wir nach Möglichkeit abgestreift – manchmal klebt auch noch ein Stückchen davon fest an uns, ohne daß wir es wissen –, und nun versuchen wir mit unserer Brut Takt zu halten.« *Vicki Baum, Die Mütter von Morgen – die Backfische von heute, 1929.*

Blick in eine Lyzeums-
klasse, 1930.
In der Weimarer Republik nahm an deutschen Schulen die Zahl der weiblichen Lehrkräfte merklich zu, was einerseits von den verbesserten Bildungschancen herrührte, andererseits eine Folge des hohen Männermangels nach dem Ersten Weltkrieg war.

Telefonfräulein am Zugtelefon, 1926.
Im Januar 1926 wurden auf der Strecke Berlin–Hamburg in Fernschnellzügen die ersten Zugtelefone eingesetzt.

Die Bürobelegschaft von Lindemann und Sübling auf dem Firmendach in Berlin, 1924.
»Die Maschine heißt Continental, römisch zwei. Das Mädchen: Fräulein Siebert. Zumindest zwischen neun und fünf. Nach Feierabend gibt es auch Vornamen – Inge, Lore oder Elisabeth. Von den zärtlichen Abkürzungen, die ›sein‹ Vorrecht sind, ganz zu schweigen. Die haben nichts zu suchen zwischen Stenogrammblock, Firmenbogen und Kohlepapier: Keine Privatgedanken in der Geschäftszeit, bitte sehr, sonst gibt's Tippfehler.« *Mascha Kaléko, Mädchen an der Schreibmaschine, 1933.*

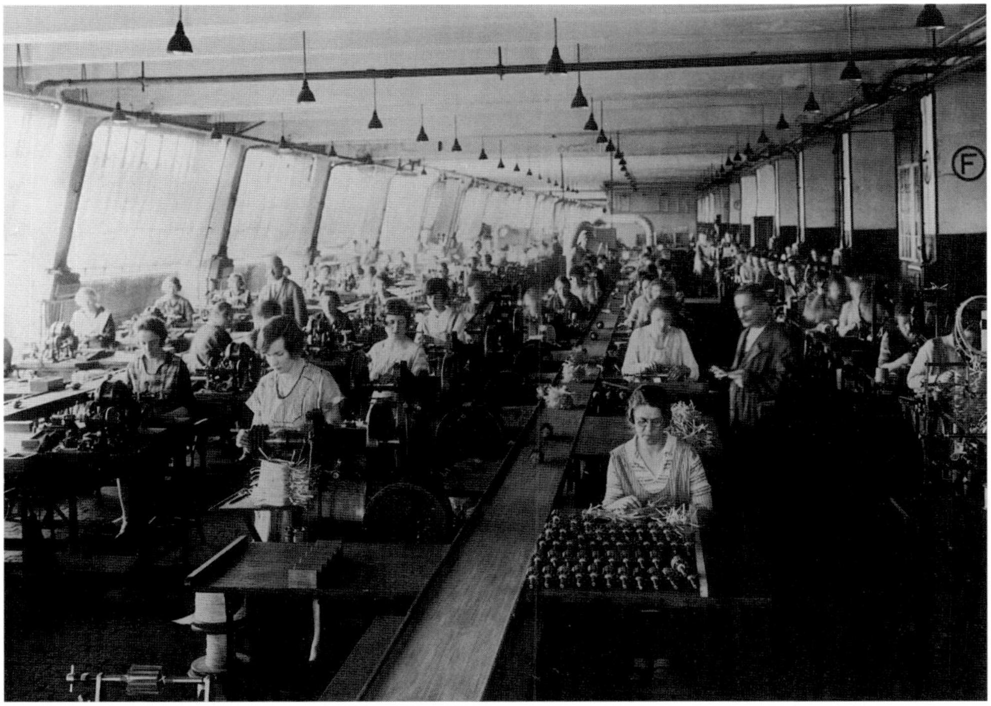

Ankerwickelei der AEG in Berlin, Betriebsfoto 1928. *Deutsches Technik-Museum Berlin.*

Sexual-Buchhandlung am Wittenbergplatz. *Fotografie von Carl Weinrother, 1932.*

Magnus Hirschfeld, 1928. Der Nervenarzt und Sexualforscher eröffnete im Juni 1919 In den Zelten 10/Ecke Beethovenstraße 3 das »Institut für Sexualwissenschaft«. Allein im ersten Jahr des Bestehens nutzten rund 3000 Personen die Sprechstunden des Instituts.

»Carnival mood«. *Fotografie von Erich Salomon, 1929.*

»Nieder mit dem Abtreibungs-Paragraphen!« *Plakatentwurf von Käthe Kollwitz, herausgegeben von der KPD.*

»Die Prostitution«. *Filmplakat von Josef Fenneker, 1919.*
Der unter der Regie von Richard Oswald gedrehte Stummfilm, der am 1. Mai 1919 Premiere hatte, musste aufgrund mehrerer Zensurauflagen in den Kinos unter den Titeln »Das gelbe Haus« und »Im Sumpfe der Großstadt« anlaufen.
»Die Prostitution erscheint im Film als ein schönes Weib im bunten Trikot, mit offenem schwarzen Haar. Sie ist als Gefangene der menschlichen Gesellschaft vor das Weltgericht gebracht worden. Zu ihrer Verteidigung berichtet ein junger Gelehrter seine Erlebnisse. Sie bilden die Handlung des Werkes. Zum Schluß kommen die Richter zu dem Ergebnis, daß sie kein Recht besitzen, über die Prostitution zu Gericht zu sitzen.«
»Der Kinematograph« vom 19. Februar 1919.

Modenschau in Berlin: Abendkleid mit tiefem Rücken-Décolleté, um 1925.

Schaufensterpuppen. *Fotografie von Friedrich Seidenstücker, um 1930.*

Treffpunkt an der Normaluhr des Bahnhofs Zoo. *Fotografie von Hans G. Casparius, 1932.* »Die Fräuleins, mit denen wir tanzen, / am Alex und am Zoo, / das sind Berliner Pflanzen. / Sie tippen bei Tage Bilanzen, / doch nachts im großen und ganzen; / da sind sie gar nicht so!« *Erich Kästner, Die kleinen Mädchen in der großen Stadt, 1930.*

Verkaufsraum der Filiale des Schuhhauses Leiser in der Schönhauser Allee 80 (Architekt: Erich Mendelsohn), 1930.

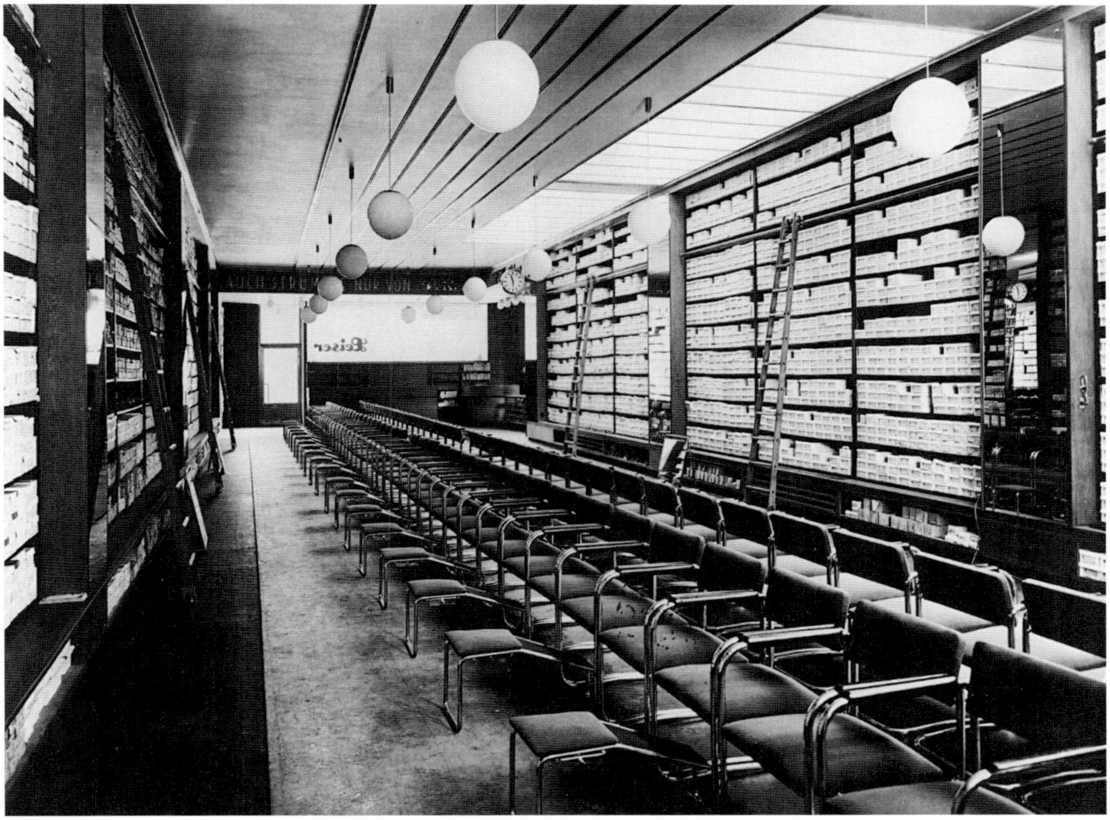

»Topfhut« mit Schmetterlingen, um 1925.

Bubikopf. *Fotografie von Ernst Schneider, um 1925.*

»Berliner Mode – 1928«. Organzakleid mit Plissee-Ärmeln von Herbert Mocho.

»Die Dame«. *Titelblatt der Mode- und Frauenzeitschrift vom Mai 1922, mit einer Zeichnung von Ludwig Kainer.*

Willi Jasper

»Berlin Alexanderplatz« Mythos und Literatur der Metropole

Das Dickicht des »Kongo-Berlin«

»Rumm rumm wuchtet vor Aschinger auf dem Alex die Dampframme. Sie ist ein Stock hoch, und die Schienen haut sie wie nichts in den Boden.« Mit diesen Worten beschreibt Alfred Döblin in seinem Roman *Berlin Alexanderplatz* anschaulich die Kulisse Berlins in den zwanziger Jahren, wo der Romanheld Franz Biberkopf einen verzweifelten Kampf mit der Übermacht anonymer Kräfte führt. Im Oktober 1929 mit einer Erstauflage von 10000 Exemplaren im S. Fischer Verlag erschienen, erlebte Döblins Roman in rascher Folge immer neue Auflagen und Übersetzungen. Allein in der Zeit vor 1933 wurden knapp 200 Besprechungen, Stellungnahmen und Polemiken gezählt. Abgesehen von der Kritik des rechten und ultralinken Lagers überwog dabei die enthusiastische Zustimmung. Von den Rezensenten angesprochen wurden vor allem das innerhalb der deutschen Literatur relativ neue und im Roman erstmals bewältige Thema der Großstadt, die Frage nach dem Vorbildcharakter des Joyceschen *Ulysses* sowie der Zweifel an der »Bürgerlichkeit« des Romans.

Eben diese Zweifel hatten zunächst auch die Feuilleton-Redaktion der *Vossischen Zeitung* von einem Vorabdruck des Romans abgehalten. Begeistert schrieb dann aber der Kritiker und Publizist Arthur Eloesser im gleichen Blatt am 15. Oktober 1929: »Es gibt Leute, denen das Gesicht glänzt, wenn sie Place de la Concorde hinlegen, oder Piazza delle Erbe oder Plaza mayor, in der richtigen nationalen Aussprache des jeweiligen Landes. Aber Alexanderplatz – wir wohnten sogar etwas nordöstlich davon, das war der Glanz unserer Heimat, unser Salon, unsere Reunion, Versprechung und Erfüllung unserer höchsten Wünschbarkeiten, wie man jetzt so schön sagt …« Und in Leopold Schwarzschilds *Tagebuch* hieß es: »Döblin, Alfred, Dr. med., Facharzt für innere und Nervenkrankheiten, Frankfurter Allee 340 – Döblin ist 50 Jahre alt und praktiziert schon seit Jahrzehnten im fernsten Berlin O, das uns rund um die Gedächtniskirche eine Art Kongo ist … Die beiden haben sich gefunden, der Psychiater aus Berlin O und der Poet, es ist etwas entstanden, ein Barockwerk von einem Roman, das nur aus dieser seltsamen Lebens- und Arbeitsgemeinschaft entstehen konnte, die Biographie Franz Biberkopfs, zugleich ein Rundbild des Kongo-Berlin 1928.«

Das Dickicht des »Kongo-Berlin« erschien manchem Betrachter undurchdringlicher als die urbane Topographie von Paris. »Ich kenne Paris und habe es eigentlich über Berlin gestellt«, schrieb eine Kinobesucherin an Döblin, nachdem sie die Verfilmung des Romans mit Heinrich George (1931) gesehen hatte, »nun erst weiß ich, dass beides überhaupt nicht miteinander vergleichbar ist, und dass Berlin ein Etwas ist, das vorläufig noch unzerstörbar am deutschen Stadthimmel leuchtet, und dem letzten Endes alles Provinzressentiment vorläufig noch nichts anhaben kann. Ich begreife nun aber auch, dass wir der gesamten übrigen Welt, besonders den konservativen Franzosen, als etwas Fürchterliches erscheinen müssen! Als ein zu allem fähiges Ungeheuer …« Nicht anders wurde die deutsche Reichshauptstadt von Yvan Goll gesehen, der in seinem 1929 erschienenen Roman *Sodom Berlin* ebenfalls von einem »Ungeheuer« sprach: »Berlin, Stadt des Nordens, Todesstadt... O kranke, stinkende Stadt... Alte Menschenfresserin ... «

»Die Stadt denkt sich alle 30 Jahre neu«

Derart heftige Reaktionen zwischen Zivilisationskritik und Großstadtfaszination angesichts der Entwicklung Berlins zur Metropole sind nur zu erklären, wenn man den urbanen Modernisierungsprozess – mit all den von Literatur und Soziologie beobachteten ungewöhnlichen Erscheinungsformen – betrachtet, für den die spezifischen Bedingungen der »verspäteten Nation« gelten. Was in den Metropolen Frankreichs und Englands viel früher in Erscheinung getreten (und langsamer gewachsen) war, wirkte sich in Deutschland erst nach der Reichsgründung 1871 in vollem Umfang aus. Bevölkerungsexplosion, spektakuläre Fortschritte in Wissenschaft und Technik, der umfassende Ausbau des Transport- und Verkehrswesens, die Schaffung neuer Industrieanlagen und Kommunikationssysteme, die Konzentration von Banken- und Kreditanstalten – alles das gehörte zu den signifikanten Merkmalen des jungen deutschen Kaiserreiches und schlug sich bereits vor der Jahrhunderwende in der Struktur Berlins nieder.

Der Erste Weltkrieg bedeutete nur eine vorübergehende Unterbrechung dieser Modernisierungsdynamik, die 1920 eine erneute Beschleunigung erfuhr, als ein Gebiet von der Größe des Ruhrgebiets mit Häusern, Straßen, Wäldern und Seen durch einen simplen Verwaltungsakt zu Groß-Berlin mit fast vier Millionen Einwohnern zusammengefasst wurde. Wieder war das Bild, das die Stadt danach bot, eines der Ungleichzeitigkeit, des chaotischen Neben- und Durcheinanders. Wieder galt, was Berlin seit dem 19. Jahrhundert von anderen Metropolen unterschied und noch immer unterscheidet: »Einzig in Berlin«, so Wolf Jobst Siedler, »verzehrt jede Epoche die vorausgegangene: Die Stadt denkt sich alle 30 Jahre neu und entwirft sich anders.« Dieser fortwährende Wandel hatte (und hat noch immer) eine besondere Angst vor dem Unüberschaubaren zur Folge, ein kollektives Trauma von der Anfälligkeit gegenüber kulturellen Krisen. In der Weimarer Zeit löste diese vulkanische Entwicklung selbst bei eingefleischten Großstadtintellektuellen wie Kurt Tucholsky Sehnsüchte nach einer idyllischen Arkadienlandschaft aus:

> »Ja, das möchtste:
> Eine Villa im Grünen mit großer Terrasse,
> vorn die Ostsee, hinten die Friedrichstraße;
> mit schöner Aussicht, ländlich-mondän,
> vom Badezimmer ist die Zugspitze zu sehen –
> aber abends zum Kino hast du's nicht weit.«

Die Wirklichkeit war freilich, wie der Ausschnitt aus *Berlin Alexanderplatz* zeigt, alles andere als romantisch. Doch die Rezensenten waren fasziniert von der Methode, wie Döblin seine Menschen aus Redensarten, Gedankensplittern, Schlagertexten oder Lektürebruchstücken zum Leben erweckte. Dabei hatte der Autor für seinen literarischen Bericht über »die volle Wahrheit der wachsenden, unsichtbaren Siedlung Berlin«, wie er 1928 erklärte, durchaus das Gesamtpanorama der großen Stadt im Blick: »Da ballen sich Spezialitäten in einzelnen Quartieren: in der südlichen Friedrichstraße das Filmquartier, nicht weit entfernt Koch- und Zimmerstraße, das Zeitungsviertel, das quartier latin mit den Kliniken und Instituten nördlich vom Friedrichsbahnhof von der Luisenstraße bis zur Invalidenstraße, um die Gedächtniskirche und die Tauentzienstraße das Amüsier- und Luxusviertel, dann die dunkle zweifelhafte Gegend zwischen Münzstraße und Rosenthaler Platz.«

In seiner literarischen Werkstatt füllte Döblin Seite um Seite mit Daten aus dem Statistischen Jahrbuch Berlins, dokumentierte die Texte der Litfaßsäulen, Gespräche in der Straßenbahn, Diskussionen in politischen Versammlungen und Stammtischunterhaltungen und montierte Meldungen aus den Zeitungen, vom Leitartikel über den Wetterbericht bis zu den Inseraten. Dieser neue Künstlerblick auf die Erscheinungen Berliner Alltagslebens hatte sich bereits in den Fotografien Heinrich Zilles um die Jahrhundertwende gezeigt, in Momentaufnahmen wie »Frau mit Last am Westend-Stadtrand« oder »Alexanderplatz mit Berolina«.

In der Literatur setzte die Montagetechnik erst später ein. Eine der letzten großen Publikationen über die Stadt als mögliche Ausgleichsform zwischen individuellen und kollektiven Lebens- und Gesellschaftsentwürfen war das Buch des Architekten August Endell über *Die Schönheit der großen Stadt* (1908). Dann kam die Zeit der Großstadtlyrik der expressionistischen Generation mit Repräsentanten wie Jakob van Hoddis, Georg Heym oder Gottfried Benn. Die Satzstruktur verlor ihre Logik, reihte Splitter an Splitter, um Relikte der Realität zur »Metarealität« des Großstadtgedichts zusammenzufügen. Kaum mehr Ansichten, sondern Befindlichkeiten und subjektiv erfahrene Vorahnungen hereinbrechender Katastrophen bestimmten nun die Inhalte der Dichtung.

Urbane Flaneure

Gegen Ende des 19. Jahrhunderts, im Fin-de-siècle-Klima von Symbolismus, Jugendstil und Neuromantik, schärfte die Psychoanalyse auch der Literatur den Blick für die Mechanismen im psychischen Haushalt des Städters. In analoger Weise antwortete das urbane Bewußtsein auf die Erfahrungen von abstrakter Kommunikation, Aggression, Verkehr, Tempo, Medien, Reklame und Industriedesign mit Jargon und Nervosität. Dem Pathos von Georg Heyms *Gott der Stadt* antwortete Oskar Loerkes *Pansmusik*. 1922 schrieb Moritz Heimann in der *Vossischen Zeitung* über Loerkes Großstadtgedichte: »Die unheimliche wirkliche Stadt wird zur heimlich wirklichen; erzprosaischer Name, Berlin, umfaßt, umhegt nicht minderen Wahrtraum als Mond, Wald und Pompeji. Ein Schaufenster ist so voller Rätselvertrautheit wie afrikanischer und asiatischer Orient.« Berlin, die chaotische Hauptstadt, wurde zum Anreger des Denkens, die Straße geriet zum Schauplatz und Symbol des öffentlichen Lebens – und führte zugleich in die Geheimnisse und die Kunst des Flanierens ein. 1929 veröffentlichte der Rowohlt-Lektor Franz Hessel ein, wie es im Untertitel hieß, »Lehrbuch der Kunst, in Berlin spazierenzugehn – ganz nah dem Zauber der Stadt, von dem sie selbst kaum etwas weiß«. Später, im Exil, erschlossen Franz Hessel und Walter Benjamin gemeinsam auch die Passagenwelt von Paris.

Ein erstes Psychogramm des urbanen Flaneurs hatte zu Beginn des 20. Jahrhunderts der Berliner Philosoph und Soziologe Georg Simmel in seinem Essay *Die Großstädte und das Geistesleben* erstellt. Er beschrieb die psychologischen und physiologischen Bedingungen der Existenz der Großstadtmenschen am Beispiel seiner Berliner Erfahrungen. Im Gegensatz zur Kulturkritik des 19. Jahrhunderts betonte Simmel, dass die Reaktionen auf solche Existenzbedingungen (»Steigerung des Nervenlebens«) keine Deformationen, sondern notwendige Überlebenstechniken seien. In der Weimarer Republik entwickelte der Kultursoziologe Siegfried Kracauer den Ansatz Simmels weiter, vor allem in seiner großen Studie *Die Angestellten* (1930) und in den zwischen 1921 und 1931 aufgezeichneten Beobachtungen zum *Ornament der Masse*.

Auch in Bertolt Brechts *Dickicht der Städte* findet sich dieses »Ornament«. Im November 1921 war er nach Berlin übergesiedelt, in die Stadt, die für ihn »das kalte Chicago« wurde. Zusammen mit Erwin Piscator bediente er sich der Erscheinungen der Massenkultur und bezog sie »montierend«, wie schon zuvor in Varieté und Revue erprobt, in sein dramaturgisches Kalkül ein. Alle Illusionsmöglichkeiten der modernen Technik wurden im Theater – ähnlich wie bei dadaistischen Collagen in der Literatur und Malerei – genutzt. Autos, Flugzeuge und »Dampframmen«, wie sie Döblin im *Alexanderplatz* beschrieben hatte, kamen auf der Piscator-Bühne zum Einsatz: Das Heterogene sollte durch Schockwirkung desillusionieren und »verfremden«.

Doch nicht immer war die Schockwirkung heilsam. Gelegentlich (so am 6. September 1929 im neuen Piscator-Theater am Nollendorfplatz) wurden auch Aggressionen unter den Zuschauern ausgelöst, wie sich die Frau des ungarischen Malers, Grafikers und Bühnenbildners László Moholy-Nagy erinnerte: »Der Vorhang war noch nicht gefallen, als eine der wüstesten Schlachten in der Berliner Theatergeschichte losbrach. Nationalisten und Sozialisten unter den Zuschauern gingen mit Fäusten und Schuhen aufeinander los und schleuderten sich Beschimpfungen ins Gesicht, die am anderen Morgen in den Zeitungen zu lesen waren…«

Dichter im Warenhaus

Vergleichsweise beschaulich ging es dagegen bei Dichterlesungen zu, auch wenn die Autoren vor moderner Kulisse über Tempo, Technik und Gewalt sprachen. Siegfried Kracauer hat eine solche Veranstaltung geschildert, die 1930 mit Heinrich Mann im Berliner Karstadt-Kaufhaus am Hermannplatz stattfand: »In einem bekannten Warenhaus des Berliner Ostens finden zur Zeit um die Stunde, in der man den five o'clock tea einzunehmen pflegt, literarische und musikalische Veranstaltungen statt… Für einen Betrag, der gering zu nennen ist, weil er nicht nur die Anwartschaft auf einen Dichtervortrag, sondern auch auf ein Gedeck gewährt, erhält man Einlaß in einen der Speisesäle des Warenhauses. Der Speisesaal ist holzgetäfelt, nüchtern, wie die Zeit es verlangt… Der Dichter besteigt das niedrige Podium. Der Dichter heißt Heinrich Mann. Es ist eine kuriose Begegnung, die sich hier zwischen ihm und der Warenhausmenge vollzieht… Der Dichter liest, und es ist, als ob ein leichter Nebel die braunen Kellnerinnen umhülle, die behutsam servieren. Während die Tassen zum Mund geführt werden, rauscht und surrt der Vortrag wie ein Speisewagen. Das Publikum (besteht) in der Hauptsache aus eingeborenen Mittelstandsfamilien. Diese Jünglinge, Mädchen und Eltern, die Angestellte oder Beamte sind, haben sich für den Samstagnachmittag nett zurechtgemacht. Sie lauschen andächtig, sie freuen sich, dass sie wie in einem eleganten Hotel einer Conférence beiwohnen, dass die berühmten Dichter zu ihnen kommen und dass sie alles verstehen, was dieser Heinrich Mann ihnen erzählt. Er liest aus seinem neuen Roman: eine Boxkampfszene, in der k.o. geschlagen wird, und eine aufregende Reise im Flugzeug. Die Dichter sind heute schick, sie gehen, nein, fliegen mit unserer Zeit. Hinter den Glaswänden ertönen Grammophone, rollen die Leute stumm und automatisch wie Schießbudenfiguren, die nicht getroffen werden, auf den Rolltreppen hinab. Aber das Publikum ist so verzaubert, dass die Grammophonschlager nicht hereindringen…«

Heinrich Mann las aus seinem gerade erschienenen Roman *Die Große Sache*. Die Zuhörer sind exakt als das mittelständische Großstadtpublikum beschrieben, wie Kracauer es in seinen soziologischen Studien der Weimarer Zeit analysiert hat. Doch hatte auch der Autor dieses Publikum im Auge? Wusste er, für wen er schrieb? Nach eigener Aussage zählte für ihn das »anonyme Auftreten« in der »fließenden Menge« des Karstadt-Kaufhauses zu seinen »reinsten Erinnerungen an das öffentliche Leben der Republik«. Er hielt es für »zeitgemäß und nützlich«, in der Warenhaus-Atmosphäre »Autoren vortragen zu lassen für alle, die vorbeikamen und das Ohr hinhielten«. Publizität war für Heinrich Mann der eigentliche Gradmesser der kulturellen Reife einer Gesellschaft. Die Sujets seiner in rascher Folge von 1926 bis 1932 geschriebenen Romane spiegelten das moderne Großstadtleben: Erotik, Kriminalfälle, kapitalistische Korruption und Spekulantentum, Boxsport, Autorennen, Flugzeugreisen, Modetänze und Ferienabenteuer.

Heinrich Mann hat seinen Roman *Die Große Sache* für seinen besten Versuch gehalten, die Weimarer Zeit und ihr Publikum in eine literarische Struktur zu bringen: »Ich schrieb der deutschen Republik ihren Roman – nicht sehr wichtig, sie selbst war es auch nicht. Die ›Große Sache‹ wäre eigentlich das Herz, das man haben sollte. Indessen herrscht das Geld wie nie zuvor, bis zum Stumpfsinn, bis zur menschlichen Abdankung.« In einem wie für den Film inszenierten Handlungsablauf mit rasant wechselnden Schauplätzen konkurrieren Politiker, Finanzmanager, Gangster, Boxer und andere zeittypische Figuren in ihrer Jagd nach der »großen Sache«, nach Glück, Erfolg und Liebe. »Das Tempo des Romans ist erbarmungslos und läßt nicht zu Atem kommen«, konstatierte der Bruder Thomas Mann. Der Autor gebe sich als »Gesellschaftsphantast« zu erkennen, der zugleich ein »Gesellschaftsprophet« sei. Doch davon wollte Heinrich Mann selbst nichts wissen. »Ich – eine politische Tendenz verbreiten?«, fragte er 1932 scheinbar naiv, »ich bin doch Romancier und habe es mit vorhandenen Menschen zu tun.« Mit seinem Roman verfolge er »eine einzige kleine Absicht«, die »ganz unpolitisch« sei: »Ich mache den geliebten Zeitgenossen leise und verstohlen darauf aufmerksam, daß er nicht nur seine Existenzangst hat, sondern doch vielleicht in einer tieferen Gegend unbefriedigt ist.«

Tatsächlich war es die moderne Sachlichkeit der Weimarer Republik, das »graue« an ihr, das die Menschen unbefriedigt ließ. Auch das Großstadtelend war »grau«. In der Literatur jedoch fasziniert in der Regel nicht die Darstellung des grauen Alltags, sondern dessen Mystifizierung. »Die Romantik der Unterwelt war unwiderstehlich«, schrieb der junge Klaus Mann 1923. Berlin »enthusiasmierte« ihn »durch seine schamlose Verruchtheit«.

Die »jüdische« Stadt

In Döblins *Berlin Alexanderplatz* geht es allerdings nicht nur um die Unterwelt, sondern auch um die Darstellung von Elend und Mythos des »Scheunenviertels«, dem damaligen Zentrum ostjüdischer Einwanderer. »Der Jude folgte ihm auf der Straße«, heißt es da, »nahm ihn beim Arm, zog ihn unter unendlichen Gesprächen weiter, bis sie in die Gormannstraße einbogen, der Jude und der starkknochige Kerl im Sommermantel, der den Mund zusammenpreßte, als wenn er Galle spucken müßte.« Der »starkknochige Mann«, dem hier übel wird, ist der Romanheld Franz Biberkopf, der gerade seine Strafe für Totschlag im Zuchthaus Tegel abgesessen hat und wieder wie betäubt in den Kreislauf seines Viertels zurückkehrt. Einen Moment lang wird er aufgehalten durch ein ungewohntes Erlebnis. Ein geheimnisvoller Jude zieht ihn von der lauten Straße in seine stille Stube, um ihm fremde, seltsame Geschichten zu erzählen. Wie ein Kind lauscht Biberkopf weltvergessen. Einen Augenblick erliegt er einer unbekannten und verführerischen Macht. Eindringlich hat Eike Geisel diese Szene in seinen Bericht über das Scheunenviertel eingewoben: »An der Gestalt des ostjüdischen Geschichtenerzählers und in der beruhigenden Kraft der Worte, welche den aufgestauten Schrecken besänftigen, erscheint die Ohnmacht der Ostjuden gleichermaßen wie die

Chance zur Wendung der Gewaltverhältnisse. Für einen winzigen Augenblick setzt das Wort den unheilvollen Fortgang der Taten außer Bewegung, im erzählenden wie zuhörenden Innehalten deutet sich die flüchtige Möglichkeit zum Guten an. Beide, der Jude wie der Ganove, blitzt es auf, könnten gerettet sein.« Als Biberkopf den Raum verlässt und wieder auf die laute Straße tritt, ist der geheimnisvolle Zauber jedoch verschwunden: »Wer ankommt, kriegt eins in die Fresse.«

Döblin hat in anderen Zusammenhängen ausführlicher über die Situation der Juden geschrieben. An dieser Stelle interessiert ihn der verschlungene Weg des Helden, der sich in einer Spirale fortbewegt. Die Juden im Scheunenviertel bilden eines der Elemente, mit denen er in Berührung kommt. Sie erscheinen als ein kleiner Ausschnitt aus der literarischen Montage der gesellschaftlichen Realität. »Das Scheunenviertel«, so Günter Kunert, »war eine eigentümliche Mixtur aus vielen Bestandteilen, nicht nur Ghetto, nicht nur Unterwelt, nicht nur billiges Amüsierviertel, nicht nur Zuflucht der aus Polen eingereisten armen Juden, nicht nur ein ›Zille-Milljöh‹.« Für die Juden, die in Berlin geboren und längst assimiliert waren, zeigte sich das Scheunenviertel genauso exotisch wie für ihre »arischen« Mitbürger. Mit den Ostjuden, den »Planjes«, wie man sie abschätzig nannte, hatte man kaum Berührung. Man wahrte Distanz, wie sie auch in Walter Mehrings Theaterstück *Der Kaufmann von Berlin* (1929) ästhetisch zum Ausdruck kommt.

Gleichwohl war die Metropole Berlin eine Stadt, in der sich für jüdische Initiative mehr Raum bot als anderswo. In der deutsch-jüdischen Beziehungsgeschichte war sie der wichtigste Ort. In Joseph Roths Essay *Autodafé des Geistes* heißt es über die kulturell-literarische Bedeutung dieser Beziehungsgeschichte: »Das unbestreitbare Verdienst der jüdischen Schriftsteller für die deutsche Literatur besteht in der Entdeckung und literarischen Auswertung des Urbanismus. Die Juden haben die Stadtlandschaft und die Seelenlandschaft des Stadtbewohners entdeckt und geschildert. Sie haben die ganze Vielschichtigkeit der städtischen Zivilisation entschleiert. Sie haben das Kaffeehaus und die Fabrik entdeckt, die Bar und das Hotel, die Bank und das Kleinbürgertum der Hauptstädte, die Treffpunkte der Reichen und die Elendsviertel, die Sünde und das Laster, den städtischen Tag und die städtische Nacht, den Charakter des Bewohners der großen Städte.«

Besonders wichtige Dokumente sind in diesem Zusammenhang die Autobiografien deutsch-jüdischer Autoren aus Berlin. So beschreibt Ludwig Marcuse sich in seinen Erinnerungen *Mein zwanzigstes Jahrhundert* als jungen Bewohner des früheren Hansa-Viertels, der später nach Eichkamp, in die unmittelbare Nähe des Grunewalds, zog und die von Walter Rathenau bereits um die Jahrhundertwende konstatierte Parzellenhaftigkeit Berlins aus der Sicht des Patriziats bestätigt: »Nicht real war auch der Arbeiter im Zentrum und Norden der Stadt. Wir lebten eine halbe Eisenbahn-Stunde vom Alexanderplatz und der Fabrik meines Vaters entfernt – das heißt, einige Millionen Meilen. Ich kannte nur Bürger, Gouvernanten und Dienstmädchen. Sie waren real …« Ähnlich zerrissen erscheint die Berliner Topografie im Werk Georg Hermanns. Zu Beginn seines Romans *Kubinke* heißt es: »Wenn ich hier von Berlin spreche, so meine ich nicht das Berlin der Arbeit, nicht das des Elends und des Lasters, nicht das des Reichtums und des Überflusses, ja ich muß gestehen, das Berlin, von dem ich hier spreche, ist ja gar nicht recht und eigentlich mehr Berlin, es ist Schöneberg, es ist Wilmersdorf, es ist Charlottenburg, es ist weit draußen …« In diesen sozial abgestuften Stadtregionen gewinnen auch die »jüdischen Viertel« deutliche Konturen: das Scheunenviertel im Bereich der Grenadierstraße, das Tiergarten-Viertel, in dessen Umkreis Autoren wie Walter Benjamin,

Kurt Hiller, Ludwig Marcuse oder Hans Sahl geboren wurden, sowie der Kurfürstendamm, von dem die südlichen Straßenzüge in den grünen Westen führen.

Zaungäste am Sterbebett der Republik

Immer größer wurde jedoch die Zahl derjenigen, die die Illusion einer möglichen Rückkehr zu vorindustriellen, vorkapitalistischen Zuständen hegten und im Sinne einer wachsenden Verkrampfung des Konservativismus und eines immer stärker hervortretenden Nationalismus agitierten. Realitätsblind wurde die Großstadt zum Feindbild stilisiert. Dabei musste die Skepsis gegenüber der Moderne nicht zwangsläufig in finstere Reaktion führen. Die Sehnsucht nach »organischer« Kultur äußerte sich zunächst in sehr unterschiedlichen Formen und nicht immer als Verwerfung der Stadt. Anzuführen wären hier unter anderem die George-Schüler Friedrich Gundolf und Karl Wolfskehl, Rudolf Borchardts Idee von der »Schöpferischen Restauration« oder Hugo von Hoffmannsthals Formel der »Konservativen Revolution«. Aber auch Autoren wie Robert Musil oder Thomas Mann konzentrierten sich in den Epochenanalysen ihrer großen Romane auf die Vorkriegszeit, klammerten sich retrospektiv an eine überschaubare Vergangenheit. Besonders deutlich traten gegen Ende der Weimarer Republik bei Gottfried Benn die Ambivalenzen eines »ungleichzeitigen Bewußtseins« zu Tage: Das Mythische und Moderne, Ursprungssuche und Endzeitbewußtsein, Provinzsehnsucht und Metropolenexistenz. Regressive und futuristische, aristokratische und proletarische Elemente mischten sich zu einem elitären ästhetischen Programm. In der deutschen Geschichte war es immer nur ein kurzer Weg vom pseudoegalitären Antiintellektualismus zu mehr oder minder rassistischen Volksgemeinschaftsideologien.

Die Berliner Intellektuellen waren Zaungäste am Sterbebett der Weimarer Republik, und nicht wenige von ihnen gaben sich dabei Selbsttäuschungen und falschen Hoffnungen hin. Es kennzeichnete Rechte und Linke, Liberale und Pazifisten, dass sie vor der Aufgabe, sich auf die konkrete Lage zu Beginn der dreißiger Jahre einzulassen, gerne in abstrakte geschichtsphilosophische Vorstellungen des Epochenwandels auswichen und sich der Hilfe globaler Modelle versicherten. Mythen und der Pathos des »hohen Stils« boten sich als Instrumente der Emotionalisierung an. In Döblins *Berlin Alexanderplatz* finden sich Vorahnungen – aber keine konkreten Warnungen. Der offene Schluss ist symptomatisch für die durchgängigen Ambivalenzen des Autors, seiner Werke und Figuren. Eindeutigere Schlussfolgerungen kann man dem 1932 in Berlin erschienenen Bestseller *Kleiner Mann was nun?* von Hans Fallada entnehmen. Am Ende steht indessen der Rückzug in die private Idylle der Familie, ein Loblied auf die Zukunft der kleinbürgerlichen Existenz. Seinen ersten großen Erfolg hatte Fallada schon 1931 mit *Bauern, Bonzen und Bomben*. Auch hier wird der Leser zur Identifizierung mit der emotionalen Perspektive des »kleinen Mannes« aufgefordert. Der Roman endet mit dem aktuellen Griff zur Notverordnung und wurde von Kurt Tucholsky als »politisches Lehrbuch der Fauna Germanica« bezeichnet. Fallada wurde zwar kein Kultautor der Nationalsozialisten wie Hans Grimm mit *Volk ohne Raum*, doch er konnte sich nach 1933 als harmloser Unterhaltungsliterat mit dem Regime arrangieren.

Etwas anders verhielt es sich mit der reaktiven Ästhetik des liberalen oder linken Widerstandes. Doch sie kam zu spät, entfaltete sich erst im Exil. Das gilt nicht zuletzt für die sagenumwobene *Weltbühne*, in der Kurt Tucholsky und Carl von Ossietzky publizierten. Manche Artikel, wie der Vergleich Hitlers mit Brutus (1931), wirken aus heutiger Sicht rätselhaft und hilflos. Auch wenn Rudolf Augsteins

Kritik (»Hitler hatte begriffen, und Ossietzky hatte nicht«) die *Weltbühne* zu böswillig in die Rolle des falschen Propheten rückte, bleibt der Eindruck einer imaginären Berliner Bühnenwelt. Dabei ist Carl von Ossietzky ein doppeltes Denkmal geworden. Auf dem einen Sockel steht der Leitartikler der *Weltbühne* und auf dem anderen der KZ-Häftling, der den Friedensnobelpreis erhielt. Hinter Schablone und Trauerflor verschwinden die Konturen. Heute ist sein Erbe mit einer unkritischen Vereinnahmungstradition belastet. Ossietzky selbst hat vor solcher unkritischer Nostalgie stets gewarnt. »Es gibt ein spezifisches deutsches Laster«, schrieb er im Juli 1925 über die Weimarer Presse und ihre Leser, »das ist: daß man die Unwissenheit in allen politischen Dingen zu einem Vorzug umschwindelt. Anstatt dem dummen Michel die Schlafmütze um die Löffel zu hauen, bekränzt man seine Denkfaulheit mit Eichenlaubsalat ... Es wäre alles nicht so schlimm, wenn das Publikum kritischer wäre ...«

Insofern ist es sicher übertrieben, wenn Berlin in nostalgischen Rückblicken auf die so genannten »goldenen Zwanziger« als blühendes Kulturzentrum der deutschen Demokratie erscheint, dem erst 1933 durch die nationalsozialistische Diktatur ein jähes und unerwartetes Ende bereitet wurde. Das damit suggerierte Bild, dass die deutsche Metropole als vorgelagerte Kulturbastion in der Steppe urplötzlich von einer Horde fremder Barbaren überrannt worden sei, ist schlicht absurd. Die Türme des kulturellen Kraftwerks Berlins waren keineswegs so hoch wie der Bau zu Babel – und sie haben auch nicht so hell geleuchtet wie der goldene Mythos weißmachen will. Im Londoner Exil hat sich Alfred Kerr an seine despektierlichen Verse von 1926 erinnert – sie erscheinen noch immer aktuell:

»Weh Berlin! Wie wirkst Du peinlich,
Filzig, mickrig, nuttig kleinlich.
Edelrust aus alten Fernen
Hat Dir keine Fee verliehen;
Doch die Spitze des Modernen
Bist Du auch nicht – weh Berlin!
Auf Betrieb und Zimt und ›Lichtermeer‹
Scheinst Du gerne groß erpicht.
Großstadt kleinen Stils nicht mehr –
Weltstadt großen Stils noch nicht.
Halber Weg. Ein Mischgebräu.
Gar nicht alt – und nicht ganz neu.
Kaum gestuft. Verdammt gefräßig.
Frisch lackiert. Auf Bluff gestellt.
Schicksalsnote: mittelmäßig ...«

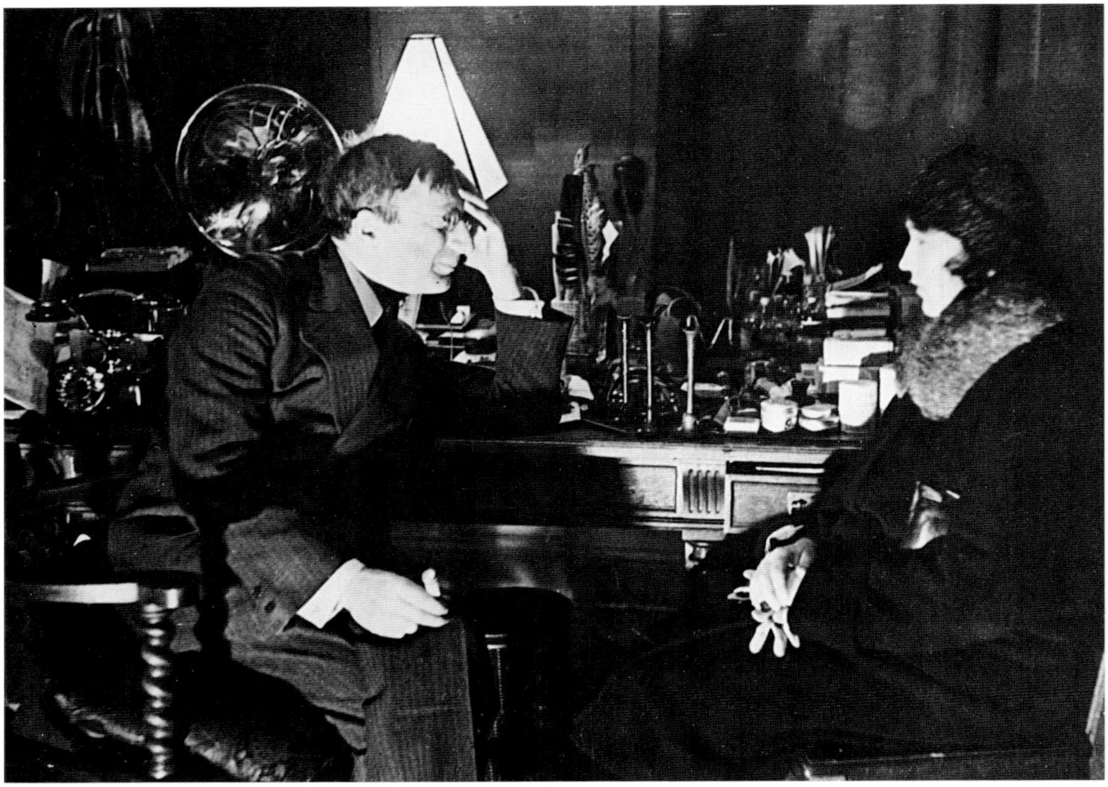

Alfred Döblin in seiner Praxis in der Frankfurter Allee, um 1932.
Döblin, der 1888 nach Berlin gekommen war, eröffnete 1911 eine Nervenarztpraxis und war während des Ersten Weltkriegs als Militärarzt tätig. 1928 wurde Döblin in die Preußische Akademie der Künste aufgenommen. Der entscheidende schriftstellerische Durchbruch gelang ihm jedoch erst 1929 mit dem Roman »Berlin Alexanderplatz«.

Alfred Döblin bei den Dreharbeiten zur Verfilmung seines Romans »Berlin Alexanderplatz«, 1931.

»Berlin Alexanderplatz. Die Geschichte von Franz Biberkopf«. *Filmplakat von Curt Aren, 1931. Stiftung Deutsche Kinemathek – Filmmuseum Berlin.*

Der von der Kritik kontrovers aufgenommene Tonfilm des Regisseurs Phil Jutzi, der in den Ufa-Studios Neubabelsberg sowie an Originalschauplätzen in Berlin gedreht worden war, erlebte am 8. Oktober 1931 im Berliner »Capitol« (Auguste-Viktoria-Platz, Charlottenburg) seine Uraufführung. Über die Vorteile der Romanverfilmung in der neuartigen Tontechnik urteilte Döblin bereits vor der Premiere:

»Es konnte nur ein Rundfunk-Hörspiel oder ein Film werden. Gerade die Mittel des Films, die der Tonfilm dem Drama voraus hat, konnten hier helfen. Die Photographie – die unverändert die Atmosphäre, das Lokalkolorit des Alexanderplatz-Viertels spiegelt, zweitens die Sprache, die Franz Biberkopf unmittelbar sprechen läßt und daher akustisch echter als es jeder Roman kann, und dann drittens – die Begleitmusik, die besonders wirksam das ewig Gleitende in diesem Biberkopfschicksal unterstützt und ausdrücken kann.« *Alfred Döblin, Begegnungen mit Biberkopf, 1931.*

U-Bahnbau am Alexanderplatz. *Fotografie von Friedrich Seidenstücker, 1932.*

Der große Platz. *Gemälde von Xaver Fuhr, um 1920. Staatliche Museen zu Berlin – Preußischer Kulturbesitz, Nationalgalerie.*

Das Romanische Café am Auguste-Viktoria-Platz, um 1930. Das Café gegenüber der Kaiser-Wilhelm-Gedächtniskirche galt in den Zwanzigern als der berühmteste Treff von Literaten, Journalisten, Künstlern und jenen, die sich für solche hielten.

Hans Fallada, um 1930. Fallada, der aufgrund seines unbürgerlichen Lebenswandels und mehrerer Gefängnisstrafen als »enfant terrible« unter den zeitgenössischen Schriftstellern galt, war seit 1932 Angestellter des Rowohlt-Verlages in der Hauptstadt. Hier erschien auch sein Roman »Kleiner Mann, was nun« (1932).

Gerhart Hauptmann (links) mit Louis Adlon (rechts) und Jeanne Mistinguette vor dem Adlon, im Juli 1924. Bereits im Kaiserreich hatte Hauptmann mit seinen Werken große Erfolge feiern können, allerdings war ihm lange Zeit – trotz seines Nobelpreises für Literatur von 1912 – eine entsprechende Würdigung von staatlicher Seite verwehrt worden. Dies änderte sich nach 1918. Hauptmann gehörte zu den meistgelesenen Autoren der Weimarer Republik.

Eine Sitzung der Sektion für Dichtkunst der Preußischen Akademie der Künste, die 1926 eingerichtet worden war. Von links nach rechts: Alfred Döblin, Thomas Mann, Ricarda Huch, Bernhard Kellermann, Hermann Stehr, Alfred Mombert, Eduard Stucken. *Fotografie von Erich Salomon, 1929.*

Carl Zuckmayer unterzeichnet im Beisein von Produzent Erich Pommer (links) und Hauptdarsteller Emil Jannings den Vertrag als Drehbuchautor für den »Blauen Engel«, 1929. Die am 1. April 1930 in Berlin uraufgeführte Ufa-Produktion (Regie: Josef von Sternberg), machte Marlene Dietrich zum Star.

10. Mai 1932: Carl von Ossietzky verabschiedet sich von seinen Freunden, die ihn bis an das Tor der Tegeler Strafanstalt begleitet haben. Rechts neben Ossietzky Lion Feuchtwanger, Alexander Roda-Roda, Ernst Toller, rechts hinter Toller Ludwig Renn.
Aufgrund eines Artikels in der »Weltbühne«, der 1931 die geheimen Rüstungsmaßnahmen der Reichswehr aufdeckte, wurde Ossietzky wegen »Verrats militärischer Geheimnisse« zu einer 18-monatigen Haftstrafe verurteilt, jedoch im Dezember 1932 begnadigt.

Erich Kästner, 1929. Kästner, der seit 1927 in Berlin lebte, arbeitete wie viele andere Schriftsteller zeitweilig für die »Weltbühne«. Daneben veröffentlichte er mehrere Gedichtbände (»Herz auf Taille«, 1928, »Lärm im Spiegel«, 1929), die ihn als einen kritisch-satirischen Zeitbeobachter auswiesen.

Siegfried Jacobsohn. Begründer der »Schaubühne« / »Weltbühne« und bis 1926 deren Chefredakteur. *Porträtaufnahme von 1923.*

Kurt Tucholsky (links) – Ein Wiedersehen mit Freunden und Bekannten aus der Rheinsberger Zeit in Berlin, um 1928. Tucholsky, der unter den Pseudonymen Kaspar Hauser, Peter Panter, Theobald Tiger und Ignaz Wrobel veröffentlichte, gehörte neben Jacobsohn und Ossietzky zu der Trias der wichtigsten »Weltbühnen«-Mitarbeiter und gab das Blatt 1926 kurzzeitig selbst heraus.

Ernst Jünger. *Gemälde von Rudolf Schlichter, um 1929/30. Staatliche Museen zu Berlin – Preußischer Kulturbesitz, Nationalgalerie.*
In vielen seiner Werke wie »In Stahlgewittern« (1920) oder »Der Arbeiter« (1932) entwarf der Weltkriegsteilnehmer Jünger, der sich selbst als einen »konservativen Revolutionär« bezeichnete, ein ästhetisierendes, verherrlichendes Bild des Fronterlebnisses. Jüngers Schriften erzielten hohe Auflagen.

Oswald Spengler, um 1930. Neben Arthur Moeller van den Bruck und Hugo von Hofmannsthal gehörte zu den wichtigsten Vertretern die Schriften Spenglers zum Hauptwerk der jungkonservativen Bewegung.

»War das die große deutsche Revolution? Wie flach, wie flau, wie wenig überzeugt war das alles! Wo man Helden erwartete, fand man befreite Sträflinge, Literaten, Deserteure, die brüllend und stehlend [...] umherzogen, absetzten, regierten, prügelten, dichteten. Man sagt, diese Gestalten beschmutzen jede Revolution. Gewiß.« *Oswald Spengler, Preußentum und Sozialismus, 1920.*

»Die Wupper« von Else Lasker-Schüler am Staatlichen Schauspielhaus am Gendarmenmarkt in einer Inszenierung von Jürgen Fehling. Die Aufnahme zeigt Albert Florath als Großvater Wallbrecker und Lucie Mannheim als Lieschen Puderbach. *Szenenfoto, Presse-Photo-Dienst Schmidt, 1927.* Else Lasker-Schülers Schauspiel war bereits 1909 erschienen, aber erstmals 1919 aufgeführt worden. Die Inszenierung von Jürgen Fehling 1926 wurde von der Kritik gelobt, brachte der Dichterin aber nicht den erhofften finanziellen Erfolg. 1932 wurde ihr gegen den wütenden Protest der Nationalsozialisten der Kleist-Preis verliehen.

Links: Alexander Moissi. *Porträtfoto von Becker & Maaß, Berlin, um 1920.* Moissi galt in den Jahren der Weimarer Republik als einer der besten deutschsprachigen Schauspieler.

Links: Elisabeth Bergner in der Titelrolle der »Heiligen Johanna« von Bernhard Shaw unter der Regie von Max Reinhardt am Deutschen Theater. *Fotografie von Herbert Hoffmann, 1925.*

Das Große Schauspielhaus im umgebauten Zirkus Schumann, 1920. Im Bild die »Tropfsteinhöhle«, der große Zuschauerraum. (Architekt: Hans Poelzig, 1919).
»Wer sich Shakespeare verekeln will, der mag sich dort den Hamlet oder Julius Caesar ansehen; in den Rahmen dieser Riesen-Gipshöhle passen vorerst nur die altgriechische Orestie und Rollands Danton. [...] Etwas anderes ist es mit dem Danton. Das ist lebendige, wildwogende Zeitgeschichte, da wird der Zuschauerraum mit zur Bühne, dank einem verblüffenden Reinhardttrick.« *Adolf Stein in der »Täglichen Rundschau« vom 8. Oktober 1920.*

Links: »Alles Schwindel« von Marcellus Schiffer am Theater am Kurfürstendamm in Berlin, in einer Inszenierung von Gustaf Gründgens, Musik von Mischa Spoliansky. Szenenfoto mit Gustaf Gründgens als Tonio Hendricks und Margo Lion, 1931. *Presse-Photo-Dienst Schmidt.*

Links: »Jemand« von Ferenc Molnár an der Komödie am Kurfürstendamm in Berlin, in einer Inszenierung von Gustaf Gründgens. Szenenfoto mit Lili Darvas und Albert Bassermann, 1931. *Presse-Photo-Dienst Schmidt.*

Max Reinhardt. *Fotografie von Herbert Hoffmann, 1924.*
Seit Mitte der 1890er Jahre arbeitete Reinhardt in Berlin, zuerst als Schauspieler, dann als gefeierter, aber auch umstrittener Regisseur an mehreren Bühnen.

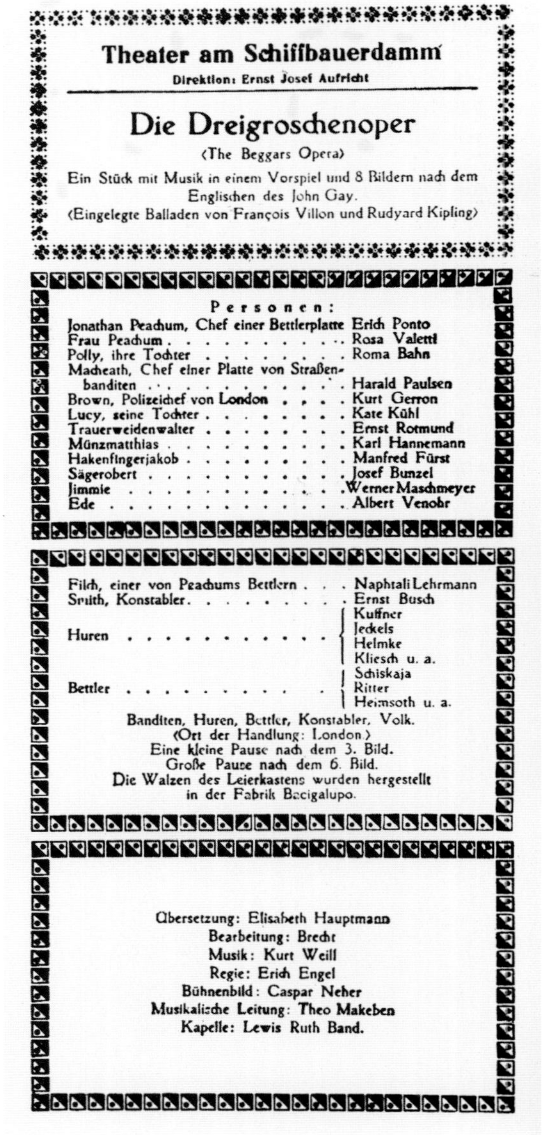

Theater am Schiffbauerdamm
Direktion: Ernst Josef Aufricht

Die Dreigroschenoper
(The Beggars Opera)
Ein Stück mit Musik in einem Vorspiel und 8 Bildern nach dem Englischen des John Gay.
(Eingelegte Balladen von François Villon und Rudyard Kipling)

Personen:

Jonathan Peachum, Chef einer Bettlerplatte . . . Erich Ponto
Frau Peachum . . . . Rosa Valetti
Polly, ihre Tochter . . . . Roma Bahn
Macheath, Chef einer Platte von Straßenbanditen . . . . Harald Paulsen
Brown, Polizeichef von London . . . . Kurt Gerron
Lucy, seine Tochter . . . . Kate Kühl
Trauerweidenwalter . . . . Ernst Rotmund
Münzmatthias . . . . Karl Hannemann
Hakenfingerjakob . . . . Manfred Fürst
Sägerobert . . . . Josef Bunzel
Jimmie . . . . Werner Maschmeyer
Ede . . . . Albert Venohr

Filch, einer von Peachums Bettlern . . . Naphtali Lehrmann
Smith, Konstabler. . . . . Ernst Busch
Huren . . . . Kuffner, Jeckels, Helmke, Kliesch u. a.
Bettler . . . . Schiskaja, Ritter, Heimsoth u. a.

Banditen, Huren, Bettler, Konstabler, Volk.
(Ort der Handlung: London.)
Eine kleine Pause nach dem 3. Bild.
Große Pause nach dem 6. Bild.
Die Walzen des Leierkastens wurden hergestellt in der Fabrik Bacigalupo.

Übersetzung: Elisabeth Hauptmann
Bearbeitung: Brecht
Musik: Kurt Weill
Regie: Erich Engel
Bühnenbild: Caspar Neher
Musikalische Leitung: Theo Makeben
Kapelle: Lewis Ruth Band.

»Die Dreigroschenoper«. Programmzettel der Uraufführung am 31. August 1928 im Theater am Schiffbauerdamm.

»Die Dreigroschenoper«. Probenfoto von der Inszenierung unter Erich Engels am Theater am Schiffbauerdamm in Berlin. Bühnenbild von Caspar Neher. *Fotografie von Willy Saeger, August 1928.*

Bertolt Brecht und der deutsche Halbschwergewichtsmeister Paul Samson-Körner, um 1926.

Tilla Durieux als Königin Elisabeth in »Maria Stuart« am Lessing-Theater. Inszenierung von Leo Reuss, 1932. *Presse-Photo-Dienst Schmidt.*
Bis 1911 gehörte die Schauspielerin zu Reinhardts Ensemble am Deutschen Theater und spielte in der Folge an allen wichtigen Bühnen Berlins. Nach ihrer Ehe mit dem Kunsthändler und Verleger Paul Cassirer heiratete Tilla Durieux Ludwig Katzenellenbogen, mit dessen Vermögen sie die Piscator-Bühne unterstützte.

Die Bühnenschauspielerin Carola Neher, o.J.

»Erwin Piscator geht zur Probe«. *Montage von Sasha Stone anlässlich der Eröffnung der Piscator-Bühne am Nollendorfplatz am 3. September 1927.*

Seit Beginn der zwanziger Jahre sorgte der Regisseur Piscator, der Kunst als ein politisches Mittel ansah und als Verfechter des »proletarischen Theaters« galt, in der Hauptstadt für einiges Aufsehen und Skandale. Seine Inszenierung der »Räuber« von Schiller am Staatlichen Schauspielhaus beschäftigten im Herbst 1926 sogar den Preußischen Landtag.

Wilhelm Furtwängler und die Berliner Philharmoniker in der alten Philharmonie in der Bernburger Straße. *Fotografie von Zander & Labisch Berlin, um 1925.*
Furtwängler, der von der zeitgenössischen Musikkritik als der »genialste Dirigent und größte Musikant unter der jüngeren Dirigentengeneration« gefeiert wurde, wirkte zwischen 1920 und 1922 an der Staatsoper und seit 1922 als Chefdirigent der Berliner Philharmoniker.

Anzeige für zwei Festkonzerte anlässlich des 50-jährigen Bestehens des Berliner Philharmonischen Orchesters unter der Leitung von Wilhelm Furtwängler, April 1932.

»Der Junge ist ein wirkliches Wunder; sein Spiel hat die göttliche Beseeltheit des Genies und die Reinheit des Kindes.« *Harry Graf Kessler, Tagebucheintrag vom 23. April 1929.*
Der zwölfjährige Yehudi Menuhin auf einer Konzerttournee durch Deutschland, Berlin 1929.

Kroll-Oper, Königsplatz 7, um 1923.
Mit der kontrovers rezipierten Aufführung von Beethovens »Fidelio« am 19. November 1927 begann an der Staatsoper am Platz der Republik, kurz Kroll-Oper genannt, die vierjährige Ära unter dem Dirigenten Otto Klemperer.

Arnold Schönberg, um 1930.
Der Schöpfer der Zwölftonmusik leitete seit 1925 die Meisterklasse für Komposition an der Berliner Akademie der Künste.

Otto Klemperer mit Igor Strawinskij in Berlin, 1928. Neben der Pflege des »klassischen« Repertoires zeichnete sich das Wirken Otto Klemperers an der Kroll-Oper vor allem durch die Auseinandersetzung mit der zeitgenössischen Musik aus. Bedeutende Werke Janaceks, Strawinskijs, Bergs und anderer Komponisten erlebten hier ihre Uraufführung.

Rechte Seite:
Hanna Höch: Schnitt mit dem Küchenmesser durch die letzte Weimarer Bierbauchkulturepoche Deutschlands, 1919. *Staatliche Museen zu Berlin – Preußischer Kulturbesitz, Nationalgalerie.*

Eröffnung der Ersten Internationalen DADA-Messe in der Kunsthandlung von Dr. Otto Burchard am Lützowufer 13 am 5. Juni 1920. Von links nach rechts stehend: Raoul Hausmann, Otto Burchard, Johannes Baader, Wieland und Margarete Herzfelde, George Grosz, John Heartfield; sitzend Hannah Höch und Otto Schmalhausen.

Plakat für die DADA-Messe im Juni 1920 in Berlin. Gestaltung von John Heartfield und George Grosz.
Noch während des Ersten Weltkrieges hatte sich der Dadaismus als neue Kunstrichtung und Protesthaltung gegen die bürgerliche Gesellschaft und den Expressionismus herausgebildet.

Legen Sie Ihr Geld in dada an!
dada
Komm
Die anti
dada istische
Bewegung
He, he, Sie junger Mann
Dada ist keine Kunstrichtung
Die große
dada
Tretet dada bei.
DADA i Sten
HH

Die Treppe. *Gemälde von Hannah Höch, 1923–1926. Staatliche Museen zu Berlin – Preußischer Kulturbesitz, Nationalgalerie.*

Sonntagmorgen im Berliner Tiergarten. *Gemälde von Max Liebermann, um 1921. Gelsenkirchen, Städtisches Museum.*

Heinrich Zille, um 1920. Der im Berliner Volksmund liebevoll »Vater« Zille Genannte bot mit seinem »Milljöh« das Gegenstück zum großbürgerlichen »Altmeister« Liebermann.

Zille gratuliert Max Liebermann zum 80. Geburtstag. *Zeichnung von Heinrich Zille, 1927.*

Max Liebermann vor einem Selbstporträt in seinem Atelier am Pariser Platz. *Fotografie von Fritz Eschen, um 1930.*
»Achtzig Jahre? Vor einem Liebermannschen Gartenstück aus jüngster Zeit erzählte mir der Direktor einer ausländischen Galerie, auch der Meister habe mit ihm davorgestanden und gefragt: ›Finden Se det senil?‹ Man kann nur antworten: ›Nee, nich im jeringsten.‹«
Thomas Mann über Max Liebermann in: Kunst und Künstler. Illustrierte Monatsschrift für Kunst und Kunstgewerbe, Heft 10/1927.

Käthe Kollwitz. *Porträtstudie, Atelier Binz, um 1930.*
Wie kaum eine Künstlerin verband Käthe Kollwitz, die 1919 als erste Frau in die Preußische Akademie der Künste aufgenommen worden war und einen Professorentitel verliehen bekommen hatte, ihre künstlerischen Fähigkeiten mit sozialem Engagement.

Stützen der Gesellschaft.
Gemälde von George Grosz, 1926. Staatliche Museen zu Berlin – Preußischer Kulturbesitz, Nationalgalerie.

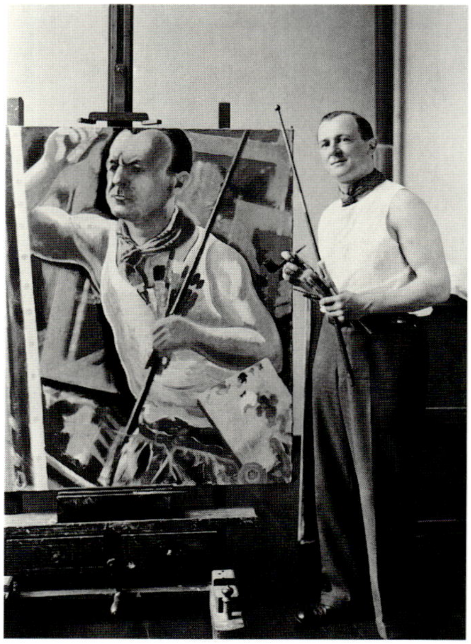

George Grosz neben einem Selbstporträt, 1924.

Dämmerung. *Aquarell von George Grosz, 1922, aus dem Zyklus »Ecce Homo«, Nr. XVI. Staatliche Museen zu Berlin – Preußischer Kulturbesitz, Kunstbibliothek.*

»Seine ganze Kunst ist in ihrem ausschließlichen Kult der Hässlichkeit deutschen Spießertums sozusagen nur das Gegenbild irgendeines geheimen Schönheitsideals, das Grosz in sich verbirgt, sozusagen schamhaft verhüllt. Er zeichnet und zeigt und verfolgt mit fanatischem Haß das Gegenteil dessen, was er in seinem Inneren trägt und wie ein Heiligtum vor allen Blicken schützt. Seine ganze Kunst ist ein Vernichtungskampf gegen dieses Gegenteil seines stets verhüllten Ideals, seiner geheimen ›Liebesdame‹; statt sie wie ein Minnesänger zu besingen, kämpft er alle Tage wie ein besessener Ritter gegen ihre Widersache mit schonungsloser Wut.« *Harry Graf Kessler, Tagebucheintrag vom 7. Juli 1922.*

Pariser Platz in Berlin.
Gemälde von Oskar Kokoschka, 1925–1926. Staatliche Museen zu Berlin – Preußischer Kulturbesitz, Nationalgalerie.

Anja Iven

Hoppla, wir leben Die Szene der »goldenen Zwanziger«

»Um Gottes willen … wer schreit denn da so? Das? Das ist die Zeit. Sie schreit nach Satire!«
Kurt Tucholsky

Die Stadt, die niemals schläft

Glitzer und Glamour, Amüsement und Frivolität, unbändiger Rausch und endlose Nächte – das ist der Mythos vom Berlin der »goldenen Zwanziger«. Die deutsche Metropole konkurriert erfolgreich mit den alten Hauptstädten des grenzenlosen Vergnügens, wie Paris, London und New York, und versucht diese an Lebenshunger, Tempo und Vergnügungssucht noch zu übertreffen. Tausende von Varietés, Kleinkunstbühnen, Theatern, Spelunken, Bars und Bordellen öffnen hier nach dem Krieg ihre Türen und locken Besucher aus der ganzen Welt. Berlin ist in, Berlin ist chic, Berlin – das muss man erlebt haben.

Der geläufige Mythos von der Stadt, die niemals schläft, bezieht sich allerdings nur vordergründig auf die kaum glaubliche Zahl der Zerstreuungsangebote. Die Stadt schläft auch deshalb niemals ganz, weil die Menschen umschichtig schlafen: Es gibt einfach nicht genügend Schlafraum für alle; ein elendes Kellerverlies in der Dragonerstraße teilen sich zwölf Schlafgänger. Das Berlin der zwanziger Jahre ist ein Ort großer Spannungen und Probleme, wo sich die politischen und wirtschaftlichen Krisen der Zeit besonders deutlich bemerkbar machen. Am Ende des Jahrzehnts spitzt sich die Situation nochmals zu: 25 Prozent der Berliner beziehen 1929 ihren Unterhalt aus öffentlichen Mitteln. Die Massenarbeitslosigkeit erfasst alle Schichten der Bevölkerung, der Einfluss des Kleinbürgertums schwindet, die Angst vor Vermögens- und Statusverlust grassiert, die Arbeiter stehen vor dem Nichts. Die Armut und das Elend in den Hinterhöfen erreichen ein nie gekanntes Ausmaß, die junge Generation wächst ohne Ausbildung und Aussicht auf Arbeit heran. Für die Kommunisten ist Berlin damit vor allem ein Schauplatz kapitalistischer Unterdrückung und Ausbeutung. Gewalt, Betrug, Zuhälterei und Prostitution sind profitable Geldquellen, die Kriminalität wächst. Schwarzmarktgeschäfte und Glücksspiel blühen. Der neue Reichtum Weniger ist verdächtig.

Doch »warum ändern, was nicht zu ändern ist«? Diesem Motto eines Gassenhauers stimmen viele zu. Schon vor dem Krieg hat sich an der Spree ein Unterhaltungspotenzial entwickelt, das jetzt wieder belebt wird und sich zu einem »Vergnügungstaumel« auswächst, der, so Gottfried Korff in seinem Essay *Berliner Nächte*, »als Angstausgleich … eine wichtige politische Funktion« erfüllt. Im neuen Westen der Stadt, rund um die Gedächtniskirche, etabliert sich die Bohème. Die Nächte sind, glaubt man den Zeugnissen der Zeitgenossen, lang und erlebnisreich. Die »Stadt der unbegrenzten Möglichkeiten« (Max Osborn) befindet sich in einem Rausch. Morphium, Kokain, Heroin und Alkohol heizen das Tempo des Vergnügens an. Liza Minnelli wird noch ein halbes Jahrhundert später dem Mythos vom Berlin der zwanziger Jahre ein grell geschminktes Gesicht und eine ausdrucksvolle Stimme verleihen – »Live is a cabaret«. Und Marlene Dietrich ist für immer Lola, die allabendlich im *Blauen Engel* die Herzen bricht, während nebenan der junge Bertolt Brecht auf der Bühne steht und sein Lied vom *Apfelböck* singt.

Luxuriös geht es in den Bars der großen Hotels, im Adlon oder Eden, zu. Ein junger Eintänzer namens Billy Wilder verdient sich hier neben unzähligen anderen sein Zubrot, um dem amüsierwilligen Volk zu den neuesten Schlagern Charleston, Shimmy oder Foxtrott beizubringen. Das Romanische Café am Kurfürstendamm ist in, weil sich dort angeblich und wahrhaftig die Stars der neuen Kino-Szene treffen. Andere zieht es ins Femina, einen luxuriösen Tanzpalast in der Nürnberger Straße, oder ins nicht so feine CLOU, wo alles etwas billiger und auch für Dienstboten und Angestellte erschwinglich ist.

Alles scheint möglich im Berlin der Zwanziger. Die Zensur ist gefallen, ebenso die Hüllen der Tänzerinnen und Barmädchen. Sexuelle Tabus und moralische Grenzen verwischen sich. Schreiende Leuchtreklamen und Flugblätter werben für homoerotische Couplets und frivole Revuen. Die sexuelle Freiheit wird gelebt und kultiviert. Von Transvestitenbällen, »die den Orgien der Römer zu Zeiten Suetons in nichts nachstanden«, berichtet Stefan Zweig in seiner Rückschau *Die Welt von Gestern*. Über Tanzsäle, Amüsierbetriebe, Kaschemmen, Spieltische, Schankwirtschaften, Etablissements mit schlüpfriger Unterhaltung, Hinterstuben mit Witwenbällen, Damenkneipen und pornografische Kabaretts schreibt die Reiseliteratur der Zeit. Berlin sei »leuchtend und entspannt«, bemerkt der französische Reiseschriftsteller Jean Casson, »die jüngste, die systematisch verrückteste, die am unschuldigsten perverse Stadt der Welt«. Andere dagegen warnen, wie Cassons britischer Kollege John Chancellor, der in seinem 1929 erschienenen Reiseführer *How to be Happy in Berlin* mit erhobenem Zeigefinger vom »lasterhaften Nachtleben im Bereich der Friedrichstraße« spricht.

Vom Varieté zum Kino

Die Hauptstadt-Spezialität schlechthin ist das Varieté. Wer es sich leisten kann, geht ins Metropol, ins Apollo oder in den Wintergarten, um dort die Programme mit ihrer Mischung aus Gesang, Kabarett, Tanz, Akrobatik und Film zu verfolgen. Noch exquisiter sind die Revuen entlang der Friedrichstraße. Aber nicht alles, was sich »Revue« nennt, ist auch eine, wie Fritz Grünbaum, Wiener Conférencier mit einschlägiger Berlin-Erfahrung, im Hinblick auf die grassierende Revue-Manie und die unsäglichen Kopien, die in ganz Berlin gezeigt werden, ironisch bemerkt: »Revue ist, wenn ein Theaterdirektor nicht mehr weiß, wie er sein Publikum anlocken soll.« Der Direktor indessen muss seine Kasse füllen – und weiß oft nicht, wie. Denn der Konkurrenzdruck in der Stadt ist groß. 1929 werben neben den drei großen Varietés mit zusammen über 7000 Plätzen noch 75 Kabaretts, Kleinkunstbühnen, Lokale mit Unterhaltungsprogramm und 16 000 Gaststätten um die Gunst der Berliner und ihrer Gäste. Kabaretts und Varietés öffnen und schließen in schnellem Rhythmus. Berlin wird zum Eldorado für Schauspieler, Kabarettisten, Journalisten, Musiker und Literaten aus der Provinz, die hier in der Unterhaltungsmaschinerie ihr Ein- und Auskommen finden.

In diese Welt dringt mit Macht der Lichtfilm ein, der das Kulturleben grundlegend verändert. Bereits 1919 liegen den Berliner Behörden 615 Neuanträge für Kinos vor – ein Trend, der sich unaufhaltsam fortsetzt. Die Kinos sind rund um die Uhr geöffnet und erschwinglich für fast alle Schichten der Bevölkerung. Nicht selten dienen sie als Notunterkunft und Schlafstelle für das Heer von Arbeits- und

Obdachlosen oder als Aufwärmhalle für Körper und Seele, die sich hier auf imaginäre Weltreise begeben können. Aber auch exotische und prunkvolle Ausstattungen mit einer Prise Sex werden von der profitorientierten Filmindustrie angeboten, die es versteht, die Bedürfnisse der amüsierwilligen Nachkriegsgesellschaft zu befriedigen. Als das neue Medium 1925 sogar zu sprechen beginnt, verzeichnen die Berliner Kinos allein in diesem Jahr die schier unglaubliche Zahl von 44 Millionen Besuchern.

Immer extravaganter werden nun die großen Filmpaläste, immer ausgefallener ihre Werbung, die nicht unerheblich zum Mythos von der taghellen Großstadt-Nacht beigetragen hat. Ein künstlicher Sternenhimmel mit magisch stilisiertem Riesenauge überstrahlt 1928 zur Premiere von Fritz Langs *Spion* den UFA-Palast am Kurfürstendamm. Die Leuchtreklame ist Teil einer riesigen Illuminationskampagne, die die Berliner Nächte im Oktober 1929 eine Woche lang erstrahlen lässt. Für die Installation »Die neue Lichterstadt Europas«, gesponsert von den Wirtschaftsverbänden, die damit für den Fortschrittsglauben und den Zukunftsoptimismus der Metropole werben wollen, machen Millionen von Glühbirnen und Neonröhren die Nacht zum Tage. Musikalisch umrahmt wird die Festbeleuchtung mit Licht-Songs von Kurt Weill. »Kommerzialisierung der Lebenslust« nennt der Schriftsteller Joseph Roth diese Zeiterscheinung und ist damit einer der Wenigen, die schon früh das Lebensgefühl einer Gesellschaft beschreiben, die den Alltag in einer professionell inszenierten Freizeit zu vergessen sucht.

Triumph der Ausstattungsrevuen

Wie in den USA, vor allem in New York, so erscheinen auch im Berlin der zwanziger Jahre im Abstand weniger Wochen neue Ausstattungsrevuen, Singspiele oder Operetten. Getreu dem populären Schlager »Heute Nacht oder nie« feiern sie jahrelang große Triumphe. Die Inszenierungen werden wie am Fließband produziert. Musik und Texte sind so schnell, atemlos und schrill wie das Lebensgefühl ihrer Zuhörer. Exemplarisch dafür ist Walter Mehrings Lied vom »Berliner Tempo«, in dem es heißt: »Mach Kasse! Mensch! Die Großstadt schreit: Keine Zeit! Keine Zeit! Keine Zeit!« Mehring selbst, der bis 1928 in Paris lebt, jedoch für die Berliner Szene arbeitet, bemerkt dazu später, ihm grause »vor der Vergangenheit der … Zwanziger Jahre, heute ebenso, wie einst, als sie noch Gegenwart waren«. Das habe er »so deutlich, wie ich's vermochte, ihr ins Antlitz gedichtet, gereimt und umschrieben«.

Das Konzept der großen Revuen ist, wie so vieles im Berlin nach dem Ersten Weltkrieg, nicht neu. Es knüpft direkt an die Vorkriegstradition an und bestimmt ab 1925 wieder die Szene der Stadt. Egal ob Groß-Revue oder billiges Singspiel, ihre Form kommt dem Publikumsgeschmack entgegen und wird zu einer übergroßen Konkurrenz für die Kleinkunst-Szene, die fast zeitgleich ihr politisches Programm reduzieren muss, weil damit kein Geld mehr zu verdienen ist. Die berühmtesten Revue-Paläste befinden sich in der Nähe der Friedrichstraße und sind Magneten für Gäste aus dem In- und Ausland, die mit der wirtschaftlichen Stabilisierung wieder die Stadt besuchen bzw. hier leben, wie Intellektuelle aus den USA oder reiche russische Emigranten. In der Theatersaison 1926/27 vermelden die Revue-Theater jede Nacht 11 000 Besucher. Den Direktoren Hermann Haller im Admirals-Palast, Erik Charell im Großen Schauspielhaus und James Klein in der Komischen Oper gelingt es, jährlich drei Großproduktionen mit immenser Ausstattung und nahezu vierhundert Akteuren im wahrsten Sinne des Wortes auf die Beine zu stellen. Diese Beine kommen auch aus England, den USA und Frankreich und gehören den unzähligen Revue-Girls, allen voran den Tiller-Girls, die in der berühmten »Kickline« immer wieder die Berliner Showtreppen hinauf und herunter tanzen – »das ewig gleiche Beinerlei«, wie Erich Kästner lakonisch meint.

Natürlich gehen die Shows mit einer gehörigen Portion körperlicher und moralischer Freizügigkeit einher. »Sex sells« könnte als Überschrift über den Anzeigen stehen, mit denen beispielsweise James Klein für eine seiner Produktionen im September 1928 in der *B.Z. am Mittag* wirbt: »Abend ohne Moral in 30 Bildern unter der Mitwirkung von 60 preisgekrönten Aktmodellen, der Jagd auf schöne Frauen und einem riesigen Himmelbett.« Solche amourösen Versprechen ziehen ebenso wie die großen Namen. Mit der Show werden Stars gemacht: Hans Albers, Rosa Valetti, Wilhelm Bendow, Fritzi Massary, Curt Bois, Otto Reuter, Marlene Dietrich und Claire Waldoff gehören zur Stammbesetzung der Häuser. Im Theater Charells debütieren und feiern ab 1928 auch die »Comedian Harmonists« ihre Triumphe.

Der perfekte Revue- und Operetten-Kitsch führt direkt in die Traumfabrik Babelsberg, wo die erprobten Stoffe, Textbücher und Musiken auf die Leinwand gebannt werden. Exzellente Jazz-Sinfonie-Orchester spielen in den Revuen, allen voran die »Weintraub Syncopators«, die seit 1927 die gefragteste Jazz-Band Berlins sind und 1930 auch in Josef von Sternbergs *Der blaue Engel* musizieren. Die Musikszene präsentiert sich offen und multikulturell. Zahlreiche Musiker aus dem Ausland, besonders den USA, spielen in den Berliner Orchestern, die die deutsche Populärmusik revolutionieren. Zu den Schlagern der Saison gehören »Seekrank« aus der Haller-Revue *Wann und wo*, »Een Tröpken aus de Panke« aus Charells *Von Mund zu Mund* oder »Das Nachtgespenst« aus der Nelson-Revue *Der rote Faden*. Die Liste ließe sich beliebig verlängern.

Josephine Baker und die »Negerbar«

In den Revue-Palästen finden auch internationale Gastspiele statt, wie 1925 der Auftritt von Josephine Baker, der für wahre Begeisterungsstürme sorgt. In einem 1928 erschienenen Buch hat sie ihre Eindrücke selbst wiedergegeben: »Berlin, das ist schon toll ... Berlin ist eine ganz französische Stadt. Eine sehr schöne Stadt. Sauber, hell, ordentlich. In den Zeitschriften und Tagesblättern von Berlin hat man geschrieben, ich sei der Ausdruck des deutschen ›Expressionismus‹ der Gegenwart, des deutschen ›Primitivismus‹ usw. Warum nicht.«

Ebenfalls 1925 bestaunen die Berliner die »Chocolate Kiddies« – schwarze Showprofis aus New York – mit ihrer »Neger-Revue«. Die Tatsache, dass schwarze Männer und weiße Frauen zusammen auf der Bühne stehen, ist für die konservativen Sittenwächter, die sich allerorten wieder aufschwingen, nur schwer zu ertragen. Doch Exotik hat Konjunktur. »Biguine« nennt sich Berlins erste »Negerbar«. Sie ist für kurze Zeit der letzte Schrei. In der *Weltbühne* beschreibt Alfred Polgar 1926 die farbigen Menschen als »langbeinige, graziöse Geschöpfe, denen das Stillsitzen verhaßt ist«. »Am nettesten«, so Polgar, »sehen sie in den bescheidenen Röckchen aus, in denen sie sich zu Beginn der Festlichkeiten zeigen... Die Männer des Ensembles, Step- und Grotesktänzer ersten Ranges, gehen mit zwei Füßen auf Vieren und haben Gelenke, wo man sie nicht hat.«

Berlin, so scheint es, ist die Kunst- und Szene-Metropole schlechthin. Doch das ist eine Illusion. In Wirklichkeit folgt man nur den amerikanischen Trends, die vor allem von New York ausgehen. Denn am Hudson River, nicht an der Spree liegt inzwischen die Hauptstadt der Moderne. New York spielt jetzt die Rolle, die Berlin vor dem Krieg innegehabt hat. Berlin gibt sich kosmopolitisch und international, lässt ansonsten aber nur alte, erfolgreiche Zeiten wieder aufleben und kopiert im Übrigen den amerikanischen Stil – wenngleich sehr erfolgreich und mit hervorragenden Protagonisten, wie Friedrich Hollaender, Mischa Spoliansky oder Rudolf Nelson, die nicht nur Musik für die großen Revuen komponieren, sondern mit der Kabarett-Revue auch eine eigene Kunstform entwickeln.

Besonders Mischa Spoliansky, der über ein eigenes Orchester verfügt und unzählige Schlager komponiert, trifft den Nerv der Zeit – so 1928, als er den Song »Wenn die beste Freundin mit der besten Freundin«, gesungen von Margo Lion und Marlene Dietrich, herausbringt. Rudolf Nelson gönnt sich neben den seichteren Texten, die er ebenfalls in großer Zahl schreibt, pro Revue eine politisch-satirische Nummer, was seine Produktionen – ebenso wie die von Spoliansky und Hollaender – von denen in der Friedrichstraße unterscheidet.

Friedrich Hollaender inszeniert im Februar 1926 im späteren Renaissance-Theater seine erste Revue *Laterna magica*, für die Kurt Tucholsky den Text geschrieben hat und die er »Revuette« nennt – ein bisschen Revue, ein bisschen Operette, ein bisschen Satire, aber vor allem ein bisschen weniger pompös.

Schall und Rauch

In der Kleinkunst orientiert sich die Berliner Szene in Form und Kommerz ebenfalls an den Traditionen der Vorkriegszeit. Die erfolgreicheren Theatermacher und Kabarettisten spielen durchweg in großen Häusern, die ordentlich Kasse machen sollen, anders etwa als in München oder Leipzig, wo das politisch-literarische Kabarett mehr in einer bescheidenen Subkultur gedeiht. Eine der wichtigsten Bühnen, die schon im September 1919 wieder öffnet, ist Max Reinhardts »Schall und Rauch« an der Weidendammer Brücke. In der Tradition des gleichnamigen Kabaretts der Vorkriegszeit macht Reinhardt im Keller seines Schauspielhauses mit Nummern-Programmen Furore, die seine ernsthaften Stücke im Theater über dem Kleinkunst-Keller parodieren. Abend für Abend sind die 1 000 Plätze ausverkauft. Berühmt geworden sind die Puppenspiele mit mannshohen Figuren von George Grosz und Texten von Walter Mehring sowie der von Walter Trier gezeichnete Karikaturenfilm *Ein Tag im Leben des Reichspräsidenten* – eine Satire, die erstmals das Privatleben eines Politikers zum Thema hat und den Reichspräsidenten Friedrich Ebert zusammen mit Reichswehrminister Gustav Noske in Badehosen zeigt. Blandine Ebinger und Paul Graetz brillieren mit Chansons, die ihnen Kurt Tucholsky und Friedrich Hollaender auf den Leib geschrieben haben. Für kurze Zeit kann man den Eindruck gewinnen, es etabliere sich hier die politische Satire. Doch das große Publikum bleibt aus. Früh erkennt Tucholsky: »Ja, bei Schall und Rauch arbeite ich, es macht manchmal Spaß … Es ist nur alles so traurig: auch hier die Rücksicht auf die Konsumenten, id est Zuhörer, die meistens übel sind. Ein richtiges literarisches Cabaret würde ja auch gar nicht gehen. Es ist sehr, sehr schade.«

Auch andere Kabarett-Bühnen kämpfen mit dem Publikumsgeschmack, wie das »Cabaret Größenwahn«, das Weihnachten 1920 in der Johannisthaler Straße / Ecke Kurfürstendamm im ersten Stock über dem Café Größenwahn eröffnet wird. Die Theaterchefin Rosa Valetti, in den Vorkriegsjahren bereits ein Star der Revue-Szene, versucht mit satirischen Chansons und scharfzüngigen Texten auf sich aufmerksam zu machen. Sie engagiert Walter Mehring und Klabund (alias Alfred Henschke) als Autoren, die musikalische Leitung liegt bei Friedrich Hollaender und Mischa Spoliansky. Doch wie die 1921 von Trude Hesterberg gegründete »Wilde Bühne« in der Kantstraße, wo Tucholskys *Leibregiment* Premiere hat, Ringelnatz seine ersten Bühnenversuche unternimmt und im Januar 1922 Bertolt Brecht sein skandalträchtiges Bühnendebut mit dem *Apfelböck* und der *Legende vom toten Soldaten* gibt, halten sich diese Häuser nur wenige Jahre, bevor sie die Besitzer wechseln und zu reinen Amüsierkabaretts ohne politischen Anspruch herabsinken.

Etwas länger behauptet sich das »Küka« – das »Künstler-Kaffee« – in der Budapester Straße. Bis 1930 ist es Treffpunkt aufstrebender junger Künstler wie Erich Kästner oder Werner Finck, die gegen Naturalien ihre Texte präsentieren. Rosa Valetti eröffnet 1922 mit der »Rampe« noch einmal ein Kabarett auf dem Kurfürstendamm, das aber nur bis 1925 besteht. Auch die »Gondel« am Potsdamer Platz, die mit zeitkritischen Texten in einem von Ernst Stern ungewöhnlich ausstaffierten Theatersaal residiert, wird nicht älter als zwei Jahre. Die Tatsache, dass Tucholsky hier Hausautor ist, spricht zwar für die Qualität, ist aber kein Garant für hohe Besucherzahlen. Kritik an der »gewissen Republik«, wie Alfred Kerr den Weimarer Staat in einem Gedicht bezeichnet, interessiert die »Hindenbürger«, wie Erich Weinert sie nennt, kaum.

Ein besseres Gespür für den Trend der Zeit beweisen die Wiener Conférenciers Kurt Robitschek und Paul Morgan, die 1924 das »Kabarett der Komiker« gründen. Neben der Satire haben sie auch Schlagerparaden, Parodien, Varieté und Operettenzauber in ihrem Programm. 1000 Besucher pro Abend bestätigen das Konzept. Doch der wahre Erfolg gehört der Konkurrenz, die mit »Schönheitstänzen«, Jongleuren, Blitzdichtern und Musical-Clowns das Lebensgefühl der Hauptstadt besser widerspiegelt.

Ein Beispiel dafür ist das skandalumwitterte Celly-Rheidt-Ballett, das auf der Bühne keine Tabus kennt und damit geschickt für sich wirbt. Hier verkehren die besseren Kreise zu Preisen, die sich, etwa aus Anlass der Landwirtschaftswochen, wenn preußische Junker die Stadt heimsuchen, gut und gerne auf 1000 Reichsmark versiebenfachen. Erst eine Verordnung des Innenministeriums von 1924, die unter Hinweis auf die Gefährdung der öffentlichen Ordnung die Aufführungen verbietet, beendet den Siegeszug dieses Genres.

Agitprop und »rote Revuen«

Eine gänzlich andere Szene etabliert sich in den Berliner Arbeitervorstädten. Hier stehen die Agitprop-Gruppen der Kommunisten auf der Bühne. Sie unterhalten und agitieren bei politischen Massenveranstaltungen Tausende von Arbeitern und Funktionären. Doch Songs, Satiren, Parodien und Akrobatik, zum Teil von Laiendarstellern vorgetragen, sind nicht das, was die Masse der arbeitenden Bevölkerung sehen will. Dafür erreichen Bertolt Brecht und Erwin Piscator mit ihren Inszenierungen im Theater am Nollendorfplatz ein interessiertes Publikum. Piscator, bereits mit seiner als kommunistische Wahlkampfpropaganda konzipierten *Roten Revue* erfolgreich, bringt im September 1924 seine zweite Revue *Hoppla, wir leben* von Ernst Toller heraus, die von Parodien auf die Schlagerseligkeit der großen Revuen lebt. Es folgen 1928 Bertolt Brechts *Dreigroschenoper* und Piscators eigene Schöpfung *Trotz alledem*. Die Werke sind, wie fast alle »roten Revuen«, moderner, einfallsreicher und origineller als ihre Konkurrenten von der Friedrichstraße. Experimentierfreudig nutzen sie auch die neuen Mittel der Zeit, wie Montagen und Filmprojektionen, und eröffnen damit interessante Perspektiven.

Im Dezember 1929 erlebt diese Szene mit dem Besuch der »Blauen Blusen« aus der Sowjetunion einen zusätzlichen, bescheidenen Aufschwung. Das Kabarett-Ensemble aus Moskau, das während der Revolution in Russland die Alfabetisierungskampagne unterstützt hat, tourt in großer Besetzung und mit viel Erfolg für die bolschewistische Idee durch

Deutschland. Nach ihrer Premiere im Theater am Nollendorfplatz bescheinigt Alfred Kerr den sowjetischen Darstellern am 8. Oktober 1929 im *Berliner Tageblatt*: »Da sind Arbeiter, die nach Feierabend ... nicht bloße Tändelkunst machen im Theaterverein ... Alles geht leicht von der Hand. Alles knallmodern, lockend, unterhaltend, gekonnt.«

Und noch einer hat Erfolg mit dem »roten Rummel«: der in der Szene als »Barrikaden-Tauber« bekannte Ernst Busch. Bei Parteiversammlungen der KPD entfacht der Sänger, Schauspieler und kommunistische Chansonier regelrechte Beifallsstürme. Seine revolutionären Songs erklingen in allen populären roten Revuen und vielen Filmen. Gleichzeitig tritt er mit großem Erfolg im kommunistischen Kabarett »Brücke« und bei den bürgerlichen »Wespen« auf.

Abgesang der Republik

Das linksorientierte Kabarett »Die Wespen« hat sich 1926 auf Initiative des Buchhändlers Leon Hirsch etabliert. Das Ensemble gastiert in den Kneipen rund um den Alexanderplatz, meist jedoch im »Hackebär« an der Großen Frankfurter Straße, um der arbeitenden Bevölkerung in Bier- und Tanzlokalen die politische Satire nahezubringen. Neben Ernst Busch spielen hier unter anderem Annemarie Hase, Erich Kästner und Hugo Döblin. Vor dem Hintergrund der sich verschlechternden wirtschaftlichen Situation und der dadurch beschleunigten gesellschaftlichen Polarisierung präsentieren die »Wespen« ein kämpferisches Kabarett, das jedoch immer stärker unter den von der Berliner Polizei restriktiv angewandten Notverordnungen leidet, durch die indirekt die Zensur wieder eingeführt wird. Bereits Anfang der dreißiger Jahre jagt ein Auftrittsverbot das andere. Im Sommer 1932 folgt schließlich das Aus.

Etwas besser ergeht es kurzfristig der im Oktober 1929 in der Bellevuestraße eröffneten »Katakombe«. Werner Finck, Hans Deppe und Rudolf Platte sprechen unter anderem Texte von Erich Kästner, Walter Mehring und Kurt Tucholsky und sind mit ihrem politischen Programm höchst erfolgreich. Jeder politische Kabarettist steht hier irgendwann einmal auf der Bühne. Sogar die kommunistisch orientierte »Brücke« findet in der »Katakombe« bis Dezember 1930 eine Spielstätte. Nicht nur Werner Finck, sondern auch die übrigen Mitglieder des Ensembles überzeugen durch ihre »neue Herzlichkeit«, wie Manfred Georg 1929 im Berliner *Tempo* feststellt: »Sie machen wirklich Kabarett ..., ohne Stars, ohne Requisiten, ohne Krampf ... mit Einfällen, mit Laune.« Doch auch Werner Fincks hintergründige Anspielungen können die bösen Gespenster nicht vertreiben, die sich in Deutschland zunehmend stärker bemerkbar machen. Sein unnachahmlicher, geistreicher Humor wird immer mehr zum Galgenhumor.

Nur kurz wird die Kabarett-Szene noch einmal bereichert, als Friedrich Hollaender 1931 sein »Tingeltangel« im Theater des Westens an der Kantstraße eröffnet. Hollaender brilliert hier ein letztes Mal mit verschiedenen »Revuetten«, bevor es bei einer Aufführung von *Höchste Eisenbahn* Ende 1932 zum Eklat kommt: Schlägertrupps der SA stürmen die Bühne, spucken Hollaender, der am Klavier sitzt, auf die Finger. Nur zwei Monate später geht er in die Emigration. Am 24. Januar 1933, sechs Tage vor der »Machtergreifung« der Nationalsozialisten, veröffentlicht Walter Mehring in der *Weltbühne* seinen Abgesang auf die sterbende Republik:

> »Schaust Du Kutscher, ob die Fuhre
> Heimlich von der Karre stieg?
> Reckt sich eine Hand zum Schwure?
> Keine Not! Tot ist tot
> Du deutsche Republik!«

Die Kabarett- und Szene-Autoren können dieses Ende der Republik nicht verhindern. So visionär und zeitkritisch viele ihrer Texte sind, so wenig vermögen sie in einer hauptsächlich auf Vergnügung bedachten Gesellschaft politisch auszurichten. Dies gilt nicht nur für die roten Revuen, sondern auch für das bürgerliche Kabarett. Allerdings hat allein die Existenz einer prosperierenden Szene in Berlin noch eine andere, nicht minder politische Seite, wie Kaspar Masse in seiner 1997 erschienenen Untersuchung *Grenzenloses Vergnügen* schreibt: »... Schlagworte wie ›Tanzfieber‹ und ›Amerikanisierung‹, ›Nigger-Jazz‹ und ›Kulturbolschewismus‹ zeigen, dass der Unterhaltungssektor zum Kampffeld zwischen den Kräften der Demokratisierung und der Gegenmoderne wurde.« Das scheinen auch die neuen Machthaber zu spüren. Schon im Februar 1933 wird die Satire von der Bühne verbannt. Was noch an Kleinkunst-Szene überlebt, sind die von Tucholsky schon immer verachteten »Radau-Humoristen« – kitschige Revuen, süßliche Klamotten, kurz: ein künstlerisch bedeutungsloses Kabarett. Vor allem die jüdischen Künstler werden verfolgt, vertrieben, zur Emigration gezwungen oder ermordet. Aber auch die nichtjüdischen Kritiker bleiben von Nachstellungen nicht verschont.

Mythos ohne Innovation

Was überdauert, ist der Mythos vom Berlin der »goldenen Zwanziger«. Nirgendwo ist dieser Mythos ausgeprägter als in der Unterhaltungsindustrie, die auf eine weithin vergnügungssüchtige Gesellschaft trifft. Berlin bietet dafür mit seinem großen kulturellen Angebot und einem schier unerschöpflichen Reservoir an Populärkultur ideale Voraussetzungen. Kleinkunst, Kabarett, Revuen und moderne Musik ebenso wie das neu aufkommende Kino und Sportveranstaltungen sind trotz Wirtschaftskrise und großer Armut für eine breite Masse erschwinglich. Wenig in dieser Szene ist in künstlerischer Hinsicht wirklich innovativ. Neu und aufregend ist hingegen die gesellschaftliche Zusammensetzung ihrer Konsumenten und die industrielle Ausrichtung ihrer Anbieter: Aufgrund des gerade erst eingeführten Acht-Stunden-Tages verfügen sehr viel mehr Menschen als früher über eine geregelte Freizeit, deren Kommerzialisierung nun zum ersten Mal in großem Stil betrieben wird. Es kommt zu einer »Demokratisierung« der Unterhaltung, die sich nicht zuletzt im Interesse verschiedener gesellschaftlicher Schichten für gleiche Felder zeigt. So ziehen die legendären Berliner Sechs-Tage-Rennen ebenso wie die Boxkämpfe Zuschauer aus allen Bevölkerungsschichten an. Max Schmeling ist einer der ersten Sportstars, die auch auf der Leinwand zu sehen oder auf Schellack zu haben sind. Das Amüsement ist keine Traumwelt mehr. Das Bedürfnis nach Freizeitgestaltung mündet in eine Massenkultur, an der im urbanen Leben jeder teilhaben kann. Für die Nachkriegsgesellschaft, die sich von der Realität überfordert fühlt, ist die Entstehung dieser Massenkultur, die Unterhaltung und Freizeit für alle verspricht, ein scheinbarer Glücksfall. Tragischerweise ist damit ein Mangel an gesellschaftlicher Verantwortung und politischem Engagement verbunden, der mit zum Niedergang der Weimarer Republik beiträgt.

Führer durch das lasterhafte Berlin. *Schutzumschlag eines Stadtführers von 1930. Staatsbibliothek zu Berlin – Preußischer Kulturbesitz.*

CURT
MORECK
FÜHRER
DURCH DAS
LASTERHAFTE
BERLIN
führer
durch das
„lasterhafte"
BERLIN

Im Berliner Kabarett »Die weiße Maus« in der Jägerstraße / Ecke Friedrichstraße. *Fotografie von Herbert Hoffmann, 1926.* Angesichts der Darbietungen der ebenso skandalösen wie freizügigen Tänzerin Anita Berber sicherte die Maske den Gästen Anonymität.

Links: Privates Jazzkonzert in der Berliner Villa des Bankiers Goldschmidt-Rothschild, Tiergartenstraße 2 a. Der Solist ist Sidney Bechet. *Fotografie von Felix H. Man, 1930.*

Rechts: Im Transvestitenlokal »Eldorado« in der Motzstraße, 1926. Links vorn die einzige Frau in der Gruppe.

Tischtelefon und Tanz im Berliner »Residenz-Casino« (»Resi«) in der Blumenstraße 10. *Postkarte, um 1925.*
»Kaum habe ich Platz genommen [...], so rasseln auch schon die Rohrpostpatronen ins Netz. ›Warum so einsam? Die auch Einsame von Tisch 41.‹ – ›Ich möchte gern eine Zigarette mit Ihnen rauchen! Uschi, Tisch 32.‹ – ›Willst, feiner Knabe, Du mit mir geh'n? Die Dame im Sternchenkleid, Nr. 64.‹ – Es gibt ein neckisches Hin und Her. Natürlich äugt man vorher nach 41, 32, 64 hinüber, ob's eine Kuh oder ein Rehlein war, das was hergepustet hat. Plumps! Schon wieder ein Brief. Plumps, plumps, plumps, plumps! Von 35, 58, 57, 19, 47. Dazwischen leuchtet das Telephonschild auf, will eine einen sprechen.« *Adolf Stein in der »Täglichen Rundschau« vom 3. Oktober 1929.*

Die Scala-Girls vor der Scala in der Lutherstraße. *Fotografie von Herbert Hoffmann, 1929.* »Die ›Girls‹ sind jüngere Mädchen in Schwimmkostümen, die augenblicklich die Varieté- und Revuebühnen Europas, die etwas auf sich halten, in trockene Strandbäder verwandeln. Die ohne Zweifel anmutig gebauten Geschöpfe können Beinchen schleudern, auf Seilen klettern, auf Händen gehen. Sie sind wie eine Übersetzung des männlichen ernsten Militärexerzierens ins Weibliche. Ihre Spiele sind Kompositionen aus Militarismus und Erotik.« *Joseph Roth, »Die Girls«, »Frankfurter Zeitung« vom 28. April 1925.*

Josephine Baker, um 1925. Die gebürtige Amerikanerin kam nach ersten Erfolgen am Broadway Mitte der Zwanziger nach Europa und begeisterte als Sängerin, Entertainerin und besonders als Tänzerin in Paris und Berlin.

»Lebende Bilder« im Wintergarten, 1925. »Ganz nackt tanzen die Damen nämlich nicht. Es ist immerhin etwas an ihnen wahrzunehmen, was man zur Not Kostüm nennen kann. Eva, sechs Wochen nach der Vertreibung aus dem Paradies.« *Felix Langer im »Berliner Tageblatt« vom 27. März 1920.*

»Heut bin ich verliebt!«. Revue-Operette im Berliner Admiralspalast. *Plakatentwurf von Josef Fennecker, um 1920. Staatliche Museen zu Berlin – Preußischer Kulturbesitz, Kunstbibliothek.*

Claire Waldoff nach ihrem ersten Auftritt im Wintergarten, 1918.
Die Kabarettistin, 1884 in Gelsenkirchen geboren, verkörperte in ihren zahlreichen Chansons, Gassenhauern und Bühnenprogrammen die typische »Berliner Schnauze«.

Friedrich Hollaender mit seiner Frau, der Schauspielerin Blandine Ebinger. *Fotografie von Herbert Hoffmann, 1929.*

Werner Finck (Mitte) mit Mitgliedern der »Katakombe« (Bellevuestraße) auf dem »Ritt zum Drachenfels«, 1932.

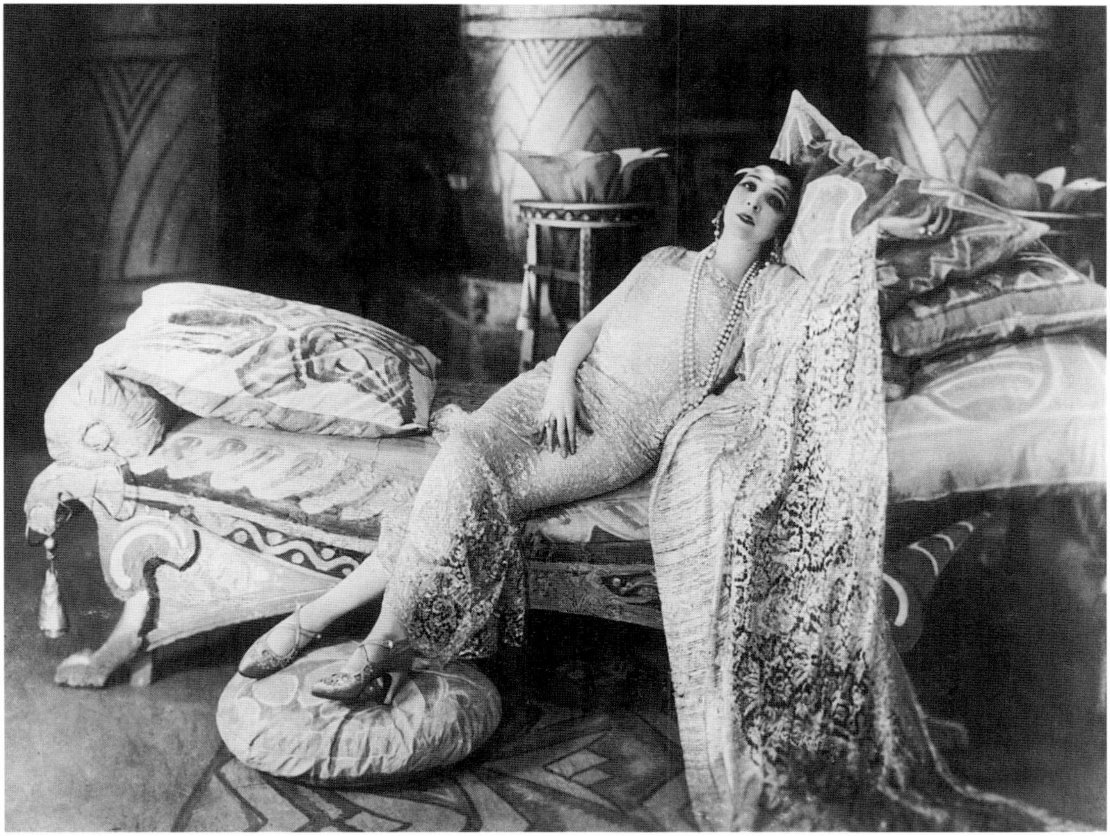

Die österreichische Schauspielerin und Soubrette Fritzi Massary in der Operette »Die Perlen der Kleopatra« von Oskar Strauss, die im November 1923 im Theater an der Wien erfolgreich aufgeführt und im Januar 1924 in Berlin vom Theater am Nollendorfplatz übernommen wurde.

Erik Charell, Paul Morgan und Wilhelm Bendow beim Kaffeekränzchen, 1930.
In Charells Großem Schauspielhaus feierten die Komiker Morgan und Bendow große Erfolge; Morgan war darüber hinaus 1924 an der Gründung des Kabaretts der Komiker beteiligt.

Die Comedian Harmonists. Von links nach rechts: Harry Frommermann, Roman Cycowski, Robert Biberti, Erich A. Collin, Erwin Bootz und Ari Leschnikoff, um 1930. Das erfolgreichste deutsche Gesangssextett erlebte seit seinem ersten Auftritt 1928 in Erik Charells Großem Schauspielhaus einen kometenhaften Aufstieg.

»Berlin – Die Sinfonie der Großstadt«. *Filmplakat, 1927. Stiftung Deutsche Kinemathek – Filmmuseum Berlin.*
Der von Walther Ruttmann inszenierte Dokumentarfilm mit der Musik von Edmund Meisel suchte seine Abfolge den musikalischen Formprinzipien einer Sinfonie nachzuempfinden. »Ein Jahr haben die Operateure gebraucht, um […] die tausend Gesichter dieser einen Stadt in Bilder zu bannen; um nichts zu photographieren als das Tempo und die Buntheit Berlins. Die Stadt war ihnen Milieu und Held in einem; die Stadt von morgens bis mitternachts! Vom ersten Arbeiter, der früh in die leere Straße tritt, bis zum letzten Maskottchen, das beschwipst nach Hause stolpert; vom ersten Pfiff der Fabriken bis zur letzten Feuerwerksrakete im Lunapark; von der Arbeit bis zur Liebe enthüllten sie die großartige, heftige Fülle der Viermillionenstadt.«
Erich Kästner, Berlin als Film, 1927.

»Metropolis« von Fritz Lang, 1925/26. *Szenenfoto.* Der bekannteste Stummfilm Langs hatte am 10. Januar 1927 im Ufa-Palast am Zoo Premiere.

Friedrich Wilhelm Murnau (eigentlich Friedrich Wilhelm Plumpe), um 1926. Zu den wichtigsten Filmen des Regisseurs gehörten »Nosferatu. Eine Symphonie des Grauens« (1921/22), »Der letzte Mann« (1924) sowie »Faust« (1925/26).

»Das Cabinet des Dr. Caligari« mit Werner Krauss in der Titelrolle, 1919. Nachdem Fritz Lang das Drehbuch abgelehnt hatte, führte Robert Wiene Regie.

»Emil und die Detektive.«, nach dem Roman von Erich Kästner. *Filmplakat, 1931. Stiftung Deutsche Kinemathek – Filmmuseum Berlin.* Regie: Gerhard Lamprecht. Uraufführung am 2. Dezember 1931 im Universum am Kurfürstendamm.

»Die Drei von der Tankstelle«. Szenenfoto mit Oskar Karlweis, Heinz Rühmann und Willy Fritsch (von links nach rechts), 1930. Regie: Wilhelm Thiele. Uraufführung am 15. September 1930 im Gloria-Palast.

»Mutter Krausens Fahrt ins Glück!« *Filmplakat, 1929. Stiftung Deutsche Kinemathek – Filmmuseum Berlin.* Regie: Piel Jutzi. Uraufführung am 30. Dezember 1929 im Alhambra.

Die Schauspielerin Anny Ondra, Ehefrau des Boxidols Max Schmeling, als »Mamsell Nitouche« in dem gleichnamigen Film unter der Regie von Carl Lamac, 1931/32. *Fotografie von Hans Schaller.*

Das Capitol am Auguste-Viktoria-Platz (Architekt: Hans Poelzig, 1925), *Fotografie von Heinz Lienek, Oktober 1931.*
»Was früher panem et circenses hieß, / des Volkes Tummelplatz und Paradies, / das wird heut' projiziert auf eine Leinwand. / Was sich ereignet rings im weiten All, / entfaltet sich als Dokument und Fall / vor aller Augen, stumm und ohne Einwand // [...] Drum überall und über alles preist / man in der Welt den Film, der sich erweist / als Kunstwerk und als Stahlbad für die Nerven. / Das Lichtbild ist der Technik schönster Spaß. / Es rollt das Band. In Kino veritas. / Das Leben läßt sich auf die Fläche werfen.«
Hans Harbeck, Kino, Kino über alles, 1929.

Ernst Lubitsch in seinem Büro in Hollywood. *Fotografie von Erich Salomon, 1930.*
Wie viele andere Größen des deutschen Films führte Lubitsch, der sich mit »Madame Dubarry« (1920) international einen Namen gemacht hatte, seine Karriere in Hollywood weiter.

Star auf der Leinwand: Reklamemaler bei der Arbeit an einem Porträt der Schauspielerin Martha Eggerth. *Fotografie von Hans Schaller, o. J.*

»Die Blonde Venus«. *Filmplakat, 1932. Bundesarchiv Berlin, Filmarchiv.* Marlene Dietrich ging nach dem sensationellen Erfolg von »Der blaue Engel« mit ihrem Entdecker, dem Regisseur Josef von Sternberg, in die USA und drehte mit ihm dort sieben weitere Filme, darunter »Die Blonde Venus«.

Lilian Harvey in dem Film »Zwei Herzen und ein Schlag«. *Fotografie von Hans Schaller, 1932.* Durch ihre Rollen in Dutzenden erfolgreicher Kinostreifen (»Liebeswalzer« 1929/30, »Die Drei von der Tankstelle« 1930/31, »Der Kongreß tanzt« 1931) wurde Lilian Harvey zu einem der großen deutschen Filmstars der frühen dreißiger Jahre.

Bernd Sösemann

Macht und Meinung Die Berliner Pressezaren

Nach der Gründung des Deutschen Reiches 1871 hegten nahezu alle Politiker, Verbandsfunktionäre und Unternehmer die gleiche Erwartung: Berlin wird Zeitungsstadt. Sie vertraten damit eine aus der Perspektive von Regierung und Parteien, Kapital und Wirtschaft überzeugende Ansicht: Das Zentrum publizistischer Macht kann in einer arbeitsteilig höher entwickelten und parlamentarisch strukturierten Massengesellschaft jenseits industrieller Zentren liegen, aber schwerlich außerhalb der Hauptstadt. Eine anspruchsvolle Presse, die informieren, bewegen und gestalten wollte, musste deshalb in der neuen Hauptstadt entstehen und »gemacht« werden. Dies galt vor allem für die Zeitung als Leitmedium, das noch in der Weimarer Zeit die öffentliche Auseinandersetzung maßgeblich prägte und erst allmählich durch den Film und die Popularität des Rundfunks, der 1923 seinen Sendebetrieb in Berlin aufnahm, stärkere Konkurrenz erhielt.

Hinzu kam, dass Bismarck das Reich »von oben« gegründet hatte, es nun jedoch der geistigen Strukturierung und intellektuellen Ausfüllung »von unten« bedurfte. An dieser Aufgabe, das Reich publizistisch auf eine breitere Basis zu stellen und es damit zu festigen, beteiligten sich Verlage und Verleger, Redaktionen und Journalisten, Zeitschriften und Zeitungen gleichermaßen. Besonders die jüngere Generation erblickte darin auch persönlich eine Chance. Zu ihnen gehörte der 28-jährige Rudolf Mosse, Sohn eines Arztes aus der preußischen Provinz Posen und bereits ein erfolgreich arbeitender Annoncenakquisiteur, der mit der originellen Geschäftsidee, die Inserierungswünsche der Wirtschaft an die Presse zu vermitteln, binnen kurzer Zeit das nötige Kapital zusammenbrachte, um an der Jahreswende 1870/71 eine Zeitung zu gründen, in der er selbst die Annoncen abdrucken konnte: das *Berliner Tageblatt*. Der Krieg gegen Frankreich war noch nicht beendet, das Reich erst im Entstehen begriffen – und doch sprach Mosse bei der Gründung selbstbewusst vom Anbruch einer neuen Zeit, als er zu den Zielen seiner Zeitung erklärte: »Inhalt und Form sollen den hochgesteigerten Bedürfnissen der Gegenwart entsprechen, hinter welchen die Anforderungen einer noch nahen Vergangenheit weit zurückbleiben... Das Material soll in weltstädtischem Sinne redigiert werden. Es muss das Bewusstsein uns beseelen: für die zivilisierte Welt schreibt, wer für Berlin schreibt.«

Die Großen Drei: Mosse, Ullstein und Scherl

Es waren vor allem die »Großen Drei«, die als Pressezaren des neuen Berlin ihre Medien- und Wirtschaftsmacht begründeten: Rudolf Mosse, Leopold Ullstein und August Scherl. Im öffentlichen Leben Berlins waren sie stärker präsent als örtliche Buchverleger wie Julius Springer, Dietrich Reimer oder Alexander Duncker. Sie gehörten zu den Reichen, beherrschten mit ihren Geschäftshäusern in Berlin-Mitte einen ganzen Stadtteil – das »Zeitungsviertel« rund um die Leipziger Straße, die Kochstraße und die Friedrichstraße – und bauten sich für den privaten Bedarf imposante Villen, für die die Bezeichnung »Paläste« nicht übertrieben scheint. Unter den Geschäftsbauten ragten besonders der »Ullstein-Block« sowie Mosses monumentaler Eckbau hervor, bei dem allein das drei Stockwerke hohe Portal ein Übermaß an Selbstbewusstsein erkennen ließ – Herrschaftsarchitektur eines Presse-Giganten, der um seine Bedeutung wusste und sich nicht scheute, diese öffentlich zur Schau zu stellen.

Im brandenburgischen Umland und anderen Teilen des Reiches kauften die Zaren ganze Rittergüter und halbe Dörfer. Sie gründeten für ihre Mitarbeiter Versicherungen und Pensionskassen, finanzierten Armen- und Waisenhäuser, förderten großzügig Sport, Bildung, Kunst und Wissenschaft mit Preisen und Stiftungen und schürten gerade mit ihren Wohltaten Gefühle des Neides und der Ablehnung. Die Aversion steigerte sich noch, wenn die Verleger, Journalisten und Lektoren jüdischen Glaubens oder getaufte Juden waren. Antisemitische Diffamierungen, offener Hass und unverhüllte Aggression schlugen ihnen entgegen.

Theodor Wolff, ein Cousin von Mosse, der als Chefredakteur des *Berliner Tageblatts* die Auflage in einem Jahrzehnt von 106 000 auf knapp eine Viertelmillion steigerte, zählte zu den am heftigsten Angegriffenen. Kritisiert wurde er nicht nur wegen seiner Sympathie für den französischen Parlamentarismus und als Mitbegründer der liberalen Deutschen Demokratischen Partei (DDP), sondern auch wegen seiner Personalpolitik, die Juden bevorzugte. Die Verunglimpfung als »Obermoses der Presse« gehörte noch zu den harmloseren Bezeichnungen, mit denen man ihn bedachte. Nicht viel besser erging es dem Chefredakteur der *Vossischen Zeitung* des Ullstein Verlages, Georg Bernhard, der wegen seiner Vorstandstätigkeit im »Centralverein deutscher Staatsbürger jüdischen Glaubens« und als Mitglied des »Pro Palästina-Comités« ins Blickfeld der Antisemiten geriet, oder Maximilian Harden, der 1892 die führende Wochenschrift *Die Zukunft* ins Leben gerufen hatte, zu den geistvollsten Essayisten und Publizisten seiner Zeit gehörte und sich durch sein radikales Eintreten für die Demokratie, nach dem Ersten Weltkrieg auch für den Sozialismus, erbitterte Feinde in den Reihen der Nationalisten und Antisemiten schuf.

Erfolg und Misserfolg der Erben

In der Weimarer Republik waren die Giganten der Presselandschaft nicht mehr identisch mit den Verlagsgründern, sondern standen – mehr oder minder sicher – lediglich auf deren Schultern. Rudolf Mosse, der 1870/71 mit seinem *Berliner Tageblatt* so selbstbewusst an die Öffentlichkeit getreten war und später auch die *Berliner Volkszeitung* und die *Berliner Morgenzeitung* herausgab, hatte sich um die Einzelheiten der redaktionellen Arbeit nie gekümmert. Sein Schwiegersohn Hans Lachmann, der 1920 die Nachfolge in der Konzernleitung antrat, griff dagegen nicht nur in die Organisation und den Vertrieb, sondern auch in die inhaltliche Gestaltung des *Tageblatts* und der anderen Blätter in seinem Verlag ein. Immer bleich, immer fahrig und meist regungslosen Gesichts geistere er durch das Haus, spottete man in Verlag und Redaktion – und beklagte, dass man jetzt des wirklichen Fachmannes entbehre. 1928 übernahm sich Lachmann auch finanziell, als er das *8 Uhr-Abendblatt* kaufte und den forcierten Aufbau von Filialen der Annoncen-Expedition im Ausland betrieb. Die danach erforderlichen Investitionssperren und Sparmaßnahmen wurden derart unsensibel vorgenommen, dass sie Unmut, Angst und einen lähmenden Fatalismus schürten.

Theodor Wolff empörte sich im April 1931 in einem Brief an Lachmann über dessen Fehlleistungen und warf ihm einen Bruch mit den guten Traditionen des Hauses Mosse, aber auch menschlich verwerfliches Handeln eines gläubigen Juden und unternehmerisches Hasardeurtum vor. Die Auseinandersetzungen verschärften sich noch, als in den folgenden Monaten Martin (Cohn) Carbe, Generalbevollmächtigter auf Lebenszeit, zu Ullstein überwechselte, der Chefredakteur der *Berliner Volkszeitung* und sein Stellvertreter ihre Ämter niederlegten und langjährige Redakteure kündigten oder entlassen wurden. Die Verlagsleitung geriet dadurch in einen immer tiefer werdenden Konflikt mit der Redaktion, der umso beklemmender wirkte, als man in dieser Zeit der sich verschärfenden Krise der Republik alle Kraft benötigt hätte, um auf die politische Entwicklung publizistisch Einfluss zu nehmen.

Nicht viel besser sah es beim Ullstein Verlag aus, wo sich zur gleichen Zeit ebenfalls ein Konflikt zuspitzte, der dem Unternehmen schweren Schaden zufügte. Nachdem Leopold Ullstein im Dezember 1899 verstorben war, hatten seine fünf Söhne und danach drei seiner vier Enkel die Verantwortung für das Erbe übernommen. Im Unterschied zu den Mitgliedern der Mosse-Familie verfügten sie zumeist über eine intensive fachliche Ausbildung im Pressewesen. Der Älteste war der Jurist Hans Ullstein, der als Justitiar und Leitartikler zusammen mit einem seiner jüngeren Brüder, dem promovierten Juristen Franz Ullstein, sämtliche Tageszeitungen des Verlages (neben der *Vossischen Zeitung* waren dies vor allem die *Berliner Morgenpost* und die *Berliner Illustrirte Zeitung*) verlegerisch-redaktionell leitete. Als 1921 das Verlagshaus Ullstein & Co. in eine Aktiengesellschaft umgewandelt wurde, übernahm Franz den Vorsitz im Aufsichtsrat. Im Alter zwischen Hans und Franz Ullstein lag Louis, der auf Wunsch des Vaters zuerst in mehreren in- und ausländischen Verlagshäusern und Druckereien und danach noch im eigenen Kontor lernte, bis ihm schließlich die gesamte Verantwortung für den geschäftlichen Teil des Vertriebs, die Werbung, die Anzeigen und die Verwaltung anvertraut wurde. Der vierte Sohn Rudolf übernahm nach dem Tod seines Vaters als Schriftsetzer und Buchdrucker die technische Betriebsleitung des Verlags und errichtete die Ullstein-Druckerei in Berlin-Tempelhof. Das jüngste Mitglied der Ullstein-Familie, Hermann, baute die Zeitschriften- und Buchverlage aus und konnte dabei praktisch seine gesamte Konkurrenz übertrumpfen.

Ende der zwanziger Jahre entzündete sich jedoch ein seit langem schwelender Bruderzwist an der Tatsache, dass Franz eine Frau geheiratet hatte, die verdächtigt wurde, eine französische Spionin zu sein. Seine Brüder forderten ihn auf, sich scheiden zu lassen oder aus dem Verlag auszutreten. Als die Auseinandersetzungen eskalierten, kam es zum Prozess. Georg Bernhard, der Chefredakteur der *Vossischen Zeitung* und »König der Kochstraße«, beteiligte sich daran so entschieden, dass er mit Louis und Rudolf Ullstein vor Gericht verurteilt wurde, die Chefredaktion aufgeben musste, sein Reichstagsmandat für die DDP verlor und sich gezwungen sah, den Vorsitz im Reichsverband der deutschen Presse niederzulegen. Doch auch Franz Ullstein stürzte und formulierte danach die unkapitalistische Selbsterkenntnis: »Die Zeitung kann sich nicht, wie ein Seifengeschäft oder eine Gastwirtschaft, einfach auf den leiblichen Nachwuchs vererben. Dazu ist ihre Funktion im geistigen Leben einer Nation zu bedeutsam … Große Zeitungen müssen vor den Kläglichkeiten eines Familienstreites und der Torschlusspanik von Politikern geschützt werden, über die die Zeit hinwegzuschreiten droht.«

Diese Einsicht kam jedoch zu spät. Am Ende der Weimarer Republik hatten die Söhne und Enkel der alten Zaren das Verlagsgeschäft entweder bereits aufgegeben oder politisch resigniert; sie befanden sich in der Defensive oder es drohte ihnen die Insolvenz. Offensichtlich war es den Verlagsgründern nicht gelungen, Traditionen auszubilden, die stark genug waren, nicht nur den Übergang in der Politik, sondern auch den Wandel der Generationen zu überleben. Publizistisch rücken die Jahre der Weimarer Republik damit näher an die Zeit der Monarchie heran, als es nach dem Umbruch von 1918/19 scheinen mag. Nicht die revolutionären Veränderungen, sondern die ungleich stärkeren Kontinuitäten treten hervor – und damit auch die aus dem Kaiserreich stammenden verlegerischen und journalistischen, organisatorischen und medialen Strukturen.

Scherl und der Beginn der Massenproduktion

In der Weimarer Republik teilten sich die Zaren und ihre Erben den Berliner Pressemarkt zudem mit einigen »Aufsteigern« und starken Konkurrenten aus dem Reich, die ihre Zeitungen ebenfalls in der Hauptstadt verkauften: Leopold Sonnemanns *Frankfurter Zeitung*, der *Schlesischen Zeitung* der Familie Korn sowie dem *Hamburger Fremdenblatt* und der *Leipziger Zeitung*. Sie alle nahmen auf die Politik einen größeren Einfluss, als es jemals zuvor der Fall gewesen war. Zu den »Aufsteigern« gehörten die Familien Huck und Elsner sowie die Alleinherrscher Hugo Stinnes und Willi Münzenberg, vor allem jedoch Alfred Hugenberg, mit dem sich das Negativbild des erfolgreichen Unternehmers und Politikers verband, der seine Macht als Verleger zur Zerstörung der demokratischen Staatsordnung einsetzte.

Die meisten Verlage waren inzwischen Großunternehmen in der Form von Aktiengesellschaften oder »Gesellschaften mit beschränkter Haftung«. Ein »Verlags- und Pressekapitalismus« breitete sich aus. Der vorrangig geschäftsorientierte Betriebswirt löste den eher kulturell ambitionierten Verleger ab. An die Stelle der Verleger-Zeitungen traten Herausgeber-Zeitungen – nicht selten anspruchsvoller geschrieben und politisch schärfer konturiert als ihre Vorgänger in früherer Zeit. Dieser Wandlungsprozess zog sich über mehrere Generationen hin. Erst dann war das Zurücktreten der alten Verlegerfamilien zu Gunsten der modernen Betriebe mit den für die Massenproduktion geeigneten Maschinen, der gestrafften Organisation der Buch- und Zeitungsproduktion und den gebündelten personellen und technischen Ressourcen abgeschlossen.

Insgesamt bildete die Reichshauptstadt in den zwanziger und frühen dreißiger Jahren einen heiß umkämpften Pressemarkt, auf dem sich neben den Zeitungen auch Zeitschriften wie die *Weltbühne* und *Das Tage-Buch* wirkungsvoll etablierten. Zu den überregionalen und nationalen Blättern, die ebenfalls viel gelesen wurden, gehörten neben den schon genannten Zeitungen aus Frankfurt, Leipzig, Hamburg und Breslau noch der *Montag-Morgen*, *Der Reichs-Bote*, die *Kölner Zeitung* und die *Kreuz-Zeitung* sowie die *Germania*, weniger dagegen die *Rote Fahne* der KPD oder *Der Angriff* von Goebbels.

In der Presselandschaft wandelten sich allerdings nicht nur die Produzenten, sondern auch die Konsumenten. Die Leser waren im Krieg, in den Umbrüchen der Nachkriegsjahre und den zahlreichen Wirtschaftskrisen politisiert und in großen Teilen radikalisiert worden. Die Jahre eines reformunfähigen, sich selbst überschätzenden kaiserlichen Regimes hatten das Vertrauen in die Staatsführung geschwächt; das Ende der Monarchie und wenig später die Putschversuche von Kapp, Lüttwitz und Hitler hatten die Gesellschaft erschüttert. Es entstand der Eindruck einer neuen Dynamik, die auch den Stil der Politik und die Mentalität der Zeitungsleser erfasste. Ein oder sogar zwei Morgenausgaben, dazu noch eine Abend- und eine Post-Ausgabe schienen nötig, um dem Gang der Ereignisse überhaupt noch folgen zu können. Das Gestrige wurde nur kurz erwähnt, um Raum für das Morgige zu haben. Sport und Mode fanden ihren Platz. Berichte über Damen-Rudern und das Schwimmen »Quer durch Berlin« sowie eine Fülle von Beilagen sollten neue Leser und Inseratskunden gewinnen.

Der Verleger, der hierbei die größten Talente entwickelte, war August Scherl. Er war sechs Jahre jünger als sein Hauptkonkurrent Mosse und starb 1921. Seinen Konzern hatte er bereits 1914, als 65-Jähriger, verkauft, der allerdings unter anderem Namen und mit anderen Zielen bis 1944 weiter existierte. Gleichwohl ist der Name Scherl von der Presselandschaft der Weimarer Republik nicht zu trennen, weil er schon in den neunziger Jahren des 19. Jahrhunderts wichtige Grundlagen für den späteren Erfolg schuf. Die Zeitgenossen hielten ihn für den originellsten unter den »Großen Drei«, weil er aus kleinen Verhältnissen, einem beschaulichen Buchverlag des Vaters, kam, aber sein Vermögen mit außergewöhnlichen Ideen verdiente. Er überraschte mit dem Betrieb einer Rollschuhbahn und einem Theaterbau, mit Adressbüchern für Großstädte und Reklame an Hauswänden oder dem Zeitungsvertrieb durch Flugzeuge. Den größten Erfolg jedoch erzielte er mit dem *Berliner Lokal-Anzeiger* – einem Massenblatt ganz neuen Typs, dessen Ziele von Scherl selbst in der ersten Ausgabe beschrieben wurden: »Unser redaktionelles Bemühen in der Behandlung weitschichtiger Themata, wie sie der Tag und seine Strömungen uns bietet, soll … nicht etwa als ein leckeres Mahl für den verwöhnten Geschmack anspruchsvoller Leser serviert werden! Es soll eine solide Hausmannskost, schmackhaft bereitet und geschmackvoll aufgetragen, werden!«

Möglich wurde eine solche, nicht auf die intellektuelle Elite, sondern auf den Durchschnittsbürger zielende Massenpresse erst, nachdem die Papierpreise seit 1870 auf ein Viertel gesunken und schnelle Setzmaschinen sowie der kostengünstige Rotationsdruck erfunden worden waren und die verbesserten Informationswege und Verkehrsverhältnisse immer kürzere Produktionszeiten, höhere Auflagen und eine weitere und schnellere Verbreitung zuließen. Eine intensive Anzeigenakquisition, auffällige Reklame, aggressive Werbemethoden und bislang unbekannte Koppelungsgeschäfte verringerten den Herstellungspreis zusätzlich. In den Eisenbahnen lagen kostenlose Exemplare aus, Interessenten erhielten Frei-Abonnements und – in Zusammenarbeit mit Versicherungsagenturen – günstige Verträge. Die Lesebereitschaft der unteren Bevölkerungsschichten wurde durch die Fähigkeit der Journalisten gefördert, ihren Berichten und Kommentaren einen persönlichen Ton zu geben, den der Leser zu kennen glaubte und der Fremdes vertraut erscheinen ließ. Beeindruckt waren Publikum und Anzeigenkunden außerdem von der Behauptung des Verlages, er sei »unpolitisch«, denke »vaterländisch« und fühle sich ausschließlich »nationalen Interessen« verpflichtet. Die Abhängigkeit von Groß-Inserenten blieb dem kritischen Kunden zwar nicht verborgen, beeinträchtigte das Geschäft jedoch kaum.

Dennoch wurde der Verkauf des Konzerns nötig, als Scherl sich weniger um seine Verlagsgeschäfte als um das 7-Millionen-Projekt einer Einschienenbahn, um Siedlungs- und Immobiliengeschäfte, Prämiensparen und Lottospiele kümmerte und ein Leihbibliothek-System mit »Lies dich empor-Büchern« entwickelte. Inzwischen war seinem *Lokal-Anzeiger* ohnehin ernsthafte Konkurrenz erwachsen, nachdem Leopold Ullstein 1898, ein Jahr vor seinem Tod, die *Berliner Morgenpost* gegründet hatte, die er – wie zuvor schon bei seiner 1894 erworbenen *Berliner Illustrirten Zeitung* (BIZ) – von dem damals üblichen Zwang zum Abonnement befreite und durch Nutzung der modernsten Formen der Technik in der Reproduktion und Momentphotographie zum Erfolg führte.

Publizistik als politisches Kampfinstrument

Als Scherl daran ging, seinen Konzern zu veräußern, standen schon neue Zaren bereit, ihn abzulösen. Einer von ihnen war Alfred Hugenberg, der als promovierter Nationalökonom und Jurist zunächst als Verbands- und Bankdirektor tätig gewesen war, ehe er von 1909 bis 1920 als Direktor der Friedrich Krupp AG in enger Kooperation mit den Industriellen Emil Kirdorf, Fritz Thyssen und Albert Vögler durch Kredite und Spenden der Schwerindustrie ein weit gefächertes Netzwerk von Aktiengesellschaften, Verbänden, Vereinen und Freundeskreisen schuf, um seine nationalistisch-antisemitischen Vorstellungen durchzusetzen. Ab 1916 bildete er durch die Zusammenfassung der Zeitungen des Scherl-Verlages, von Nachrichtenbüros wie der Telegraphen-Union, der ALA-Anzeigenunternehmungen und der Ufa-Filmgesellschaft einen eigenen Konzern, der seine politischen Ambitionen publizistisch unterstützte. 1919 war er außerdem Abgeordneter der Weimarer Nationalversammlung und gelangte danach als Führer des rechten Flügels der deutschnationalen DNVP in den Reichstag. Er war ein grundsätzlicher Gegner der Weimarer Republik und ein scharfer Kritiker ihrer Außenpolitik, die er mit den Instrumenten seiner Medienmacht bekämpfte.

Hugenbergs Matern-Korrespondenzen versorgten 1925 bereits über 1000 Zeitungen (knapp 40 Prozent der deutschen Presse), wobei sie den parteilosen und den rechtsgerichteten Zeitungen jeweils unterschiedliche Fassungen lieferten. Seiner »Allgemeinen Anzeigen-Gesellschaft« (ALA) hatten sich schon ein Jahr nach ihrer Gründung im Jahre 1918 nicht weniger als 290 Gesellschafter, unter ihnen 62 Verleger, angeschlossen. Hugenbergs »Wirtschaftsstelle für die Provinzpresse« (Wipro) unterstützte die Zeitungen von rund 300 Verlegern mit einer Gesamtauflage von mehr als einer Million Exemplaren. Den langen Prozess vom patriarchalischen Pressezaren zum kühl rechnenden Geschäftsführer bereicherte Hugenberg um die ihm eigentümliche Variante des modernen Managers: Der Konkurrenz und den Geschäftspartnern trat er Chef eines Informations-, Unterhaltungs- und Propaganda-Trusts gegenüber; seine Sympathisanten sowie die Spender aus der Schwerindustrie und die Öffentlichkeit gewann er als der »Idealist«, als der er sich beispielsweise in einer Rede darstellte, in der er 1927 erklärte: »Eine wirkliche große deutsche Presse kann ihren Kristallisationspunkt nur in einer Idee oder in einer Persönlichkeit finden. Eine wirklich große Persönlichkeit pflegt aber wiederum Trägerin von Ideen zu sein. Eine solche Idee ist der nationale Gedanke ... Die zweite große Idee, die recht eigentlich die Idee der Gegenwart und der Zukunft darstellt, ist die Wiederdurchsetzung des germanischen Persönlichkeitsgedankens in Kultur und Wirtschaft ... Auf dem Gebiet der Wirtschaft ist er im Privateigentum verkörpert.«

In einem politisch zunehmend labiler werdenden System veranstaltete Hugenberg ein erfolgreiches Spiel um die wirtschaftliche, publizistische und parteipolitische Macht in Deutschland. Mit der Agitation seiner Presse gegen den angeblichen »Tributplan« des amerikanischen Bankiers Owen Young vergiftete er das innenpolitische Klima. Zusammen mit der NSDAP und rechten Verbänden nutzte er die Mittel des Volksbegehrens und des Volksentscheids zu demagogischen Kampagnen, belebte die »Dolchstoß-Legende« neu und hetzte besonders die Jugend zum Kampf gegen den »Schwatzbuden-Parlamentarismus« auf. Hitler, der damals noch über keine nennenswerte Presse verfügte, verhalf er mit einer Medienkampagne zu Popularität und ab 1930 auch zu beispiellosen Wahlerfolgen. Mit der von ihm initiierten »Harzburger Front« konservativer und rechtsradikaler Republik-Gegner machte er den Nationalsozialismus bündnis- und gesellschaftsfähig. Zusammen mit dem Sohn Hindenburgs, dem Zentrumspolitiker Franz von Papen, dem Bankier Richard von Schröder und rheinisch-westfälischen Schwerindustriellen fädelte er schließlich im Rahmen seiner Politik der »Nationalen Opposition« die Regierungsübergabe an Hitler ein und übernahm in der Koalitionsregierung die Vizekanzlerschaft und das Wirtschaftsministerium.

Kein anderer Verlag verfügte in der Weimarer Republik über einen politischen Einfluss, der demjenigen von Hugenberg auch nur nahe gekommen wäre. Dies galt zu Beginn der Republik auch für den wirtschaftlich mächtigen Hugo Stinnes, dessen publizistisches Credo sich – wie bei Hugenberg – im Kampf gegen liberale und linke Politik erschöpfte. Stinnes entstammte einer rheinischen Unternehmerfamilie, die ihren Reichtum mit der Förderung und dem Handel von Kohle gewonnen hatte. Er selbst gehörte – auch darin Hugenberg vergleichbar – zu den Kriegs- und Inflationsgewinnlern. Sein Geld verdiente er vor allem im Bereich der Energieversorgung sowie in der Montan-, Bahn- und Schifffahrtsindustrie. Sein Durchsetzungsvermögen und seine konzeptionelle Phantasie und Originalität erinnerten in mancherlei Hinsicht an Scherl. Nachdem es ihm im Juni 1920 gelungen war, die ehemals offiziöse, von der Reichsregierung geförderte *Norddeutsche Allgemeine Zeitung*, die nach der Besetzung der Redaktion durch eine Anzahl linker Journalisten seit dem 12. Dezember 1918 unter dem Titel *Deutsche Allgemeine Zeitung* erschien, zu kaufen, setzte er das Blatt des im Dezember 1919 im Alter von 45 Jahren plötzlich verstorbenen Verlegers Reimar Hobbing im politischen Kampf gegen die liberale DDP sowie gegen die SPD und die anderen Linksparteien ein. Da Stinnes außerdem die für die Papierherstellung erforderliche deutsche Zellstoffproduktion zu 70 Prozent kontrollierte, übte er auch wirtschaftlichen Druck auf ihm missliebige Presseorgane aus.

Bis zu seinem frühen Tod im April 1924 stand Stinnes in einem Dauerkonflikt mit den Reichsregierungen, so dass der preußische Staat die politisch unerquickliche Lage mit dem Ankauf der *Deutschen Allgemeinen Zeitung* zu bereinigen suchte. Als der Erfolg ausblieb und Parlamentarier protestierten, verkaufte die Regierung die Zeitung, an der der zweite Sohn von Stinnes weiterhin die Aktienmehrheit hielt, über die Danat-Bank an eine Gruppe zumeist deutschnational eingestellter rheinisch-westfälischer Industrieller, Bankiers und Hamburger Reeder, die später vor allem die Politik der Präsidialkabinette von Heinrich Brüning kritisierten und alle rechten Kräfte – einschließlich Hugenberg – auf einen Kurs gegen die Demokratie einzuschwören suchten, die längst »auf den Hund gekommen« sei.

Die linke Presse und der »rote Hugenberg«

Der Versuch der SPD, mit der im Frühjahr 1925 gegründeten »Konzentrations AG« und der ihr angeschlossenen »Inseraten-Union« eine publizistische Gegenmacht aufzubauen, scheiterte bereits im Ansatz. Zwar investierte die SPD in den folgenden Jahren mehr als vier Millionen Reichsmark in die Parteipresse, die 1929 aus nicht weniger als 203 Zeitungen mit 75 »Kopfblättern« bestand. Doch das Echo blieb gering. Zusammengenommen erreichten die sozialdemokratischen Blätter eine Auflage von nicht mehr als 1,3 Millionen Exemplaren und damit nicht einmal die Leserschaft, über die sie im Kaiserreich verfügt hatte. Die SPD-Presse kam auf der umkämpften Zeitungsbühne der Weimarer Republik über eine unwesentliche Nebenrolle nicht hinaus.

Erfolgreicher war ein anderer, den manche als den »Pressezaren der Linken« oder als »roten Hugenberg« zu bezeichnen pflegten: Willi Münzenberg, Sohn eines Thüringer Gastwirts, ein vielseitig begabter und energiegeladener Mann, politisch sicherlich oft überschätzt, doch im Sinne der Parole Lenins, die Zeitung als kollektiven Organisator und Propagandisten zu nutzen, mit dem systematischen Aufbau eines kommunistisch-sozialistischen Presseimperiums zeitweilig durchaus nicht ohne Einfluss. Schon der biografische Hintergrund Münzenbergs macht indessen den Unterschied zu Hugenberg oder Stinnes deutlich: Nach einer Barbierlehre arbeitete Münzenberg zunächst in einer Schuhfabrik in Erfurt und in einer Apotheke in Zürich, wo er in Kontakt mit anarchistisch-syndikalistischen Kreisen kam und Zugang zu Lenin, Trotzki und Sinowjew fand. Von Lenin wurde er auch in die Parteiarbeit eingespannt, leitete in Zürich den Sozialistischen Jugendverband und nahm im Sommer 1917 an der sozialistischen Friedenskonferenz in Stockholm teil, wo er mit Karl Radek zusammentraf. In Zürich gab er von 1915 bis 1918 die *Jugend-Internationale* heraus, die er nach dem Krieg in Stuttgart weiterführte. In Deutschland schloss er sich der Spartakus-Bewegung an und gründete den Kommunistischen Jugendverband, als dessen Vertreter er 1920 zum ersten Mal nach Moskau reiste, wo er zum Vorsitzenden der neu gegründeten Kommunistischen Jugend-Internationale gewählt wurde.

In Berlin wurde Münzenberg zum Organisator der Internationalen Arbeiterhilfe, die mit ihren Zeitungen, Zeitschriften, Sammelaktionen, Volksküchen und Kinderheimen erhebliche Bedeutung gewann, und zog 1924 für die KPD in den Reichstag ein. 1924/25 gründete er die Verlage »Internationale-Arbeiter-Hilfe«, »Kosmos« und den »Neuen Deutschen Verlag Willi Münzenberg«, leitete in Moskau die »Meschrabpom«-Filmgesellschaft, die den Verleih und Vertrieb sowjetischer Filme besorgte, und ihr Pendant in Berlin, den »Prometheus«-Filmverleih. Kaufmännische Grundlage für diese Aktivitäten war die »Aufbau-, Industrie- und Handels-AG«. Zu dem Konzern gehörten vor allem zwei Tageszeitungen: die *Welt am Abend* unter ihrem Chefredakteur Paul Friedländer und *Berlin am Morgen* unter Bruno Frei. Von der ebenfalls zum Münzenberg-Konzern gehörenden *Arbeiter-Illustrierten Zeitung* (A.I.Z.) wurden wöchentlich bis 400000 Exemplare verkauft. Die *Welt am Abend* wuchs mit 180000 Exemplaren nicht nur zur erfolgreichsten kommunistischen Tageszeitung Deutschlands heran, sondern überbot auch den sozialdemokratischen *Vorwärts*, der es nur auf etwa 130000 Exemplare brachte. Münzenbergs Buchgemeinschaft »Universum-Bücherei« zählte 40000 Mitglieder, die Zahl der Abonnenten seiner Zeitschrift *Weg der Frau* lag bei etwa 100000.

Münzenbergs Ziel war es, durch »parteilos« scheinende Blätter »unauffällig Moskauer Tendenzen ins Bürgertum zu tragen«, wie Peter de Mendelssohn in seinem Buch *Zeitungsstadt Berlin – Menschen und Mächte in der Geschichte der deutschen Presse* bemerkt hat. Georg Zivier hat die Methode Münzenbergs mit den Worten skizziert: »Anders als im Haus der ›Roten Fahne‹, wo auf strammen kommunistischen Ton gehalten wurde, waren die Sitten und Gebräuche in Münzenbergs Zentrale in der Wilhelmstraße. Man vermied die Anrede ›Genosse‹ und andere harte Gesprächsgewohnheiten, man kleidete sich nach der Mode und frühstückte mit prominenten Mitarbeitern bei Kempinski. Man traf in seinen Vorzimmern Ausländer von Rang und Ansehen, die oft keineswegs Kommunisten waren und möglicherweise nicht wussten, dass sie in einem von Moskau dirigierten Institut zu Gast waren.«

Wie Hugenberg von rechts, so unterminierte Münzenberg die Demokratie und den Parlamentarismus der Weimarer Republik von links. Aber auch die Zaren der politischen Mitte taten zu wenig, um die Republik zu retten. Sie hatten ihre politische Sozialisation im Kaiserreich erfahren und trugen in der Weimarer Republik vor allem dazu bei, die Öffentlichkeit zu segmentieren. Mental standen sie in der Tradition des autoritären Denkens der Vorkriegszeit. Auch in der Publizistik gilt daher, was häufig von der Politik behauptet wird: Die Republik ist nicht an der Stärke ihrer Feinde, sondern an der Schwäche ihrer Verteidiger gescheitert.

Zeitungskiosk in der Hauptstraße. *Fotografie von Friedrich Seidenstücker, 1928.*
Mehr als 2600 Zeitungen und Zeitschriften erschienen 1928 in Berlin, von denen 120 bis 150 in den täglichen Verkauf gingen.

Journalisten erwarten den DVP-Abgeordneten General Hans von Seeckt bei der Eröffnungssitzung des Reichstags am 13. Oktober 1931. Der Fotojournalismus nahm stetig an Bedeutung zu. Über den neuen »Reiz der Bilder« urteilte Kurt Korff, Redakteur bei der »Berliner Illustrirten Zeitung« 1927: »Das bildliche Sehen aller Ereignisse mit Erkennung des bildlich eindrucksvollsten und Auslassung all dessen, was nur stofflich, nicht bildlich interessieren konnte, wurde zum Grundsatz der BIZ-Redaktion. Nicht die Wichtigkeit des Stoffes entschied über Auswahl und Annahme von Bildern, sondern allein der Reiz des Bildes selbst.«

Umbruch der Zeitungsseiten in der »Vorwärts«-Druckerei, 1927.
Seit Mitte der zwanziger Jahre war auch das Parteiblatt der SPD darum bemüht, seine bisher nur auf den Text ausgerichtete Seitengestaltung durch Karikaturen und Bilder ansprechender zu gestalten.

Zwei Männer lesen den am Berliner Scherl-Haus in der Zimmerstraße aushängenden »Lokal-Anzeiger«. *Fotografie von Friedrich Seidenstücker, um 1926.*

Umbruch der »B.Z.«.
Gemälde von Magnus Zeller, 1928. Berlin, Axel Springer Verlag.

Handverkäufer warten auf die druckfrische Nachtausgabe. *Fotografie von Friedrich Seidenstücker, 1932.*

Rudolf Mosse, um 1918. Mosse gründete 1867 mit Emil Cohn die »Rudolf Mosse Zeitungs-Annoncen-Expedition« und 1871 das »Berliner Tageblatt«.

Das Mosse-Haus an der Jerusalemer Straße 46–47 / Ecke Schützenstraße, 1923.

54. Jahrgang — Abend-Ausgabe — Einzel-Nummer 10 Pfennig.

Berliner Tageblatt

Nr. 197 — Chef-Redakteur Theodor Wolff in Berlin.

und Handels-Zeitung

Montag, 27. April 1925 — Druck und Verlag von Rudolf Mosse in Berlin.

Hindenburg Präsident der deutschen Republik.

Mit 14 600 000 Stimmen von insgesamt 30 300 000 Stimmen gewählt.

T. W. Die Republikaner haben eine Schlacht verloren, der bisher monarchistische Feldmarschall v. Hindenburg wird Präsident der deutschen Republik. Landbündler und Offiziersbündler lassen heute die Sektpfropfen knallen, wie nach der Ermordung Rathenaus, und die in der gesellschaftlichen Rangordnung etwas tiefer stehenden Leserinnen und Leser des „Lokal-Anzeigers" berauschen sich teils an Kaffee und teils an Bier. Sollen wir leugnen, daß, während jene trinken, uns andere ein Gefühl der Beschämung ergreift? Wir schämen uns nicht über die Niederlage — denn dann hätten auch Feldmarschälle schon oft das Haupt beugen müssen —, aber wir empfinden Scham über die politische Unreife so vieler Millionen, die nun wieder den Augen der achselzuckenden Welt sich zeigt. Die gestrige Wahl war eine Intelligenzprüfung, und vor der zuschauenden Weltgallerie, vor mitleidig entsetzten Freunden und höhnenden Feinden ist ungefähr die Hälfte des deutschen Volkes in dieser Prüfung durchgefallen. Was soll man, lautet das allgemeine Urteil, mit einem Volke anfangen, das aus seinem Unglück nichts lernt und sich immer wieder, auch zum zehnten und zwölften Male, von den gleichen Leuten am Halfterbande führen läßt? Gerade sah es so aus, als sollte es dem deutschen Volke etwas besser gehen und als sollte Deutschland in Ruhe und Ordnung auf den Weg allmählicher Wiederherstellung gelangen. Da erdachten die politischen Ränkeschmiede, die ihm Ruhe und Ordnung, Leben und Wohlstand immer zerstört haben, das Abenteuer der Hindenburg-Kandidatur, und diese Spekulation auf das „deutsche Gemüt", das offenbar mit keiner Vernunft vereinbar ist, hat sich tatsächlich abermals bewährt. Tragen die Anstifter der Kandidatur allein die Verantwortung für alles, was an Verwirrung, Schaden und Unheil aus dem gestrigen Wahlergebnis entstehen kann? Nein, diese Verantwortung lastet auch auf dem Kabinett Luther-Stresemann, das bis zuletzt, listig irregeführt, an die Kandidatur Hindenburgs nicht geglaubt, dann ohne jede Entschlußkraft die vollendete Tatsache hingenommen, je nach dem Steigen und Fallen der Chancen hierhin und dorthin geliebäugelt und, statt zu handeln, larmoyant gejammert hat.

Das Gefühl der Beschämung ist begreiflich, aber weder die in froher Begeisterung schon auf die wiederkehrende Monarchie toastenden Triarier und Lakaien noch die auswärtigen Zuschauer dürfen glauben, daß die deutschen Republikaner nun entmutigt seien. Hindenburg hat zwar neunmalhunderttausend Stimmen mehr als sein Gegenkandidat gefunden, aber das war doch nur möglich, weil er feierlich gelobte, die republikanische Verfassung zu achten, der von den republikanischen Kabinetten, lange vor der heutigen Bürgerblockregierung, eingeleiteten Verständigungspolitik sich anzupassen und streng all' die Bestrebungen zurückzuweisen, von denen seine Gefolgschaft eine Aenderung der Staatsform erhofft. Die Wahlmacher des alten Feldmarschalls haben es nicht gewagt, mit einem antirepublikanischen Bekenntnis vor die Wähler zu treten, und sie haben ihren Kandidaten nicht als Bannerträger der monarchischen Idee, sondern nur als sympathische, „überparteiliche" Persönlichkeit vorgeschickt. Auch nach ihrer Ueberzeugung ist also die Republik so fest verankert, daß man die staatsfeindliche Absicht verbergen muß, wenn man den Beifall der Massen erringen will. Der fast achtzigjährige Greis, der Paladin Wilhelms II., wird nun genötigt sein, in die Hände des sozialdemokratischen Reichstagspräsidenten Löbe den Eid auf die republikanische Verfassung zu leisten — unter der schwarzrotgoldenen Fahne, die über dieser merkwürdigen historischen Szene wehen wird. Wir hätten ihm und uns gern dieses Schauspiel erspart, aber entmutigend sollte es eigentlich mehr für diejenigen sein, die einsehen müssen, daß heute auch ihr Erwählter genötigt ist, der republikanischen Verfassung seine Huldigung darzubringen. O, wir wissen wohl, sie sagen sich, wie Paris dem vierten Heinrich eine Messe wert war, so sei die Eroberung der Präsidentschaft auch mit solch' einer Zeremonie nicht zu hoch bezahlt. Nicht in der Person des unzweifelhaft aufrichtigen Hindenburg, den wir als Kandidaten „mit allem Respekt" behandelt haben und auch als Reichspräsidenten respektieren werden, sondern in der Hinterhältigkeit seiner Begleiter liegt die Gefahr. Ein unübersehbarer Schwarm von stellenhungrigen, machtdurstigen Klienten wälzt sich hinter ihm her. Sie alle sind heute erhitzt von Hoffnung und Begierde, und bereit, sich wie der Sterne Chor um die Sonne zu stellen. Ihnen ist der Schwur auf die republikanische Verfassung, den Hindenburg zu leisten hat und gewiß mit reiner Seele leisten wird, nur ein pfiffiges Mittel, wie der Schwur ewiger Treue dem erprobten Don Juan. Sie werden schnell genug versuchen, die politische Unerfahrenheit des militärisch erzogenen, militärisch denkenden Reichspräsidenten auszunutzen und den Gegensatz zwischen ihm und jener demokratisch gesinnten Volkshälfte zu verschärfen, die gestern ihre Stimme gegen ihn abgegeben hat. Wenn er diese Ratgeber in seiner Nähe duldet, so droht bei jedem Schritte auf seinem Wege der Konflikt. Es ist staatsbürgerliche Pflicht, dem nach der Verfassung gewählten höchsten Beamten Achtung zu erweisen, solange er selber die Verfassung in keinem Punkte mißachtet, aber schärfste Wachsamkeit wird von nun ab gleichfalls zu einer sehr dringlichen staatsbürgerlichen Pflicht.

Die Denkfaulheit, die kindliche Naivität und die Gefühlsduselei konnten besonders überall dort hemmungslos wirken, wo die Demokratie über keine aufklärende Presse verfügt und nur der freiwillig dienende oder mit Inflationsgeld aufgekaufte Reaktionsschreibling die sogenannte öffentliche Meinung macht. Berlin hat auch gestern sich von dem allgemeinen Gefühlstaumel nicht mitreißen lassen, und es ist zwischen all den unerfreulichen Tatsachen eine erfreuliche, daß die gerade hier residierende Hugenberg-Presse sich in jedem Wahlkampfe als völlig ohnmächtig erweist und mit all ihren Giftkünsten die stetige Ausbreitung des republikanischen Gedankens nicht verhindern kann. Was über das Verhalten der sächsischen Sozialdemokraten zu sagen ist, wird wohl von den sozialdemokratischen Führern selber gesagt werden, aber hat man nur in Sachsen engherzig und kurzsichtig über der Rankünе, dem Vorurteil und dem kleinlichen Hader das allgemeine Volksinteresse vergessen und hat sich Aehnliches nicht, vielleicht in geringerem Maße, auch anderswo gezeigt? Es gibt zahlreiche Wahlkreise, in denen Marx gestern nicht die volle Stimmenzahl erhalten hat, die im ersten Wahlgange auf die Kandidaten der drei jetzt vereinigten Parteien fiel. Keinem von uns ist verborgen gewesen, daß die Kandidatur Marx bei gläubigen Protestanten und bei ungläubigen Freidenkern auf heftigen Widerstand stoßen und daß es konfessioneller Verhetzung leicht sein würde, diesen gerechten und vornehmen Mann als einen kulturfeindlichen, gefährlichen „Römling" hinzustellen. Es half nichts, den Leuten, deren Hirn so umnebelt wurde, zu sagen, daß die Kandidatur Hindenburgs von den „Römlingen" der Bayerischen Volkspartei gestützt werde, Jesuitismus besonders bei jenen Deutschnationalen sich finde, die einen Schwur auf die Verfassung mit einem Augenblinzeln begleiten, und die Kulturfeindschaft völkischer Hakenkreuzler die allerwiderlichste sei. Wir hätten, da diese Schwierigkeiten jedem klar waren, lieber einen Geßler oder einen Simons als Kandidaten genannt. Wie das vereitelt wurde, ist hinreichend bekannt. Mit den Gefühlvollen, die einem ehrwürdigen Kriegsmann die schwere Last aufbürden wollten, und den Zartsinnigen, die lieber den Staat als ihre konfessionelle Abneigung opferten, haben sich dann noch die Partikularisten von allen Farben vereint. Der Lorbeer des Feldherrn ist besser als dieser Salat.

Wir wiederholen, daß wir dem Reichspräsidenten Hindenburg die Achtung erweisen werden, die er selber der republikanischen Verfassung erweist. Zu jener Gemeinheit niederzusteigen, die den unvergeßlichen Ebert verfolgte, darf niemandem einfallen, der auf reine Hände und auf staatsbürgerliche Gesinnung hält. Zu gratulieren vermögen wir nicht, und weit richtiger scheint uns in diesem Falle der Ausdruck des aufrichtigsten Beileids zu sein. Bisher lag, neben der Sonne des Ruhms, der Schatten tragischen Geschehens auf der Lebensbahn des Herrn v. Hindenburg, aber der nun beginnende Weg ist in Dunkel getaucht. Leider ist auch die Zukunft des deutschen Volkes jetzt von einer sehr dunklen Wolke verhängt. Was gestern die vierzehn Millionen und eine halbe, die unbelehrbar bleiben, dem Lande beschert haben, ist jedenfalls kein Glücksgeschenk. Die fast vierzehn Millionen Republikaner, die in dieser Wahl unterlagen, werden zuschauen und zu handeln wissen, wenn es nötig ist. Wie sollten sie entmutigt sein, da sie sehen, daß ihre Gegner nur in republikanischer Verkleidung zum Ziele gelangen konnten, und daß der alte, würdigste Paladin der Monarchie durch feierliches Gelübde sich zur republikanischen Staatsform bekennt? Und wer könnte entmutigt sein, der in diesen Tagen die Schwungkraft, den Ernst, die Zuversicht, die flammende Begeisterung, den festen Willen der republikanischen Massen gesehen hat? Wer, der am Abend vor der Wahl in den Straßen Berlins den großartigen Zug des Reichsbanners und der endlos vorbeimarschierenden Menge geschaut und in diese Gesichter geblickt hat, könnte glauben, daß es ein ungefährliches Prinzenspiel sein würde, den Kampf gegen das republikanische Volk zu beginnen? Ach nein, antirepublikanische Cliquen konnten dem deutschen Gemüt und der Gedankenlosigkeit ein Wahlresultat ablisten, aber wenn einige Millionen willenlos sich gängeln lassen — vierzehn Millionen wissen, was sie wollen, und sie suchen nicht, aber fürchten auch

Das amtliche vorläufige Ergebnis.

Die amtlichen Zahlen.

Berlin, 27. April. (W. T. B.)

Es wurden 30 345 540 gültige Stimmen abgegeben. Davon entfielen auf:

Hindenburg . 14 639 399 (11 709 898),
Marx . . . 13 752 640 (13 258 628),
Thälmann . . 1 931 591 (1 871 815) Stimmen.
Zersplittert sind 21 910 Stimmen.

Hindenburg ist somit zum Reichspräsidenten gewählt.

(Die in Klammern beigefügten Zahlen bedeuten die Resultate des ersten Wahlgangs am 29. März 1925.)

Nach der Wahl.

Reichsregierung und Reichspräsident. — Vereidigung vor dem Reichstag auf die republikanische Verfassung.

Bei der Erörterung der Konsequenzen der Reichspräsidentenwahl wird in der Presse die Frage aufgeworfen, ob die Reichsregierung nach der Verfassung verpflichtet sei, dem neugewählten Reichspräsidenten v. Hindenburg ihr Amt zur Verfügung zu stellen. Demgegenüber wird von zuständiger Seite darauf hingewiesen, daß eine solche Verpflichtung nach der Verfassung nicht besteht. Die Reichsregierung bedarf lediglich des Vertrauens des Reichstags.

Das Reichskabinett hat sich offiziell noch nicht mit dieser Frage befaßt, so daß Beschlüsse hierüber nicht vorliegen. Eine Kabinettssitzung, in der sich die Reichsregierung mit der durch die Wahl Hindenburgs geschaffenen politischen Lage eingehend beschäftigen will, ist für die nächsten Tage vorgesehen. Sie wird einberufen, sobald der Reichsarbeitsminister Dr. Brauns von seinem Urlaub zurückgekehrt ist. Man rechnet damit, daß Dr. Brauns morgen in Berlin eintrifft. Die Entscheidung, ob sie eventuell dem Reichspräsidenten v. Hindenburg ihr Rücktrittsgesuch übergeben wird, wird die Reichsregierung vor allem auch von der Stellungnahme der Parteien abhängig machen.

Der Tag, an dem Hindenburg sein Amt als Reichspräsident antritt, steht noch nicht fest. Zunächst muß der Reichswahlleiter das endgültige amtliche Wahlergebnis abwarten, ehe er dem neugewählten Reichspräsidenten offiziell das Wahlergebnis mitteilen kann, auf Grund dessen der Gewählte sich zur Annahme der Wahl bereit erklären muß. Erst dann wird festgesetzt werden, wann **die Vereidigung vor dem Reichstag durch den Reichstagspräsidenten Löbe** erfolgen soll; mit der Vereidigung übernimmt der neue Reichspräsident die Amtsgeschäfte, die bis dahin der Stellvertreter des Reichspräsidenten, Dr. Simons, führt.

Die republikanischen Erfolge in Berlin.

Ständiger Fortschritt in allen drei Wahlkreisen seit Mai 1924.

Die Stimmziffern im Wahlkreis 2 (Berlin) sowie im Wahlkreis 3 (Potsdam II), zu dem die westlichen Vororte Berlins, und im Wahlkreis 4 (Potsdam I), zu dem die nördlichen Berliner Vororte gehören, zeigen ein ständiges erfreuliches Wachstum der republikanischen Parteien. Stellt man nämlich die Ziffern der letzten vier Wahlen zusammen, so ergibt sich folgendes Bild:

Wahlkreis 2 (Berlin).

	4. 5. 1924	7. 12. 1924	29. 3. 1925	26. 4. 1925
Volksblock:	379 028	580 080	576 538	654 132
Rechtsblock:	450 975	358 882	334 370	384 033
Kommunisten:	225 082	217 231	180 734	144 853

Wahlkreis 3 (Potsdam II).

	4. 5. 1924	7. 12. 1924	29. 3. 1925	26. 4. 1925
Volksblock:	278 672	389 573	418 002	430 257
Rechtsblock:	466 713	390 373	378 179	381 928
Kommunisten:	114 974	105 155	84 516	68 895

Wahlkreis 4 (Potsdam I).

	4. 5. 1924	7. 12. 1924	29. 3. 1925	26. 4. 1925
Volksblock:	250 279	354 543	372 384	403 512
Rechtsblock:	482 636	425 312	401 383	464 487
Kommunisten:	131 456	109 790	84 196	75 603

Aus diesen Zahlen ergeben sich das ständige Wachstum der republikanischen Parteien und die Verluste des Rechtsblocks, die so stark sind, daß die Rechtsparteien auch in der gestrigen Wahl, trotz der Zugkraft des Namens Hindenburg und trotz der größeren Wahlbeteiligung, noch an keiner Stelle die Ziffern vom 4. Mai 1924 wiedererlangt haben. In den drei Wahlkreisen zusammengenommen verfügte der Volksblock am 4. Mai 1924 über 907 979 Stimmen, am gestrigen Sonntag über 1 487 901 Stimmen, der Rechtsblock am 4. Mai 1924 über 1 400 324 Stimmen, am gestrigen Sonntag über 1 230 448 Stimmen. Der Volksblock hat also 579 922 Stimmen gewonnen, der Rechtsblock 169 877 Stimmen verloren. Vor einem Jahr war der Rechtsblock dem Volksblock um 492 345 Stimmen voraus. Gestern hat ihn der Volksblock um 257 453 Stimmen geschlagen.

»Berliner Tageblatt«, Abendausgabe vom 27. April 1925 mit dem Leitartikel von Theodor Wolff zur Reichspräsidentenwahl.
Wolff, der seit 1894 beim »Berliner Tageblatt« arbeitete und schließlich dessen Chefredakteur wurde, hatte sich bereits im Kaiserreich für eine Liberalisierung der politischen Landschaft in Deutschland eingesetzt. Nach der Novemberrevolution 1918 wurde der Mitbegründer der DDP zu einem energischen Verfechter der Demokratie.

BERLINER MORGENPOST

Wöchentlich 60 Pfennig

Einzelnummer 10 Pf. Sonntags 15 Pf.

Nr. 233 | Stg. Nr. 39 | Verlag u. Redaktion: SW 68, Kochstr. 22-26. | Sonntag, 29. September 1929 | 15 Pfennig

Eiserner Besen her!

Wir haben's gleich gesagt.

Füllfeder-Winklers Reklametrick.

Das „Geheimnis vom Königsee" hat sich so aufgeklärt, wie wir es in der „Morgenpost" vom 20. September vorausgesagt haben: es hat sich herausgestellt, daß der geheimnisvolle Fremde, der einen Selbstmord im Zusammenhang mit den Bombenattentaten vorgetäuscht hat, der Wiener „Goldfüllfederkönig" Winkler ist. Damals beeilten sich die Polizeibehörden, unsere Vermutung als unbegründet zurückzuweisen, dann

„Goldfüllfeder-König" Winkler.

schrieben andere Zeitungen unsere Darstellung ohne Quellenangabe ab, bis jetzt, nach mehr als einer Woche, die Polizei endlich bestätigen muß, daß wir recht hatten.

Das Wiener Polizeipräsidium hat nämlich jetzt das Original des Briefes erhalten, den man in dem verlassenen Kahn auf dem Königsee gefunden hat und hat festgestellt, daß er die Schrift Winklers aufweist. Die Polizei lud Winkler vor, aber er kam nicht, und man stellte fest, daß er schon seit längerer Zeit nicht in Wien ist. Bei einer Haussuchung in Winklers Wohnung fand man eine Postkarte vom Königsee, die Winkler in den kritischen Tagen an sich selbst geschrieben hat und ferner einen Vorrat von Briefpapier mit derselben Krone, wie sie der ominöse Brief zeigt. In diesem Brief fand sich unter der eingeprägten Krone ein Ausschnitt: dort hatte nämlich Winklers Firma gestanden.

Winkler hat, wie wir schon ausführlich mitteilten, ähnliche Reklametricks in einer ganzen Reihe von großen Kriminalfällen der letzten Jahre verübt. Man sollte den offenbar pathologischen Mann, der immer wieder die Oeffentlichkeit beunruhigt, dorthin schaffen, wohin er gehört.

Hermes geht!

Der Vater aller Hindernisse.

Der Führer der deutschen Delegation für die deutsch-polnischen Handelsvertragsverhandlungen Hermes hat dem Reichskanzler brieflich mitgeteilt, daß er von diesem Amt zurücktreten möchte. Man geht nicht fehl in der Annahme, daß dieser „Wunsch" Herrn Hermes dringend nahegelegt worden ist, denn die Differenzen zwischen ihm und dem Auswärtigen Amt über die Verhandlungstaktik waren unüberbrückbar geworden. Hermes fühlte sich immer als Vertreter einseitig großagrarischer Interessen, während es bei den Verhandlungen mit Polen darauf ankam, die gesamtwirtschaftlichen Interessen Deutschlands zu wahren.

Es unterliegt keinem Zweifel, daß der Reichskanzler dem Wunsche Hermes' nachkommen und schon sehr bald für Hermes einen neuen Unterhändler ernennen wird. Die meisten Aussichten hat der deutsche Gesandte in Warschau, Ulrich Rauscher.

Auskehren! Auskehren!

Am 17. November finden in ganz Preußen die Wahlen zu den Gemeindevertretungen statt, in Berlin also die Stadtverordnetenwahlen.

Wir halten es für gut, daß der Sklarek-Skandal jetzt zum Platzen gekommen ist, jetzt kurz vor den Wahlen. Dadurch wird den Wählern aller Parteien gezeigt, worum es geht und worauf es ankommt.

Der Sklarek-Skandal? Der Name deckt nicht ganz die Sache. Es ist mehr als ein Sklarek-Skandal: es ist ein Skandal der städtischen Verwaltungen.

In der Abwandlung des Wortes eines Dichters unserer Zeit möchte man sagen: „Nicht nur die Betrüger, sondern auch die Betrogenen sind schuldig." Denn sie haben den Betrug ermöglicht: durch veraltete Verwaltungssysteme, mehr noch durch Leichtfertigkeit und vielleicht . . . ? Das muß die Untersuchung ergeben.

Man sollte sehr streng und unnachsichtig untersuchen und vor keiner Stelle Halt machen. Wir hoffen, daß man sich im Magistrat des ganzen Ernstes mehr bewußt ist als die Gegenrechnung zeigt, die man dieser Tage dort aufzumachen versuchte. Da schätzte man die vier Villen der Sklareks mit je einer Million ein und ihren Rennstall mit 3½ Millionen und ihr Warenlager mit 3 Millionen. Wir hoffen sehr, daß man sich schon heute solchen Illusionen nicht mehr hingeben wird. Wenn diese Gegenrechnung auf ein Viertel reduziert wird, kann man ob des Erlöses froh sein.

Im Grunde interessiert uns an dem Sklarek-Skandal nicht so sehr ihr Betrug an der Stadtbank. Wir möchten viel mehr Wert darauf gelegt wissen, daß schonungslos ergründet wird, wieso die Sklareks denn eigentlich zu ihrem Monopollieferungsvertrag für die Stadt kamen und wieso es möglich war, daß erst vor Monaten dieses Monopol auf weitere 5 Jahre verlängert worden ist.

Diese Lieferungen für die Stadt bestanden in Konfektionsware. Wieso man dafür einer Firma ein Monopol gewähren kann, ist uns unerfindlich. Es geht dem Konfektionsgewerbe seit Jahren recht schlecht. Es wäre die einfachste und nächstliegende soziale Pflicht der städtischen Verwaltung gewesen, möglichst viel Firmen des Berliner Konfektionsgewerbes an ihren Lieferungen teilnehmen zu lassen. Damit wäre dem Gewerbe in seinem Notstand wenigstens etwas geholfen gewesen. Es reicht nicht aus, wenn

Gestern nachmittag in London.

Bildtelegramm der „Berliner Morgenpost".

Die deutsche Schwimmstaffel (von links: Gebert-Magdeburg, Heinrich-Leipzig, Balk-Gelsenkirchen, Schrader-Hildesheim) schlug über viermal 200 Yards die englische Staffel im Crawlstil um 10 Yards. Näheres im Sportteil, 2. Beilage. — Die Schwimmschule der „Berliner Morgenpost", über die wir in der 1. Beilage berichten, soll besonders das Crawlschwimmen pflegen.

»Berliner Morgenpost« vom 29. September 1929. Im Herbst 1929 flog der Betrugs- und Korruptionsskandal um die Gebrüder Leo, Max und Willy Sklarek auf, die in ihrer Berliner Kleiderfabrik falsche Bilanzen in Millionenhöhe produziert hatten. Diese Affäre, die sich fast zeitgleich mit der einsetzenden Weltwirtschaftskrise abspielte und weite Kreise in der Berliner Kommunalpolitik zog, führte letztlich zum Rücktritt des langjährigen Oberbürgermeisters Gustav Böß.

Mittagspause in der Redaktion der Rundfunkprogramm-Zeitschrift »Koralle« im Ullstein-Verlag. *Fotografie von Friedrich Seidenstücker, um 1930.*

Das Ullstein-Druckhaus in der Berliner Straße (heute Mariendorfer Damm) in Tempelhof. *Fotografie von Friedrich Seidenstücker, um 1926.*

Willi Münzenberg.
Fotografie von Fred Stein, Paris 1936.
Willi Münzenberg, der auch als der »rote Hugenberg« bezeichnet wurde, besaß in der Weimarer Republik eines der größten Medienunternehmen im Reich. Die wichtigsten von ihm vertriebenen Zeitschriften waren die Tageszeitung »Die Welt am Abend« und die »AIZ«. Als Mitglied der KPD gehörte Münzenberg zwischen 1924 und 1933 dem Reichstag an.

Die »Arbeiter-Illustrierte-Zeitung« von 1929 mit einem Bericht über die blutigen Auseinandersetzungen am 1. Mai 1929 in Berlin. Die 1921 gegründete Zeitung erschien bis 1925 unter dem Titel »Sowjetrußland im Bild« und konnte bis 1930 ihre Auflagenhöhe auf 400 000 gedruckte Exemplare ausweiten.

Das Karl-Liebknecht-Haus am Bülowplatz, Sitz des KPD-Parteibüros und der Redaktion der »Roten Fahne«, am 1. Mai 1929.

»Der einzige Berg Deutschlands, der, wenn man ihn besteigt, nur ein niedriges Niveau zu bieten vermag und keinerlei Horizonte öffnet, heißt der Hugenberg!«. *Karikatur von Willi Steinert aus dem »Wahren Jacob«, 1929.*

Das Stammhaus des Scherl-Verlags in der Zimmerstraße 35, 1930.

Titelseite der »Berliner Nachtausgabe« vom 1. Oktober 1922: »Deutschland feiert Hindenburg. Hindenburg, unser Führer.«

Berlin-Sonnabend — Nr. 230 • 1. Oktober 1922

Berliner
Nachtausgabe
Die illustrierte (15 Pf.) Abendzeitung

Deutschland feiert Hindenburg.

Erste offizielle Veranstaltung:

Hindenburg, unser Führer.

Stammschloß Neudeck geschenkt.

Heute in der 1. Beilage:

HERREN-STOFFE — CORDS
Das älteste und größte Stoffgeschäft Deutschlands

Hochspannungsraum im Dachgeschoss des Vox-Hauses in der Potsdamer Straße, 1924. Von hier aus wurde am 29. Oktober 1923 die erste Radiosendung für Privatempfänger übertragen.

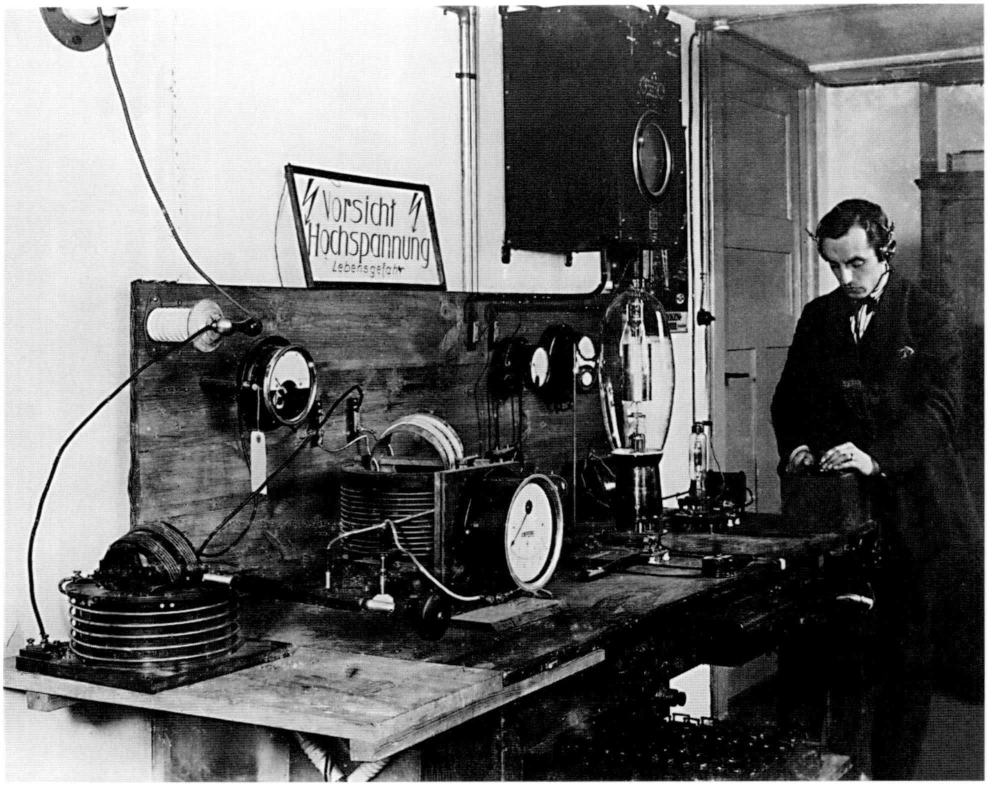

Die aktuelle Abteilung des Berliner Rundfunksenders »Funk-Stunde« überträgt anlässlich einer Filmpremiere eine Reportage aus dem Vorführraum des Kinos Wittelsbach-Palast in Berlin-Wilmersdorf. *Fotografie von Hans Schaller, 1932.*

Albert Einstein hält die Eröffnungsansprache auf der Großen Deutschen Funkausstellung am 22. August 1930. Im Hintergrund das Haus der Funkindustrie in Berlin.

Zum Freizeitvergnügen im Grünen gehört der Radio-Apparat mit Lautsprecher und die Radiozeitschrift »Funk-Stunde«, 1928.

Großfunkstelle Nauen. *Gemälde von Otto Thiele, o.J. Deutsches Postmuseum, Frankfurt am Main.* Bereits seit 1906 wurde in Nauen mit der drahtlosen Telegrafie experimentiert. Mit der Entwicklung zum Rundfunk waren jedoch bauliche Erweiterungen notwendig. Am 29. September 1920 konnte in Anwesenheit des Reichspräsidenten Ebert der von Hermann Muthesius errichtete Neubau für die nunmehrige »Großfunkstelle« seiner Bestimmung übergeben werden.

Rechts: Der Radionist oder Der Radiospießer. *Gemälde von Kurt Günther, 1927. Staatliche Museen zu Berlin – Preußischer Kulturbesitz, Nationalgalerie.*

Textbuch
Oper

Kristina Hübener

Das Ende der Republik Aufstieg der Nationalsozialisten

»Nachdem der Reichstag heute beschlossen hat, zu verlangen, dass meine auf Grund des Artikels 48 der Reichsverfassung erlassenen Notverordnungen vom 16. Juli außer Kraft gesetzt werden, löse ich auf Grund des Artikels 25 der Reichsverfassung den Reichstag auf.« Mit diesen dürren Worten schickte Reichspräsident Paul von Hindenburg am 18. Juli 1930 die Abgeordneten des frei gewählten deutschen Parlaments nach Hause, die nichts anderes getan hatten, als ihrer eigenen Entmachtung zu widersprechen, die in der Anwendung des Artikels 48 zum Ausdruck gekommen war. Hindenburg verhalf damit nicht nur seiner eigenen Politik, sondern – wenn auch ungewollt – derjenigen der rechtsradikalen Nationalsozialisten zum Erfolg: Bei den notwendigen Neuwahlen erzielte die NSDAP ihren politischen Durchbruch, der nur gut zwei Jahre später in der Ernennung Hitlers zum Reichskanzler gipfelte.

Brünings verhängnisvoller Irrtum

Seit Beginn der Weltwirtschaftskrise 1929 war auch die deutsche Wirtschaft in eine schwere Schieflage geraten. Rezession und wachsende Arbeitslosigkeit kennzeichneten die Situation. Bereits bei der Beratung des Haushalts 1930 zeigte sich, wie eng der finanzielle Spielraum inzwischen geworden war, nachdem der Reichstag am 12. März 1930 den umstrittenen Young-Plan, der Deutschland langfristig hohe Leistungen zur Begleichung alliierter Reparationsforderungen abverlangte, in dritter Lesung beraten und verabschiedet hatte. Da sich keine Mehrheit für den Haushalt abzeichnete, trat das Kabinett des sozialdemokratischen Reichskanzlers Hermann Müller am 27. März zurück. Ihm folgte drei Tage später eine neue Regierung unter dem Zentrumspolitiker Heinrich Brüning, die die Unterstützung Hindenburgs besaß.

An den schwierigen finanziellen Verhältnissen und an der Zerstrittenheit des Reichstages änderte sich dadurch allerdings nichts. Das mehrfach abgeänderte und vom neuen Finanzminister Hermann Dietrich (DDP) eingebrachte Deckungsprogramm wurde im Parlament von der SPD sowie von der Rechts- und Linksopposition aus DNVP, NSDAP und KPD abgelehnt, so dass die Regierung Brüning glaubte, ihr Sanierungsprogramm nur noch mit Hilfe des Artikels 48 der Weimarer Verfassung durchbringen zu können. Das entsprechende Gesetzesbündel wurde am 16. Juli 1930 vom Reichspräsidenten als Notverordnung zur »Sicherung von Wirtschaft und Finanzen« in Kraft gesetzt – und von der Mehrheit des Reichstages prompt abgelehnt. Als 256 Abgeordnete der SPD, KPD, NSDAP und Teile der DNVP ihre Aufhebung verlangten, kam es schließlich auf Anraten Brünings zu der eingangs geschilderten Auflösung. Zwar wurden auch die abgelehnten Notverordnungen zurückgenommen – dies jedoch nur zu dem Zweck, wesentliche schärfere Bestimmungen auszuarbeiten, denen Hindenburg wiederum in Form einer Notverordnung Gesetzeskraft verlieh. Zugleich wurde der Termin für die Neuwahlen auf den 14. September 1930 festgesetzt.

Man brauchte keine große Phantasie, um sich vorzustellen, dass der Wahlkampf und die Septemberwahl, wie Brüning in seinen Memoiren später selbst bemerkte, »zu einem Plebiszit über die Notverordnung« werden würden. Gleichzeitig sah Brüning darin aber auch einen »Entscheidungskampf zwischen einer sinnlosen Form des Parlamentarismus und einer gesunden, maßvollen Demokratie, in der die Regierung, um die öffentlichen Finanzen vor dem Zusammenbruch zu retten, vor dem ganzen Volke den Kampf für diese Aufgabe gegenüber dem Intrigenspiel und der Unvernunft im bisherigen Reichstag aufnehmen musste.« Diesem – im Kern antiparlamentarischen – Kampf, den er mit seinen Empfehlungen für den Reichspräsidenten bewusst herbeigeführt hatte, um seine Position zu stärken, sah er indessen gelassen entgegen, da er glaubte, die Wähler mit einer sachbezogenen Politik überzeugen zu können.

Umso größer dann die Enttäuschung und das Entsetzen nach der Wahl: Die NSDAP, die bereits bei den sächsischen Landtagswahlen am 22. Juni 1930 mit 14 Sitzen zur zweitstärksten Partei nach der SPD aufgestiegen war, erzielte derart große Gewinne, dass sie nun mit 107 Mandaten auch im Reichstag zur zweitstärksten Kraft wurde. Die Tatsache, dass die KPD mit 77 Sitzen sowohl die Zentrumspartei (68) als auch die DDP (20) überflügelte, machte die Sache nicht besser: Die Septemberwahl war ungewollt zu einem Sieg der extremen Kräfte in Deutschland geraten. Besonders verhängnisvoll stellte sich die Situation auf der politischen Rechten dar: Über sechs Millionen Wähler hatten der NSDAP inmitten der Weltwirtschaftskrise und des Kampfes um den Young-Plan ihre Stimme gegeben. Die »braune Bewegung«, die bis zu diesem Zeitpunkt nur wenig Zuspruch erhalten hatte, war über Nacht zu einer ernsthaften Gefahr für die Weimarer Demokratie geworden. Dies ist nicht nur eine nachträgliche Deutung, sondern wurde auch von weitblickenden Zeitgenossen so gesehen. Der Kulturpolitiker und Diplomat Harry Graf Kessler notierte am 15. September 1930 dazu in sein Tagebuch: »Ein schwarzer Tag für Deutschland... Wir stehen damit (bei hundertsieben Nazis, einundvierzig Hugenbergern und über siebzig Kommunisten, also etwa zweihundertzwanzig Abgeordneten, die den heutigen deutschen Staat radikal verneinen und revolutionär beseitigen wollen) vor einer Staatskrise, die nur durch die straffe Zusammenfassung aller die Republik bejahenden oder wenigstens tolerierenden Kräfte überwunden werden kann... Der Nationalsozialismus ist eine Fiebererscheinung des sterbenden deutschen kleinen Mittelstandes; dieser Giftstoff seiner Krankheit kann aber Deutschland und Europa auf Jahrzehnte hin verelenden.«

Die Krise der etablierten Parteien

Die NSDAP verdankte ihren Erfolg vor allem zwei populären Programmpunkten: der Forderung nach sofortiger Einstellung der Reparationszahlungen und dem Ruf nach strafrechtlicher Verfolgung derjenigen Minister, die den Young-Plan mitzuverantworten hatten. Darüber hinaus hatte die Partei – unter maßgeblicher Federführung von Joseph Goebbels – eine Propagandakampagne lanciert, die ihr Wähler aus allen sozialen Schichten und politischen Lagern zuführte. Sie verfügte über ein dichtes Netz politischer Organisationen, das es ihr ermöglichte, von Mitte August bis zum Wahltag nicht weniger als 34000 öffentliche Kundgebungen zu veranstalten. Speziell gegründete Organisationen für einzelne soziale Gruppen hatten zudem für eine differenzierte Umsetzung der Goebbelsschen Propaganda gesorgt, die ein sicheres Gespür für die Ängste und Wünsche Millionen Deutscher bewies. Zu den modernen Instrumenten der nationalsozialistischen Propaganda – Goebbels selbst sprach von »amerikanischen

Methoden« – zählten neben den traditionellen Parteiveranstaltungen, auf denen vor allem Reden gehalten wurden, auch Aufmärsche, Platzkonzerte oder Filmvorführungen. Den größten Zulauf verbuchte die NSDAP in kleineren Städten und auf dem Lande in den überwiegend protestantischen Gebieten Nord- und Ostdeutschlands. Ein Blick auf die Wählerbewegungen verdeutlicht, dass jeder dritte DNVP-Wähler, jeder vierte DVP- oder DDP-Wähler und sogar jeder zehnte SPD-Wähler zwischen 1929 und 1930 zur NSDAP wechselte. Die etablierten Parteien, die zumindest teilweise die Weimarer Republik befürworteten, hatten diesem geballten Kampfeswillen der Nationalsozialisten wenig entgegenzusetzen. Ihre Lage war allgemein desolat. So hatte es der Deutschen Demokratischen Partei (DDP) kaum genutzt, dass sie ein Wahlbündnis mit dem Jungdeutschen Orden eingegangen war und sich anschließend in »Deutsche Staatspartei« umbenannt hatte.

Die Deutsche Volkspartei (DVP) hatte durch den Tod Gustav Stresemanns im Oktober 1929 ihren populärsten Kopf verloren, einen gleichwertigen Ersatz gab es nicht. Und selbst die Deutschnationale Volkspartei (DNVP) unter ihrem Führer Alfred Hugenberg, dessen riesiges Presseimperium immerhin einen wichtigen Faktor bei der Bildung der öffentlichen Meinung darstellte, wurde von der allgemeinen Krise erfasst, als Hugenberg starrköpfig auf seinem Standpunkt beharrte, dass er nichts zur Aufrechterhaltung der Republik tun wollte – selbst wenn es »die Republik des Herrn von Hindenburg« war –, und daraufhin von den Agrariern, konservativen Antisemiten und bündischen Jungkonservativen verlassen wurde. Tatsächlich zog Hugenberg selbst die Zusammenarbeit mit dem Nationalsozialismus jeder anderen Verbindung vor, da es ihm in erster Linie darauf ankam, die Weimarer Republik, die Gewerkschaften und den Parlamentarismus zu zerstören.

Vor diesem Hintergrund war bereits das Scheitern der Regierung Müller im März 1930 ein bedenkliches Zeichen gewesen: Man hatte die SPD aus der Regierungsverantwortung gedrängt, um eine grundlegend andere Republik zu schaffen. Mit Brüning begann die Zeit der auf den Reichspräsidenten gestützten Präsidialkabinette, die nur eine schmale parlamentarische Grundlage besaßen, so dass der Artikel 48 beinahe zwangsläufig eine weitherzige Auslegung erfuhr. Ob diese Kabinette in der Lage sein würden, die extreme Rechte zu integrieren, war von vornherein mehr als zweifelhaft. Denn was von der NSDAP künftig zu erwarten war, zeigte sich bereits bei der Eröffnung des neuen Reichstages am 13. Oktober 1930: Die Abgeordneten der NSDAP erschienen in den Braunhemden der SA, um auf diese Weise gegen das von der Regierung Preußens erlassene Uniformverbot zu protestieren. Auf den Straßen Berlins – wie an manchen anderen Orten der Republik – kam es zu inszenierten Massenaufläufen von Anhängern der nationalsozialistischen Bewegung, jüdische Bürger wurden belästigt, jüdische Geschäfte demoliert.

Im Rückblick und mit dem Wissen um das, was später geschah, stellt sich die Frage, ob eine andere Lösung möglich gewesen wäre. Schließlich war die SPD zu diesem Zeitpunkt immer noch stärkste Partei. Sie stellte mit 24,5 Prozent die größte Reichstagsfraktion und befand sich in Preußen sogar an der Regierung. Doch die Spielräume der SPD waren äußerst begrenzt. Dies galt nicht zuletzt für das unversöhnliche Verhältnis zur KPD, mit der ein Zusammengehen nicht nur nach den Ereignissen von 1918/19, sondern auch vor dem Hintergrund der 1929 vom (sozialdemokratischen) preußischen Innenminister Carl Severing veranlassten Auflösung des Roten Frontkämpferbundes gänzlich ausgeschlossen war. Mit Blick auf den Reichspräsidenten waren zwar – allein aus Altersgründen – Veränderungen zu erwarten. Doch je älter und gebrechlicher der inzwischen 85-jährige »Ersatzkaiser« Hindenburg wurde, als desto wichtiger erwies sich seine Umgebung. Insbesondere Hindenburgs Sohn Oskar, von dem ein zeitgenössischer Witz meinte, dass er »eigentlich in der Verfassung nicht vorgesehen« sei, fungierte nun als »rechte Hand« des Reichspräsidenten und brachte neue personelle Vorstellungen in die Politik ein. So war der steile Aufstieg des Generals Kurt von Schleicher zum Reichswehrminister im April 1932 und schließlich zum Reichskanzler nicht zuletzt auf die alte Freundschaft mit Oskar von Hindenburg zurückzuführen. Schleicher wiederum, der bereits an der Bildung des Kabinetts Brüning maßgeblich beteiligt gewesen war, wusste um die innere Verfassung der Reichswehr, die sich nicht demokratisieren und auch nicht gegen die Rechtsopposition einsetzen ließ, so dass der SPD kaum etwas anderes übrig blieb, als sich zur Tolerierung des Kabinetts Brüning zu entschließen. Von einer Politik der »Stillhaltens« versprach man sich bei den Sozialdemokraten nicht nur eine langfristige Fortsetzung der Koalition mit dem Zentrum, sondern auch die Vermeidung einer erneuten Auflösung des Reichstages, bis eine wirtschaftliche Besserung eingetreten sei, die dann, so hoffte man, dafür sorgen würde, bei Neuwahlen einen weiteren Stimmenzuwachs für die NSDAP zu verhindern.

Bemühungen zur Rettung der Republik

Inzwischen war die politische Auseinandersetzung in Deutschland zunehmend durch Gewalt gekennzeichnet. Seit dem Sommer und Herbst 1930 fanden fast täglich Schlägereien zwischen Nationalsozialisten und Kommunisten mit tödlichem Ausgang statt. Schon im Dezember 1929 hatte der preußische Innenminister Severing festgestellt, das kaum ein Tag vergehe, »an dem nicht irgendwo in Deutschland zumeist an mehreren Stellen auf politisch Andersdenkende geschossen, eingeschlagen oder eingestochen wird«. Deutschland befand sich im Zustand des latenten Bürgerkrieges, der sich besonders in der Reichshauptstadt Berlin, wo die politischen Gruppierungen direkt aufeinanderprallten, bemerkbar machte. Bezeichnend waren in diesem Zusammenhang die groß angelegten Boykott- und Störaktionen gegen die deutsche Premiere des in den USA verfilmten Erfolgsromans *Im Westen nichts Neues* von Erich Maria Remarque im Dezember 1930. Mit zahlreichen Protest- und Propagandaaufmärschen gelang es Goebbels, der seit 1926 in Berlin als »Gauleiter« der NSDAP fungierte, das Theater am Nollendorfplatz mehrere Tage lang einer regelrechten Belagerung durch die Nationalsozialisten auszusetzen, während die Berliner Polizei scheinbar machtlos zusah, bis der umstrittene Antikriegsfilm nach einer Woche aus dem Programm genommen wurde. Eine unheilvolle Allianz zeichnete sich ab, bei der etablierte, nationalkonservative Kräfte der alten Ordnung sich mit den neuen Radikalen verbündeten und dabei auch den Reichspräsidenten für sich in Anspruch nahmen.

Inzwischen bemühte sich Reichskanzler Brüning redlich um die Rettung der Republik. Im Rahmen einer deflationären Wirtschafts- und Finanzpolitik folgte eine Notverordnung der anderen, Konkurse und Zwangsvollstreckungen jagten sich. Die Gehälter wurden gekürzt, neue Steuern eingeführt. Die Arbeitslosigkeit, die von November 1929 bis März 1930 um etwa eine Million auf knapp über drei Millionen Erwerbslose stieg, ließ sich damit jedoch offenbar nicht bekämpfen. Vielmehr wurde eine wesentliche Errungenschaft der Weimarer Republik – die 1927 gegründete Reichsanstalt für Arbeitslosenvermittlung und Arbeitslosenversicherung – in eine tiefe Krise gestürzt. Auch eine gewisse außenpolitische Entspannung, etwa die vor Ablauf der Frist am 30. Juni 1930 vollzogene Räumung der letzten besetzten Zone im Rheinland, trug kaum zur Besserung der Lage bei, zumal die maßlose Kritik der Nationalsozialisten an der Regierung den Erfolg sofort wieder vom Tisch wischte.

Der Nachfolger Gustav Stresemanns im Amt des Außenministers, Julius Curtius (DVP), unternahm deshalb den Versuch, die Stellung des Deutschen Reiches in Mitteleuropa zu stärken, um die Regierung Brüning gegenüber den Anwürfen der Rechtsopposition zu entlasten. Im März 1931 wurde der Plan für eine deutsch-österreichische Zollunion veröffentlicht, den Curtius und der österreichische Bundeskanzler Johann Schober vereinbart hatten, um über eine engere wirtschaftliche Zusammenarbeit eine günstige Wirkung für beide Volkswirtschaften zu erzielen. Doch der Plan musste nach Protesten der Westmächte und wirtschaftlichem Druck, den vor allem Frankreich ausübte, bald wieder aufgegeben werden. Als schließlich im Mai 1931 überdies noch die Österreichische Creditanstalt zusammenbrach, kam es auch in Deutschland zur Zahlungsunfähigkeit zahlreicher Banken, wie der Darmstädter und Nationalbank, der Dresdner Bank sowie der Commerz- und Privatbank. Inländische Gläubigereinlagen wurden vermehrt abgehoben. Die Reichsbank verlor in wenigen Wochen mehr als die Hälfte ihrer Gold- und Devisenbestände und reagierte mit einer mehrfachen Anhebung des Diskont- und Lombardsatzes, die im August 1931 die astronomische Höhe von 15 bzw. 20 Prozent erreichten. Neben zahlreichen Banken brachen deshalb auch viele Firmen zusammen, die keine Kredite mehr erhielten.

Die Regierung Brüning befand sich in einer fast ausweglosen Situation, die der Rechtsopposition neue Möglichkeiten für ihren Kampf gegen die Republik bot. Die Entwicklung eskalierte derart, dass Deutschland nicht umhin kam, eine Devisenzwangswirtschaft einzuführen. Brüning ließ sich jetzt zunehmend von dem Gedanken leiten, die Krise zu nutzen, um bewusst eine deutsche Zahlungsunfähigkeit herbeizuführen und damit eine Ende der Reparationen zu erreichen.

Währenddessen nahm das wirtschaftliche und soziale Elend breiter Massen immer dramatischere Formen an. Per Notverordnung waren zunächst Anfang Oktober 1930 die Beiträge zur Arbeitslosenversicherung auf 6,5 Prozent angehoben worden. Sechs Monate später – am 1. April 1931 – koppelte man die Reichsanstalt für Arbeitsvermittlung und Arbeitslosenversicherung vom Reichshaushalt ab, was zu umfassenden Leistungskürzungen führte. Auch in den Ländern häuften sich die Notmaßnahmen. Überall wurden Staatskommissare eingesetzt. Der amerikanische Präsident Herbert Hoover regte deshalb am 20. Juni 1931 – wie von Brüning beabsichtigt – die Einstellung aller Reparations- und Schuldenzahlungen für ein Jahr an und stellte einen Kredit von 300 Millionen Dollar in Aussicht. Sogar Frankreich stimmte dem Moratorium unter dem Druck der USA zu. Brüning nutzte die Atempause, um eine nach dem Young-Plan mögliche Überprüfung der deutschen Zahlungsunfähigkeit zu erreichen. Der Ausschuss, der die Prüfung vornahm, kam zu dem von der deutschen Regierung erwarteten Ergebnis, dass Deutschland auch nach Ablauf der Schonfrist nicht zahlungsfähig sein würde, und empfahl die vollständige Streichung der Reparationen. Der entsprechende Beschluss wurde auf einer im Juni und Juli 1932 in Lausanne tagenden Reparationskonferenz gefasst.

Zu diesem Zeitpunkt war Brüning bereits nicht mehr Reichskanzler. Der Erfolg kam zu spät, um sein Kabinett zu retten, das sich bis zum Schluss einer starken »nationalen Opposition« gegenübergesehen hatte. Vor allem die DNVP unter Hugenberg hatte immer weniger Gefallen an Brünings Regierung gefunden. Eine im Oktober 1931 in Bad Harzburg veranstaltete Tagung von Nationalsozialisten, Deutschnationalen und Anhängern des »Stahlhelm« – des Bundes der Frontsoldaten – zeigte, wohin der

Weg nun führte: Hitler, Hugenberg und der ehemalige Reichsbankpräsident Hjalmar Schacht sowie der Führer des »Stahlhelms«, Franz Seldte, bildeten die so genannte »Harzburger Front«, um die nationalistische Opposition neu zu formieren und auf den Sturz der Regierung vorzubereiten. Ihr standen auf der Linken die im Dezember vom Reichsbanner, den freien Gewerkschaften und anderen republikanischen Verbänden gebildete »Eiserne Front« und der »Rote Frontkämpferbund« gegenüber. Die Republik wurde von rechts und links förmlichin die Zange genommen.

Untergang auf Raten

Die Anhänger der Republik hatten allerdings nicht die Absicht, dem Ansturm kampflos zu weichen. Die Reichspräsidentenwahl 1932 musste Aufschluss geben, wie die Kräftekonstellation sich inzwischen entwickelt hatte. Nachdem im ersten Wahlgang am 13. März keiner der Kandidaten (neben Paul von Hindenburg und Adolf Hitler hatten sich der Kommunist Ernst Thälmann, der Deutschnationale Theodor Duesterberg und der parteilose Adolf Winter zur Wahl gestellt) die absolute Mehrheit erreicht hatte, traten im zweiten Wahlgang am 10. April nur noch Hindenburg und Hitler gegeneinander an. Die alten Parteien der Weimarer Koalition votierten nun geschlossen für Hindenburg, von dem sie hofften, dass er die Republik retten werde. Selbst die SPD hatte zur Wiederwahl Hindenburgs aufgerufen, zu dem es keine Alternative zu geben schien, um Hitler zu verhindern. Die Deutschnationalen stimmten ebenfalls für den alten Generalfeldmarschall – aber aus genau entgegengesetzten Gründen: um die Republik weiter zu schwächen. So erhielt Hindenburg im zweiten Wahlgang mit über neunzehn Millionen Stimmen eine relativ klare Mehrheit; immerhin dreizehn Millionen aber votierten für Hitler.

Welche Stärke die Nationalsozialisten tatsächlich besaßen, wurde nur zwei Wochen später in Preußen deutlich, wo sich bei Landtagswahlen der Aufwärtstrend der NSDAP bestätigte. Die Nationalsozialisten wurden hier jetzt mit 36,3 Prozent stärkste Partei – stärker als alle Linksparteien (SPD, SAPD, KPD) zusammen. Schon zu diesem Zeitpunkt war allerdings klar, dass man durch Wahlen allein schwerlich die Macht erringen würde. Nicht einmal gemeinsam mit der DNVP hätte man die zum Sturz des Präsidialkabinetts erforderliche Mehrheit erreicht. Man benötigte also die Mithilfe wichtiger Gruppen der Gesellschaft. So zeichnete sich das Ende Brünings erst ab, als dieser unter anderem erwog, einen »Arbeitsdienst« einzuführen und unrentablen Großgrundbesitz aufzuteilen – Maßnahmen, die von den zahlreichen Regierungsgegnern sogleich als »Staatssozialismus« und »Agrarbolschewismus« gebrandmarkt wurden. Vor allem die Großagrarier im ostelbischen Raum protestierten auf das Heftigste. Bis zu diesem Zeitpunkt hatte Brüning kaum nach Alternativen zu der von ihm betriebenen Deflationspolitik Ausschau gehalten, da er sich erst nach der Klärung der Reparationsfrage mit Maßnahmen einer staatlichen Konjunktursteuerung befassen wollte. Jetzt rannte ihm die Zeit davon. Seine Regierung kam nicht mehr über Notverordnungen, Steuererhöhungen, die Überwachung bzw. Kürzung von Preisen und Löhnen, Sparmaßnahmen in den öffentlichen Haushalten sowie die Herabsetzungen von Sozialleistungen hinaus.

Am 29. Mai 1932 wurde Brüning nach einer letzten Unterredung mit dem Reichspräsidenten hart und plötzlich, aber keineswegs überraschend entlassen. Sein Nachfolger wurde Franz von Papen, der sich ebenso wenig wie Brüning vom »November 1918« – der Beseitigung der Monarchie – distanzierte, im Unterschied zu seinem Vorgänger jedoch ganz offen das Ziel eines autoritär geführten »Neuen

Staats«, wie er in den Schriften Edgar Jungs propagiert wurde, verfolgte. Papen bildete ein Kabinett aus parteilosen Ministern, zu denen auch Schleicher als Reichswehrminister gehörte. Die Zeit der »offenen Diktatur« begann. Zu den ersten Maßnahmen der neuen Regierung, die ebenfalls wesentlich mit Hilfe von Notverordnungen agierte, gehörte neben einer weiteren Kürzung der Sozialleistungen die Vorbereitung von ersten Schritten zur Arbeitsbeschaffung. Die Verelendung weiter Teile der Bevölkerung hatte inzwischen ein beängstigendes Ausmaß erreicht, so dass der politische Radikalismus, der ohnehin schon seit Jahren die Gesellschaft bestimmte, noch einmal zunahm. Höhepunkt bürgerkriegsartiger Auseinandersetzungen im Frühsommer 1932 war der »Altonaer Blutsonntag« vom 17. Juli, bei dem es zu schweren Ausschreitungen zwischen Kommunisten und der SA kam. In den durch die Nationalsozialisten provozierten Straßenkämpfen zeigte sich die Polizei hoffnungslos überlastet. Die Auseinandersetzungen forderten 18 Todesopfer.

Papen erhielt damit einen guten Anlass, Pläne für einen Staatsstreich in die Tat umzusetzen, an denen er schon seit geraumer Zeit gearbeitet hatte. Dabei konzentrierte er sich zunächst auf das größte Land im Reich, in dem die SPD mit Ministerpräsident Otto Braun immer noch die Regierung stellte. Am 20. Juli 1932 wurde die schon am 14. Juli von Hindenburg unterzeichnete »Verordnung des Reichspräsidenten, betreffend die Wiederherstellung der öffentlichen Sicherheit und Ordnung im Gebiet des Landes Preußen« verkündet, die gemäß Artikel 48 der Weimarer Verfassung die Reichsexekution sowie die Diktaturgewalt für Preußen vorsah.

Sämtliche preußischen Minister wurden nun ohne große Gegenwehr ihrer Ämter enthoben. Die Tatsache, dass die legitime Regierung sich gegen den offensichtlichen Rechtsbruch nicht zur Wehr setzte, sondern nur den Staatsgerichtshof anrief, ist häufig kritisiert worden. Das Urteil vom 25. Oktober 1932 gab der sozialdemokratischen Regierung zwar in nahezu allen Punkten Recht, änderte an den bestehenden Verhältnissen jedoch nichts. Preußen verfügte daher in den folgenden Monaten über zwei Regierungen, von denen diejenige, die unrechtmäßig an die Macht gelangt war, aber die staatstragende Gewalt ausübte. Die rechtmäßige preußische Regierung und die demokratischen Parteien fügten sich schließlich in ihr Schicksal, indem sie alle Pläne verwarfen, sich durch einen Generalstreik und den Einsatz von Schutzpolizei und Reichsbanner dem Staatsstreich zu widersetzen.

Auch den Erfolg der im Juli 1932 auf der Konferenz in Lausanne festgelegte Streichung der deutschen Reparationszahlungen konnte Papen jetzt auf seinem Konto verbuchen. Binnen eines halben Jahres hetzte er die Deutschen durch zwei Reichstagswahlen, die dem Ansehen und Einfluss der Demokratie weiteren Schaden zufügten. Bei der ersten Wahl am 31. Juli 1932 errang die NSDAP 230 der insgesamt 608 Sitze. Das danach unterbreitete Angebot Papens an Hitler, das Amt des Vizekanzlers zu übernehmen, lehnte dieser jedoch ab; er wollte Reichskanzler werden oder in der Opposition weiter auf seine Stunde warten. Die zweite Wahl am 6. November 1932 brachte ebenfalls nicht sofort Klarheit. Die Nationalsozialisten verloren zwar 32 Sitze, doch auch Papen konnte mit dem Wahlausgang nicht glücklich sein. Noch im August hatte er einen wirtschaftspolitischen Zwölf-Monats-Plan vorgelegt, der einen freiwilligen Arbeitsdienst, die Betonung der Privatinitiative in der Wirtschaft und Steuergutscheine für Unternehmer bei Neueinstellung von Arbeitnehmern vorsah. Aber davon war jetzt kaum noch die Rede. Was in erster Linie Not tat, war eine Klärung der politischen Verhältnisse.

In dieser Situation brachten Wirtschaftsführer und prominente Konservative wie Hjalmar Schacht den Vorschlag ins Spiel, Hitler zum Reichskanzler zu ernennen. Man hielt die »Übertragung der verantwortlichen Leitung eines mit den besten sachlichen und persönlichen Kräften ausgestatteten Präsidialkabinetts an den Führer der größten nationalen Gruppe« für legitim, weil sie »die Schlacken und Fehler, die jeder Massenbewegung notgedrungen anhaften, ausmerzen und Millionen Menschen, die heute abseits stehen, zu bejahender Kraft mitreißen« würden. Doch Hindenburg zögerte. Nach zweitägigen ergebnislosen Gesprächen mit Hitler beauftragte er am 2. Dezember 1932 zunächst einmal den bisherigen Reichswehrminister von Schleicher mit der Bildung eines neuen Kabinetts. Es sollte der letzte Versuch werden, ohne Nationalsozialisten zu regieren und Hitler von der Macht fernzuhalten.

Wie zuletzt Brüning, interessierte sich auch Schleicher für staatssozialistische Ideen zur Behebung der Wirtschaftskrise. Angesichts der erschreckend hohen Zahl von sechs Millionen Arbeitslosen erwog er die Einführung eines obligatorischen Arbeitsdienstes und die Sanierung der landwirtschaftlichen Verhältnisse im Osten. Da er in diesem Zusammenhang die zahlreichen hier bestehenden Missstände aufzudecken versprach, war er den ostelbischen Agrariern bald ein Dorn im Auge. Schleicher wurde zum Spielball von Intrigen, in denen ihm unter anderem die Absicht unterstellt wurde, eine Militärdiktatur errichten zu wollen, so dass Papen seine Chance erkannte, seinen Nachfolger gleich wieder zu beseitigen: Unter seiner Vermittlung einigten sich Großagrarier und Industrielle darauf, Hitler und die NSDAP zu Hilfe zu rufen. Als der für seine Nähe zum Nationalsozialismus bekannte Generalleutnant Werner Freiherr von Blomberg, Befehlshaber im Wehrkreis I Ostpreußen und Leiter der deutschen Delegation auf der Abrüstungskonferenz in Genf, sich bereit erklärte, das Amt des Reichswehrministers zu übernehmen, waren die Weichen für ein Kabinett unter Hitler endgültig gestellt. Zufrieden stellte Goebbels fest, dass nunmehr »die stärkste Kraft Deutschlands« an der Spitze des Staates stehe. Zwar teilte Hitler die Macht noch immer mit den alten Eliten in Industrie, Landwirtschaft und Reichswehr. Diese Tatsache wurde jedoch durch den Umstand gemildert, dass das erklärte gemeinsame Ziel darin bestand, Deutschland vom Parlamentarismus sowie von der »Gewerkschaftstyrannei« und der »roten Gefahr« zu befreien. Die alten Eliten andererseits hofften, Hitler »einrahmen und zähmen« zu können, um ihn danach so schnell wie möglich wieder loszuwerden. Sowohl die nationalkonservativen Kräfte als auch die politische Linke unterschätzten offenbar die Dynamik, die von der NSDAP ausging.

Die Weimarer Republik war am Ende – ganz gleich, ob mit oder ohne Hitler. Zwar versprach Hitler bei seiner Machtübernahme am 30. Januar 1933, die Reichswehr nicht politisieren und die Wiederherstellung der Monarchie vorbereiten zu wollen. Bereits Anfang Februar kündigte er jedoch die »Eroberung neuen Lebensraumes im Osten und dessen rücksichtslose Germanisierung« an. Das von ihm gebildete Kabinett setzte sich im Wesentlichen aus Deutschnationalen zusammen. Hindenburg versöhnte er am 21. März 1933 mit dem »Tag von Potsdam«. Die NSDAP hatte den Kampf gewonnen und Deutschland erobert. Danach, so Goebbels, kam es nur noch darauf an, »die Macht zu behaupten«.

Nach seiner Vereidigung dankt der neue Reichspräsident Paul von Hindenburg vor der Abfahrt vom Reichstag dem Publikum für die ihm dargebrachten Kundgebungen. *Fotografie von G. Riebicke, 12. Mai 1925.*

Titelseite der »Berliner Illustrirten Zeitung« vom 24. August 1919. Drei Tage nach der Vereidigung Friedrich Eberts als Reichspräsident erschien diese Aufnahme, die das neue Haupt der Republik nebst dem Reichswehrminister Noske in Badehose und mit bloßem Oberkörper zeigte. Das Motiv wurde von der Öffentlichkeit als schockierend empfunden.

Nr. 34
28. Jahrgang
Berliner
Einzelpreis des Heftes 25 Pfg.
Illustrirte Zeitung
Verlag Ullstein & Co, Berlin SW 68

Wahlplakat der DNVP aus dem Jahre 1928. Die DNVP gehörte zu jenen Parteien des rechten Lagers, die sich gegen das demokratische System der Weimarer Republik wandten. *Geheimes Staatsarchiv – Preußischer Kulturbesitz, Berlin.*

»Stahlhelm-Tag« in Berlin am 3. September 1932: Weihe neuer Fahnen auf dem Tempelhofer Feld. Der Stahlhelm, ein 1918 als vermeintlich »überparteilich« gegründeter Zusammenschluss ehemaliger Weltkriegsteilnehmer, entwickelte sich im Laufe der zwanziger Jahre immer mehr zu einem Sammelbecken deutschnationaler und antidemokratischer Kräfte.

Aufbahrung des verstorbenen Außenministers Gustav Stresemann, Anfang Oktober 1929. »Die Legende beginnt: Stresemann ist durch seinen plötzlichen Tod eine fast mythische Figur geworden. Keiner von den großen Staatsmännern des neunzehnten Jahrhunderts ... hat eine so einstimmige Weltgeltung und Apotheose erreicht. Er ist der erste, der als wirklich europäischer Staatsmann in Walhalla eingeht. Die ›Times‹ schreibt in ihrem Leitartikel: ›Stresemann did inestimable service to the German Republic; his work for Europe as a whole was almost as great.‹« *Harry Graf Kessler, Tagebucheintrag vom 4. Oktober 1929.*

Reichstreffen des Rotfrontkämpferbundes 1928 in Berlin. Tagungslokal ist der Viktoria-Garten in der Wilhelmsaue Nr. 25 in Wilmersdorf.

Propagandamarsch der NSDAP Unter den Linden. Links das Stadtschloss, November 1925. Die erste Ortsgruppe der NSDAP wurde im November 1922 gegründet, fiel allerdings bereits einige Monate später unter das Parteiverbot. Seit Januar 1925, nachdem diese Restriktionen aufgehoben worden waren, war sie zwar ständig in der deutschen Hauptstadt präsent, musste sich aber während des erneuten Parteiverbots zwischen Mai 1927 und März 1928 als Sport- und Freizeitverein tarnen.

Links: Eine Fahnengruppe der SA beim 2. Märkertag in Bernau bei Berlin. *Fotografie von Heinrich Hoffmann, 1928.*

Rechts: Joseph Goebbels als Redner beim 2. Märkertag auf dem Marktplatz von Bernau. *Fotografie von Heinrich Hoffmann, 1928.*

Menschenansammlung vor den geschlossenen Toren der Berliner Bank für Handel und Grundbesiz. *Fotografie von Carl Weinrother, Juli 1931.* Die Folgen des »Schwarzen Freitags« an der New Yorker Börse vom 24./25. Oktober 1929 führten zu einer Wirtschaftskrise globalen Ausmaßes. Bankenzusammenbrüche, Betriebsschließungen und Entlassungen wurden zu einem alltäglichen Geschehen.

Arbeitslose in Berlin. *Fotografie von Friedrich Seidenstücker, 1929.* »Eine Million Berliner sind arbeitslos. Hunderttausende in den Dörfern, den Siedlungen, den kleinen Städten um den Rand Berlins herum sind arbeitslos. Der Mensch muß irgend etwas tun, der Mensch will irgendwie versuchen, etwas zu seinem Lebensunterhalt zu erwerben – und so geht er in die Wälder… Im Frühjahr gehen sie nach Waldmeister und Maiglöckchen und Veilchen, im Sommer nach Erdbeeren, Brombeeren, Blaubeeren, im Herbst nach Pilzen; und nach Holz und Kienäpfeln gehen sie zu allen Jahreszeiten. […] Auf fünfzig Kilometer rund um Berlin sind unsre Wälder schon heute hoffnungslos verarmt…« *Heinrich Hauser, Die Flucht aus Berlin, 1932.*

Der arbeitslose Schauspieler Wilhelm Michaelis versucht auf seine Weise, in den Straßen Berlins zu einer Rolle zu kommen. *Fotografie von Hans Schaller, April 1930.*

Frau auf Arbeitssuche, Dezember 1931.

Ein Erwerbsloser, der sich als Hofmusikant ein paar Pfennige verdienen will, wird von Schupos gestellt und zur Wache gebracht, um 1930.

»Wer jetzt durch die Wohnstraßen des Berliner Westens schlendert, durch diese sauberen, ruhigen, gepflegten Straßen, erlebt auf Schritt und Tritt, dass ein, meist alter, Mensch auf ihn zukommt, Mann oder Frau, vielmehr Herr oder Dame – denn sie sind nicht anders gekleidet als wir selbst –, und um Geld bittet. Manche kommen lächelnd auf einen zu, so als wollten sie einen guten Bekannten grüßen; andere betteln stumpf und ausdruckslos [...]«
»Vossische Zeitung« vom 16. September 1931.

Arbeitssitzung des Kabinetts Brüning im Garten des Reichskanzlerpalais in der Wilhelmstraße. *Fotografie von Erich Salomon, August 1930.*
Dritter von rechts: Reichskanzler Heinrich Brüning. Nach dem Zusammenbrechen der Großen Koalition unter Hermann Müller war Ende März 1930 unter dem Vorsitz des monarchistisch gesonnenen Zentrumsabgeordneten Brüning das erste dauerhaft durch Notverordnungen des Reichspräsidenten gestützte Kabinett zusammengesetzt worden. Brüning verfolgte vor dem Hintergrund der Weltwirtschaftskrise und den Reparationsleistungen eine rigide Sparpolitik, die ihm rasch den Beinamen »Hungerkanzler« einbrachte.

Reichskanzler Kurt von Schleicher und Gattin betreten ihr Wahllokal. *Fotografie von Carl Weinrother, 1932.*

Joseph Goebbels (Mitte) in der Geschäftsstelle der NSDAP in Berlin. *Fotografie von Heinrich Hoffmann, 1932.*
Im November 1926 wurde Goebbels von Hitler zum »Gauleiter« für Berlin ernannt. In den nächsten Jahren war es sein erklärtes Hauptziel, die »rote« Hauptstadt für den Nationalsozialismus zu »erobern«.

Reichstagssitzung, 13. Oktober 1930. Die Fraktion der Nationalsozialisten erscheint im Braunhemd der SA. *Fotografie von Erich Salomon.*
Bei den Wahlen im September des Monats war die NSDAP mit 18,3 Prozent der Stimmen und 107 Mandatssitzen zur zweitstärksten Fraktion im Reichstag nach der SPD aufgestiegen.

Der Generalsekretär der KPD, Ernst Thälmann, hält vor dem Schloss eine Rede zum 1. Mai 1930.

Unten: Mai-Demonstration der KPD im Lustgarten, 1930.
»Wir sind nicht zu verbieten, Genossen! / Wir haben das Recht auf die Straße. / Wir halten die stählerne Front / Der roten Heere geschlossen, / Und werden uns die Straße erzwingen, / Erzwingen! – / Genossen!«
Edwin Hoernle, Das Recht auf die Straße, um 1930.

Rechts: Mauer in der Hagenauer Straße, 1931. Am 9. August 1931 wurden die Polizeihauptleute Paul Anlauf und Karl Lenck auf dem Bülowplatz (heute Rosa-Luxemburg-Platz) von dem Kommunisten Erich Mielke und einem Komplizen erschossen. Mielke floh daraufhin in die Sowjetunion.

SA-Aufmarsch unter dem Schutz der Polizei. *Fotografie von Heinrich Hoffmann, 1930.*
Prügeleien, Saal- und Straßenschlachten zwischen Kommunisten und Nationalsozialisten gehörten seit dem Ende der zwanziger Jahre zum Alltag in der Hauptstadt.

Unten: SA-Ehrenwache »Sonntag früh am Grabe Wessels« auf dem Friedhof Prenzlauer Allee/Mollstraße. *Fotografie von Hans Schaller, 2. März 1930.*
Der SA-Mann Horst Wessel war am 23. Februar 1930 in einem Streit von Mitgliedern der KPD tödlich verwundet worden. Goebbels stilisierte ihn daraufhin zum Helden und Märtyrer. Das »Horst-Wessel-Lied« wurde zu einer Art Hymne der Nationalsozialisten.

Links: Wahlversammlung der NSDAP. Von der Terrasse des Berliner Schlosses spricht Joseph Goebbels. *Fotografie von Carl Weinrother, 1932.*
»Wir gehen in den Reichstag hinein, um uns im Waffenarsenal der Demokratie mit deren eigenen Waffen zu versorgen. Wir werden Reichstagsabgeordnete, um die Weimarer Demokratie mit ihrer eigenen Unterstützung lahmzulegen. [...] Man soll nicht glauben, der Parlamentarismus sei unser Damaskus. Wir kommen als Feinde! Wie der Wolf in die Schafherde einbricht, so kommen wir. Jetzt seid ihr nicht mehr unter euch!« *Joseph Goebbels in »Der Angriff« vom 30. Mai 1928.*

Jubelnde Berliner erwarten am 30. Januar 1933 den neuen Reichskanzler Adolf Hitler vor dem Reichspräsidentenpalais. *Fotografie von Carl Weinrother.*

»So wird es die nationale Regierung als ihre oberste und erste Aufgabe ansehen, die geistige und willensmäßige Einheit unseres Volkes wieder herzustellen. [...] Sie will die Ehrfurcht vor unserer großen Vergangenheit, den Stolz auf unsere alten Traditionen zur Grundlage machen für die Erziehung der deutschen Jugend. Sie wird damit der geistigen, politischen und kulturellen Nihilisierung einen unbarmherzigen Krieg ansagen.«
Erster Aufruf des neuen Kabinetts unter Hitler vom 31. Januar 1933.

Am Fenster der Reichskanzlei grüßen Adolf Hitler, Hermann Göring, im Hintergrund Innenminister Wilhelms Frick und Rudolf Heß vorbeimarschierende SA-Verbände. *Fotografie von Heinrich Hoffmann, 30. Januar 1933.*

In ununterbrochener Folge marschieren SA und andere NS-Verbände durch das Brandenburger Tor und durch die Wilhelmstraße. *Fotografie von Carl Weinrother, 30. Januar 1933.*

Razzia auf Kommunisten und Sozialdemokraten, 1933. Die Verhafteten werden in einer SA-Kaserne in der Friedrichstraße festgehalten. Während der ersten Verhaftungswellen entstanden in vielen SA- und SS-Kasernen Berlins die so genannten »wilden Konzentrationslager«.

SA-Männer verbrennen eine schwarz-rot-goldene Fahne.

»Schutzhaftlager« Oranienburg, April 1933. Auf dem Gelände der ehemaligen Kindl-Brauerei in Oranienburg richtete die SA-Standarte 208 am 21. März 1933, dem »Tag von Potsdam«, das erste Konzentrationslager ein. Hier wurden vor allem Kommunisten und Oppositionelle aus der Hauptstadt inhaftiert.

Der brennende Reichstag am 27. Februar 1933. *Kolorierte Fotografie von Arthur Grimm.* Der nie aufgeklärte Brandanschlag auf das Reichstagsgebäude bot den Nationalsozialisten einen willkommenen Anlass, umgehend ein Verbot der KPD sowie der oppositionellen Presse ohne große Widerstände durchzusetzen. »Das Kabinett hat eine sehr scharfe Verordnung gegen die K.P.D. beschlossen. Diese Verordnung sieht die Todesstrafe vor. Das ist auch notwendig. Das Volk verlangt das jetzt. Es erfolgen Verhaftungen über Verhaftungen. Nun wird die rote Pest mit Stumpf und Stiel ausgerottet. [...] Noch ein paar Tage und dann werden wir unseren großen Triumph feiern können. Es ist wieder eine Lust zu leben.« *Joseph Goebbels, Tagebucheintrag vom 28. Februar 1933.*

Der »Tag von Potsdam« am 21. März 1933. Nach dem Festakt in der Garnisonkirche verabschiedet sich Hitler von Reichspräsident Hindenburg. *Fotografie von Theo Eisenhart.* Die feierliche Eröffnung des neu gewählten Reichstags am Sarge Friedrichs des Großen in Potsdam wurde vom kurz zuvor zum Reichsminister für Propaganda und Volksaufklärung ernannten Goebbels perfekt als symbolischer Akt der Verschmelzung zwischen dem alten Preußen und dem »neuen Deutschland« Hitlers inszeniert.

Staatsakt in der Garnisonkirche in Potsdam, 21. März 1933.

Der Reichstag tritt am 21. März 1933 in der Kroll-Oper zur ersten Arbeitssitzung unter der Leitung des Reichstagspräsidenten Göring zusammen. Zwei Tage später wurde hier das »Ermächtigungsgesetz« mit großer Mehrheit verabschiedet. Es gab der nationalsozialistischen Diktatur einen pseudolegalen Anstrich.

»Es können meinetwegen 100 Jahre vergehen, es gibt nur eine der beiden Möglichkeiten: Entweder wird Deutschland zu Grunde gegangen sein (...), oder es ist wieder emporgekommen unter der Sonne durch Männer, die ihre Pflicht taten, auch wenn sie schwer zu erfüllen war, die sich aufbäumten gegen die Schande, die Knechtung und Versklavung, die allerdings deshalb geschmäht worden sind. Man wird uns dereinst erst recht ein Denkmal dafür setzen.«

Aus einer Rede Adolf Hitlers vom 28. Oktober 1925.

»Unser Ziel ist, das deutsche Volk zu besitzen (...). Und das Ende wird doch der Erfolg sein, und dieses Ideal wird doch siegen. Es gibt andere als mechanische Gesetze, nämlich die des Idealismus und Fanatismus. In zehn Jahren werden unsere Gegner sich gebeugt haben oder nicht mehr sein.«

Aus einer Rede Hitlers vom 4. Januar 1933.

»Unter dieses Regierungssystem muß ein für allemal ein Strich gezogen werden. Die Demokratie hat sich mit ihrer Politik selbst getötet. Und wenn die Juden auf diesem Weg beharren, werden sie neue Pogrome durchmachen müssen, die sie stärker schlagen als diejenigen, die ihre biblische Vergangenheit schildert. (...) das Dritte Reich wird von Führerkommandostellen regiert und nicht von den Reichstagssitzen und Reichstagsgremien der Berufsparlamentarier, von diesen Ganoven, die ihre Verbrechen im Frack begehen. (...) Ich sage Ihnen, der Reichstag ist ein außerordentlich hässliches Gebäude, ein Treffpunkt, eine Schwatzbude für die Vertreter des verfaulten Bürgertums und der verführten Arbeitermassen. Das Gebäude wie auch die Institution, die es beherbergt, sind eine Schande für das deutsche Volk. Sie müssen eines Tages verschwinden. Ich bin der Meinung: Je früher man diese Schwatzbude verbrennt, desto früher wird das deutsche Volk von fremden Einflüssen befreit sein.«

Hitler in einem nicht für die Öffentlichkeit bestimmten Interview mit dem Chefredakteur der »Leipziger Neuesten Nachrichten« im Mai 1931.

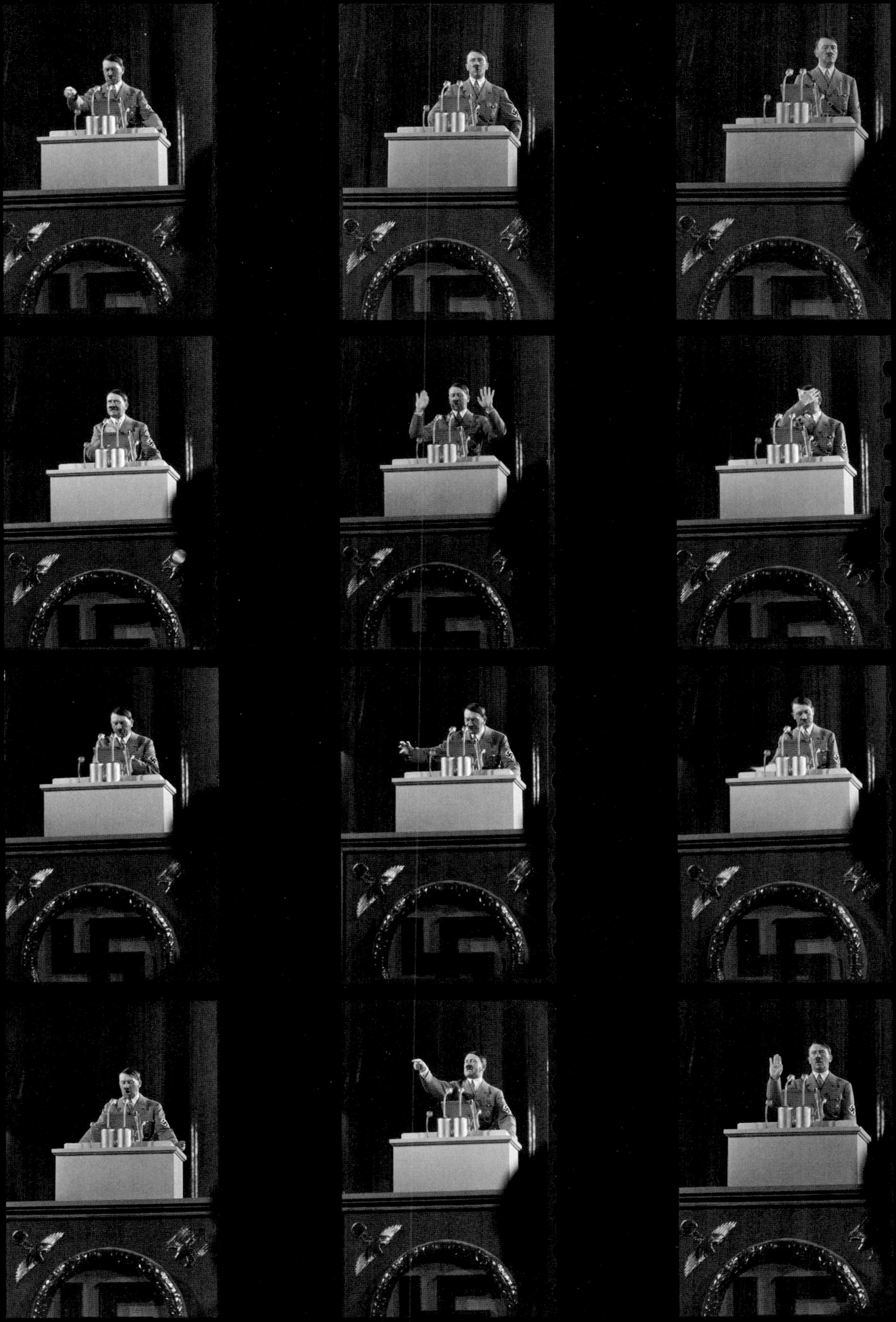

Zeittafel

1914–1918

Erster Weltkrieg. Nach Anfangserfolgen des deutschen Heeres bleibt der Vormarsch an der Westfront bereits im Herbst 1914 stecken. Mit dem Kriegseintritt der USA am 6.4.1917 zeichnet sich die Übermacht der Entente immer deutlicher ab.

1918

29.9.
Die Oberste Heeresleitung (OHL) um Ludendorff und Hindenburg drängt auf sofortigen Waffenstillstand.

3.11.
Meuterei der Matrosen in Kiel.

3.–9.11.
Ausweitung der Aufstandsbewegung. Im ganzen Reich kommt es zur Bildung von Arbeiter- und Soldatenräten.

9.11.
Bekanntgabe der Abdankung Kaiser Wilhelms II. sowie des Thronverzichts des Kronprinzen durch Reichskanzler Prinz Max von Baden. Übergabe der Regierungsgeschäfte an Friedrich Ebert (SPD). Philipp Scheidemann (SPD) ruft am Reichstag die Republik aus, um einer Proklamation der sozialistischen Räterepublik durch Karl Liebknecht zuvorzukommen.

10.11.
Bildung des »Rats der Volksbeauftragten« aus SPD und USPD mit je drei Vertretern, der von einer Versammlung der Berliner Arbeiter- und Soldatenräte im Zirkus Busch bestätigt wird.

11.11.
Unterzeichnung des Waffenstillstandes in Compiègne durch den deutschen Bevollmächtigen Matthias Erzberger (Zentrum). In Berlin wird durch Karl Liebknecht und Rosa Luxemburg der Spartakusbund aus sozialistisch orientierten Gruppierungen sowie Teilen der USPD gegründet.

6.12.
Erfolgloser Putschversuch gegenrevolutionärer Offiziere.

10.12.
Begrüßung der heimkehrenden Truppen in Berlin durch Friedrich Ebert und den städtischen Magistrat.

16.–20.12.
Rätekongress in Berlin stimmt für Wahlen zur Nationalversammlung am 19. Januar 1919.

24./25.12.
»Blutweihnacht«. Die Kämpfe um das Stadtschloss und um den Marstall zwischen rebellierenden Teilen der Volksmarinedivision und Regierungstruppen fordern mehr als 60 Tote.

28./29.12.
Aus Protest gegen die Vorgänge an den Weihnachtstagen verlassen die USPD-Vertreter den Rat der Volksbeauftragten, der nun einzig aus Mitgliedern der SPD zusammengesetzt ist.

30.12.–1.1.
Auf einer Tagung von USPD, Spartakus und anderen Gruppierungen im Preußischen Abgeordnetenhaus wird die KPD gegründet.

1919

4.1.
Die Entlassung des Berliner Polizeipräsidenten Emil Eichhorn (USPD) führt zu ersten Streikaktionen.

5./6.1.–15.1.
Der Aufruf von KPD, USPD und Spartakus zum Sturz der Übergangsregierung unter Ebert beschwört dramatische Szenen herauf. Aufständische besetzen zentrale Punkte in der Stadt wie das Polizeipräsidium am Alexanderplatz und das Zeitungsviertel. Als Verhandlungen scheitern, fordern die Revolutionäre zum Generalstreik auf, es kommt zu ersten Straßenschlachten. In den nächsten Tagen kann der Volksbeauftragte Gustav Noske mit eilig zusammengezogenen Freikorps den Spartakusaufstand blutig niederschlagen.

15.1.
Verhaftung und Ermordung Karl Liebknechts und Rosa Luxemburgs durch Offiziere der Gardekavallerie-Schützendivision.

18.1.
Beginn der Pariser Friedenskonferenz unter Ausschluss der im Krieg unterlegenen Mittelmächte.

19.1.
Wahlen zur Nationalversammlung.

26.1.
Wahlen zur Verfassunggebenden Preußischen Landesversammlung.

6.2.
Eröffnung der Nationalversammlung, die aus Sicherheitsgründen in das besser abzuschirmende Weimar verlegt worden ist.

11.2.
Wahl Friedrich Eberts zum Reichspräsidenten.

13.2.
Bildung des Kabinetts Scheidemann, das aus Mitgliedern der SPD, DDP und dem Zentrum besteht (so genannte »Weimarer Koalition«)

23.2.
Wahlen zur Berliner Stadtverordneten-Versammlung: USPD 33 %, SPD 31,7 %, DDP 14,6 %, DNVP 10,5 %, Zentrum 5,7 %, DVP 4,5 %.

3.3.–13.3.
Nach der Ausrufung des Generalstreiks der Berliner Arbeiter durch den Arbeiterrat von Groß-Berlin und den Spartakusbund eskaliert die Situation erneut: Die Meldung angeblicher Greueltaten in Lichtenberg durch revolutionäre Aufständische veranlasst Reichswehrminister Noske (SPD) zum Erlass des »Schießbefehls«. In den folgenden Tagen kommt es vor allem in Lichtenberg, Moabit und Mitte zu schweren Kämpfen und standrechtlichen Erschießungen.

12.4.
Gründung des Reichsverbandes der deutschen Industrie.

25. 4.
Gründung des Staatlichen Bauhauses als Hochschule für künstlerisches Schaffen durch den Architekten Walter Gropius in Weimar.

7. 5.
Übergabe der Friedensbedingungen an die deutsche Delegation in Paris, die vor allem in den Forderungen nach Gebietsabtretungen, der Anerkennung der Kriegsschuldfrage sowie den Reparationsleistungen von den Deutschen als demütigend empfunden werden.

16. 6.
Alliiertes Ultimatum zur Annahme des Friedensvertrags.

20. 6.
Rücktritt des Kabinetts Scheidemann. Bildung des Kabinetts Bauer aus SPD und Zentrum (21. 6.).

28. 6.
Unterzeichnung des Versailler Friedensvertrages durch Reichsaußenminister Hermann Müller (SPD) und Verkehrsminister Johannes Bell (Zentrum).

3. 7.
Gemäß der Traditionen der Revolution von 1848 werden die Farben Schwarz-Rot-Gold von der Nationalversammlung zu den Nationalfarben erklärt.

11. 8.
Inkrafttreten der Weimarer Verfassung, die am 31. 7. von der Nationalversammlung angenommen wurde.

30. 9.
Die Nationalversammlung tritt zu ihrer ersten Sitzung in Berlin zusammen.

1920

13. 1.
Während einer Demonstration vor dem Reichstag gegen das Betriebsrätegesetz kommt es zu einer Schießerei mit Sicherheitsposten der Reichswehr, bei der 42 Personen getötet und über 100 verletzt werden.

21. 2.
Preußische Verfügung zur Entfernung aller Bilder der Kaiserfamilie aus öffentlichen Gebäuden.

13. 3. – 17. 3.
Kapp-Lüttwitz-Putsch: Infolge der Regierungspläne zur Auflösung der Freikorpsverbände versuchen reaktionäre Kreise um den Generallandschaftsdirektor Wolfgang Kapp und General Walther von Lüttwitz den politischen Umsturz. Der Besetzung Berlins durch die Putschtruppen und der Flucht der Regierung folgt die Ausrufung des Generalstreiks, woraufhin der Umsturzversuch wenige Tage später zusammenbricht.

27. 4.
Verabschiedung des »Gesetzes über die Bildung einer neuen Stadtgemeinde Berlin« (Groß-Berlin-Gesetz) durch die Verfassunggebende Preußische Landesversammlung.

6. 6.
Reichstagswahlen. Bildung eines Minderheitskabinetts unter Konstantin Fehrenbach (Zentrum), das sich aus Zentrum, DDP und DVP zusammensetzt (8. 6.).

20. 6.
Erste Stadtverordnetenwahl für das zukünftige Groß-Berlin: USPD 38,4 %, SPD 17,2 %, DVP 16,9 %, DNVP 11,4 %, DDP 7,1 %, Wirtschaftspartei 4,2 %, Zentrum 3,7 %.

14.8.
Eröffnung der ersten Olympischen Spiele seit dem Ersten Weltkrieg in Antwerpen. Deutschland, Ungarn und Österreich haben keine Einladung erhalten und nehmen an den Spielen nicht teil.

1.10.
Das Groß-Berlin-Gesetz tritt in Kraft. Es fasst die bisherigen Städte Berlin, Charlottenburg, Lichtenberg, Köpenick, Neukölln, Schöneberg, Spandau und Wilmersdorf sowie die 59 Landgemeinden und 27 Gutsbezirke zu einer Stadtgemeinde mit 3,8 Millionen Einwohnern zusammen. Mit einem Stadtgebiet von 878 Quadratkilometern wird Berlin zur flächenmäßig zweitgrößten Stadt Europas.

1921

20.1.
Gustav Böß (DDP) wird zum Oberbürgermeister Groß-Berlins gewählt.

27.4.
Die Reparationskommission in Paris legt die Zahlungsleistungen des Deutschen Reiches auf 132 Milliarden Goldmark fest, die in 66 Jahresraten zu erbringen sind.

10.5.
Nach dem Rücktritt des Kabinetts Fehrenbach bildet Josef Wirth (Zentrum) eine neue Reichsregierung, die sich aus der »Weimarer Koalition« zusammensetzt. Beginn der von deutschnationaler Seite angefeindeten »Erfüllungspolitik« gegenüber den Forderungen der Alliierten.

26.8.
Ermordung Matthias Erzbergers in Bad Griesbach (Schwarzwald) durch Mitglieder der »Organisation Consul«. Als Reaktion auf die Tat kommt es in Berlin und anderen Teilen des Reiches zu großen Protestdemonstrationen.

19.9.
Eröffnung der AVUS.

16.10.
Wahlen zur Berliner Bezirksverordneten-Versammlung: SPD 20,5 %, USPD 19,1 %, DNVP 17,1 %, DVP 14,8 %, KPD 9,5 %, DDP 7,3 %, Wirtschaftspartei 5,0 %, Zentrum 3,7 %. Aufgrund einer Entscheidung des Oberverwaltungsgerichts vom 16.6. müssen auch die für ungültig erklärten Wahlen zur Stadtverordneten-Versammlung wiederholt werden.

26.10.
Auf Betreiben Friedrich Eberts bildet Reichskanzler Joseph Wirth eine neue Regierung unter Beteiligung von Zentrum, SPD und DDP.

5.11.
Bildung einer »Großen Koalition« (SPD, Zentrum, DDP, DVP) in Preußen unter Ministerpräsident Otto Braun (SPD).

1922

1.4.
Gründung der Berliner Städtischen Wasserwerke (WASSAG).

16.4.
Der Vertrag von Rapallo mit der Sowjetunion markiert die erste Etappe auf dem Weg, die außenpolitische Isolierung des Deutschen Reiches nach Ende des Ersten Weltkrieges zu durchbrechen.

24.6.
Ermordung des deutschen Außenministers Walther Rathenau (DDP) durch die »Organisation Consul«.

26.6.
Reichspräsident Ebert erlässt gemäß Artikel 48 eine »Notverordnung zum Schutze der Republik«.

3.7.
Anschlag auf den Publizisten Maximilian Harden in Berlin.

2.9.
Reichspräsident Friedrich Ebert erklärt das »Deutschlandlied« (Musik: Joseph Haydn; Text: August Heinrich Hoffmann von Fallersleben) zur Nationalhymne.

22.11.
Nach dem Rücktritt des Kabinetts Wirth (14.11.) bildet Wilhelm Cuno (parteilos) eine neue Reichsregierung, der DDP, DVP, Zentrum und BVP angehören.

10.12.
Albert Einstein erhält den Nobelpreis für Physik.

1923

11.1.
Besetzung des Ruhrgebiets durch französische und belgische Truppen. Es folgt der Beginn des von der Reichsregierung finanzierten »Ruhrkampfes«, der sich bald vom passiven Widerstand zum gewalttätigen Konflikt ausweitet.

27.1.
Erster Parteitags der NSDAP in München.

13.8.
Gustav Stresemann (DVP) bildet nach dem Sturz des Kabinetts Cuno (12.8.) eine Große Koalition aus DVP, DDP, Zentrum und SPD.

26.9.
Abbruch des »passiven Widerstandes« im Ruhrgebiet. Die seit 1922 schwelende Inflation erreicht ihren Höhepunkt.

16.10.
Mit Einführung der Rentenmark beginnt die Währungssanierung im Deutschen Reich.

29.10.
Im Berliner Vox-Haus wird die erste Radiosendung ausgestrahlt.

8./9.11.
Hitler-Ludendorff-Putsch in München.

24.11.
Gründung der Berliner Städtischen Elektrizitätswerke AG (BEWAG).

28.11.
Nachdem ein Misstrauensvotum zum Sturz der Regierung Stresemann geführt hat (23.11.), wird Wilhelm Marx (Zentrum) neuer Reichskanzler. Sein Kabinett besteht aus Zentrum, DVP und DDP. Stresemann wird Außenminister.

30.11.
Einberufung eines internationalen Sachverständigenausschusses zur Untersuchung der deutschen Zahlungsfähigkeit unter dem Vorsitz des amerikanischen Finanzfachmanns Charles G. Dawes. Der von Dawes erarbeitete Finanzplan wird am 16.4.1924 von der deutschen Regierung angenommen.

1924

22. 1.
Wahl des Kölner Oberbürgermeisters Konrad Adenauer (Zentrum) zum Präsidenten des Preußischen Staatsrats.

3. 6.
Trotz der Reichstagswahlen vom 4. 5. unterscheidet sich das neu gebildete Kabinett Marx mit Zentrum, DVP und DDP als Koalitionspartnern nicht von jenem vor der Wahl.

16. 7. – 16. 8.
Auf der Londoner Reparationskonferenz wird der Dawes-Plan von den Alliierten angenommen.

12. 10. – 15. 10.
Ozeanüberquerung mit dem Zeppelin LZ 126.

4. 12.
Erste »Große Deutsche Funkausstellung« in den Berliner Messehallen.

1925

15. 1.
In dem neuen Kabinett unter Reichskanzler Hans Luther (parteilos) wird die DNVP das erste Mal an einer Regierung beteiligt.

20. 1.
Erste »Grüne Woche« in Berlin.

28. 2.
Tod des Reichspräsidenten Friedrich Ebert im Charlottenburger West-Sanatorium.

26. 4.
Im zweiten Wahlgang wird der populäre kaiserliche Generalfeldmarschall Paul von Hindenburg (»Sieger von Tannenberg«) zum Nachfolger Eberts gewählt.

16. 6.
Volkszählung in Groß-Berlin: Zu diesem Zeitpunkt leben 4 024 165 Menschen in der Stadt.

18. 6.
Roald Amundsen kehrt von seinem fehlgeschlagenen Nordpolpflug zurück.

14. 7.
Französische und belgische Truppen beginnen mit der Räumung des Ruhrgebiets.

5. – 16. 10.
Auf der Konferenz von Locarno wird die in den Bestimmungen des Versailler Vertrages festgelegte Grenzziehung zwischen dem Deutschen Reich, Frankreich und Belgien bestätigt. Die Ostgrenzen Deutschlands bleiben davon aber unberührt. Am 1. 12. werden die Locarno-Verträge in London ratifiziert.

9. 10.
Der Staatsrechtler Hugo Preuß, »Vater« der Weimarer Verfassung, stirbt in Berlin.

25. 10.
Berliner Stadtverordnetenwahl: SPD 32,6 %, DNVP 20,8 %, KPD 18,7 %, DDP 9,3 %, DVP 6,0 %, Wirtschaftspartei 4,0 %, Zentrum 3,4 %.

1926

19. 1.
Nach dem Ausscheiden der DNVP aus der Reichsregierung (25. 10.) und seinem vorläufigen Rücktritt (5. 12.) bildet Hans Luther ein neues Kabinett aus DDP, Zentrum und DVP.

24. 4.
Deutsch-sowjetischer Freundschafts- und Neutralitätsvertrag (»Berliner Vertrag«), der die beiderseitigen Wirtschaftsbeziehungen sowie die militärische Zusammenarbeit zwischen Reichswehr und Roter Armee verstärkt.

12. 5.
Nach der umstrittenen »Flaggenverordnung« des Reichspräsidenten Hindenburg, die es den deutschen Auslandsvertretungen erlaubt, neben der schwarz-rot-goldenen Reichsflagge auch die schwarz-weiß-rote Handelsfahne zu hissen, tritt das Kabinett Luther zurück.

17. 5.
Wilhelm Marx (Zentrum) bildet eine neue Reichsregierung, die in der Zusammensetzung ihrer Parteien unverändert bleibt.

13. 6.
Einweihung des Revolutionsdenkmals (Ludwig Mies van der Rohe) auf dem Friedhof Friedrichsfelde.

3. 9.
Eröffnung des von Heinrich Straumer konstruierten Funkturmes auf dem Messegelände.

8. 9.
Aufnahme des Deutschen Reiches in den Völkerbund.

1. 11.
Joseph Goebbels wird »Gauleiter« der NSDAP von Groß-Berlin und Brandenburg.

10. 12.
Gemeinsam mit seinem französischen Amtskollegen Aristide Briand erhält Außenminister Gustav Stresemann den Friedensnobelpreis.

1927

15. 1.
Nach dem Rücktritt des Kabinetts Marx vom 17. 12. 1926 bildet Reichskanzler Marx erneut eine Regierung, an der auch die DNVP beteiligt ist.

20./21. 5.
Charles Lindbergh überfliegt mit seiner »Spirit of St. Louis« den Atlantik.

1928

28. 6.
Bildung einer »Großen Koalition« unter Reichskanzler Hermann Müller (SPD).

8. 12.
Entscheidung zur Zusammenfassung des gesamten öffentlichen Verkehrs in der Hauptstadt Berlin zur BVG, die am 1. 1. 1929 ihren Betrieb aufnimmt.

1929

11.2.–7.6.
Bei der Pariser Konferenz zur Revision des Dawes-Abkommens wird der Young-Plan erarbeitet. Obwohl er von der Reichsregierung angenommen wird, stoßen die Regelungen besonders in deutschnationalen Kreisen und bei der NSDAP auf heftige Ablehung. Ein von ihnen angeregtes Volksbegehren scheitert jedoch.

3.10.
Tod Gustav Stresemanns.

25.10.
»Schwarzer Freitag«: Der Börsenkrach in der New Yorker Wall Street leitet die Weltwirtschaftskrise ein, von der besonders das Deutsche Reich betroffen wird.

17.11.
Stadtverordnetenwahlen in Berlin: SPD 28,4 %, KPD 24,6 %, DNVP 17,6 %, DVP 6,7 %, DDP 6,0 %, NSDAP 5,8 %, Wirtschaftspartei 4,4 %, Zentrum 3,6 %.

10.12.
Thomas Mann erhält den Nobelpreis für Literatur.

1930

27.3.
Rücktritt der Reichsregierung Müller aufgrund innerer Streitigkeiten um die Arbeitslosenversicherung.

31.3.
Im Zuge seiner Ernennung zum Reichskanzler durch Reichspräsident Hindenburg (29. 3.) stellt Heinrich Brüning (Zentrum) sein Kabinett vor, dessen Zusammensetzung ohne Berücksichtigung der Mehrheitsverhältnisse im Reichstag erfolgt ist. Stattdessen stützt es sich auf die Machtbefugnisse des Reichspräsidenten und markiert den Übergang zu den Präsidialkabinetten.

14.9.
Bei den Reichstagswahlen kann die NSDAP einen unerwartet hohen Stimmenzuwachs verzeichnen. Sie wird hinter der SPD (24,5 %) mit 18,3 Prozent zweitstärkste Fraktion. Auch die KPD (13,1 %) gehört zu den Gewinnern der Wahlen.

31.12.
Dem Physiker Manfred von Ardenne gelingt in seinem Labor in Berlin-Lichtenberg das erste voll elektronische Fernsehbild der Welt.

1931

11. 10.
Auf Initiative des Medienmoguls und DNVP-Politikers Alfred Hugenberg findet in Bad Harzburg ein Treffen der »nationalen Opposition« statt, der neben der DNVP und der NSDAP der »Stahlhelm« und andere deutschnationale Verbände angehören. Die »Harzburger Front« formuliert ihr Ziel, die Regierung Brüning zu stürzen und den Parlamentarismus auszuhebeln.

15. 10.
In Berlin sind 502 397 Arbeitslose gemeldet.

16. 12.
Bildung der »Eisernen Front« durch SPD und Gewerkschaften. Sie stellt das linke Gegenstück zur »Harzburger Front« dar.

1932

15. 2.
Die Zahl der Arbeitslosen in Berlin steigt auf 615 168.

10. 4.
Im zweiten Wahlgang wird Paul von Hindenburg mit den Stimmen der SPD erneut zum Reichspräsidenten gewählt.

30. 5.
Infolge der Auseinandersetzungen um ein umstrittenes Ostsiedlungsprogramm entzieht Reichspräsident Hindenburg dem Reichskanzler Brüning sein Vertrauen. Sein Nachfolger wird Franz von Papen (31. 5.), dessen »Kabinett der Barone« einen deutschnationalen, konservativen Kurs einschlägt.

16. 6. – 9. 7.
Auf der Konferenz von Lausanne wird dem Deutschen Reich die Aufhebung der Reparationen zugestanden.

20. 7.
»Preußenschlag«. Franz von Papen setzt in einem Staatsstreich die preußische Regierung unter Otto Braun (SPD) ab und übernimmt selbst die kommissarische Verwaltung des Freistaates.

31. 7.
Bei den Reichstagswahlen wird die NSDAP mit 37,3 % der Stimmen stärkste Fraktion im Reichstag. Die KPD erreicht 14,3 %. Die Forderung Hitlers, zum Reichskanzler ernannt zu werden, wird von Hindenburg abgelehnt.

12. 9.
Dem Misstrauensvotum gegen das Kabinett Papen folgt die Auflösung des Reichstages.

6. 11.
Obwohl die NSDAP in der Reichstagswahl rund 4 % der Stimmen einbüßt, bleibt sie dennoch stärkste Partei.

2./3. 12.
Hindenburg entlässt Franz von Papen, der im Reichstag bis auf die Stimmen der DNVP auf keinerlei Unterstützung stößt. Ihm folgt der bisherige Reichswehrminister Kurt von Schleicher. Dessen Versuch, die NSDAP zu spalten, bleibt allerdings erfolglos. Diktatorische Vollmachten werden ihm von Hindenburg verwehrt.

1933

28. 1.
Rücktritt Kurt von Schleichers.

29. 1.
Gespräche Franz von Papens mit Alfred Hugenberg und Hitler über eine Regierungsbildung.

30. 1.
Ernennung Hitlers zum Reichskanzler an der Spitze eines Präsidialkabinetts.

1. 2.
Auf Wunsch Hitlers löst Reichspräsident Hindenburg den Reichstag auf. In den folgenden Tagen und Wochen kommt es zu ersten Verhaftungs- und Verfolgungswellen von Kommunisten, Sozialdemokraten und intellektuellen Gegnern des Nationalsozialismus. Eine Notverordnung schränkt die Versammlungs- und Pressefreiheit ein (4. 2.).

27./28. 2.
Brand des Reichstagsgebäudes.

5. 3.
Bei den Reichstagswahlen kann die NSDAP zwar ihre Vormachtstellung bewahren, erreicht mit 43,9 % der Stimmen aber nicht die angestrebte absolute Mehrheit.

8. 3.
Auf Basis der Notverordnungen werden die KPD-Mandate im Reichstag annulliert.

13. 3.
Einrichtung des »Ministeriums für Volksaufklärung und Propaganda«, das von Joseph Goebbels geleitet wird.

21. 3.
Feierliche Eröffnung des neuen Reichstages am »Tag von Potsdam«. Durch die symbolische Verbindung zwischen dem »alten Preußen« und dem »neuen Deutschland« sucht Hitler seiner Kanzlerschaft einen traditionslegitimierten Anstrich zu geben und den Mythos Preußen für seine Zwecke zu vereinnahmen.

23. 3.
Der Reichstag stimmt in namentlicher Abstimmung mit 441 zu 94 Stimmen dem Ermächtigungsgesetz zu. Einzig die SPD votiert dagegen.

Personenregister

Bildnachweis

Bauhaus Archiv, Berlin: S. 71
Fotobestand Wolfgang Schäche, Berlin: Repros S. 68/69, 72, 73, 77 oben/links unten, 81
Stiftung Deutsche Kinemathek – Filmmuseum Berlin: S. 113, 152, 154, 155 sowie die Fotos von Hans G. Casparius auf den Seiten 45, 47, 49, 57, 58, 59, 100.
Alle übrigen Abbildungen stammen aus dem Bildarchiv Preußischer Kulturbesitz.
© Esther Mendelsohn Joseph, San Francisco: S. 80 unten rechts
© VG Bild-Kunst, Bonn 2002 für: Entwurf Mies van der Rohe S. 71; Plakat Käthe Kollwitz S. 98; Xaver Fuhr, Der große Platz S. 115; George Grosz/John Heartfield, Plakat DADA-Messe S. 126; Hannah Höch, Schnitt mit dem Küchenmesser/Die Treppe S. 127, 128/129; Max Liebermann, Sonntagmorgen im Berliner Tiergarten S. 130; George Grosz, Stützen der Gesellschaft/Dämmerung S. 132, 133; Oskar Kokoschka, Pariser Platz S. 134/135; Magnus Zeller, Umbruch der »B. Z.« S. 168; Felix Nußbaum, Der tolle Platz – Umschlag Rückseite.
Es war dem Verlag nicht möglich, alle Rechteinhaber zu ermitteln.
Die Fotografien von Gemälden und anderen Kunstwerken stammen von Jörg P. Anders (S. 127, 128/129, 132); Reinhard Friedrich (Umschlag Rückseite); Klaus Göken (S. 134/135, 177); Bernd Kuhnert (S. 119); Knud Petersen (S. 133, 149); Friedrich Rosenstiel (S. 125).

Literaturauswahl

Allgemeine Darstellungen

Bracher, Karl D. / Funke, Manfred / Jacobsen, Hans-Adolf (Hrsg.): Die Weimarer Republik 1918–1933. Politik, Wirtschaft, Gesellschaft, Düsseldorf 1987.

Büsch, Otto / Haus, Wolfgang: Berlin als Hauptstadt der Weimarer Republik 1919–1933. Mit einem statistischen Anhang zur Wahl- und Sozialstatistik des demokratischen Berlin, Berlin (West) u.a. 1987.

Friedrich, Otto: Morgen ist Weltuntergang. Berlin in den zwanziger Jahren, Berlin 1998.

Ders.: Weltstadt Berlin. Größe und Untergang 1918–1933, München 1973.

Friedrich, Thomas: Berlin between the Wars, New York 1991.

Glatzer, Ruth: Berlin zur Weimarer Zeit. Panorama einer Metropole 1919–1933, Berlin 2000.

Haxthausen, Charles W. / Suhr, Heidrun (Hrsg.): Berlin. Culture and Metropolis, Minneapolis 1991.

Jameson, Egon: Augen auf! Streifzüge durch das Berlin der zwanziger Jahre, Frankfurt a.M. 1982.

Kessler, Harry Graf: Tagebücher 1918–1937. Hrsg. von Wolfgang Pfeiffer-Belli, Frankfurt a.M. 1961.

Kiaulehn, Walter: Berlin. Schicksal einer Weltstadt, Biederstein u.a. 1958.

Lange, Annemarie: Berlin in der Weimarer Republik. Hrsg. von Peter Schuppan, Berlin (Ost) 1987.

Lange, Friedrich C. A.: Gross-Berliner Tagebuch 1920–1933, 2. Aufl., Berlin (West) u.a. 1982.

Materna, Ingo / Ribbe, Wolfgang in Verbindung mit Rosemarie Baudisch u.a.: Geschichte in Daten – Berlin, München u.a. 1997.

Puttnies, Hans (Hrsg.): Das Gesicht der Weimarer Republik: Menschenbild und Bildkultur 1918–1933 [Ausstellungskatalog], Berlin 2000.

Ribbe, Wolfgang (Hrsg.): Geschichte Berlins. Bd. 2: Von der Märzrevolution bis zur Gegenwart, München 1987.

Schulz, Gerhard (Hrsg.): Ploetz – Weimarer Republik. Eine Nation im Umbruch, Freiburg i.Br. u.a. 1987.

Schulze, Hagen: Weimar. Deutschland 1917–1933, Berlin 1994.

Stürmer, Michael (Hrsg.): Die Weimarer Republik, 3. Aufl., Frankfurt a.M. 1993.

Wagner, Martin / Behne, Adolf (Hrsg.): Das neue Berlin. Grossstadtprobleme, Berlin 1929.

Winkler, Heinrich August: Weimar 1918–1933. Die Geschichte der ersten deutschen Demokratie, München 1993.

Kapitel I **Zwischen den Kriegen**

Erger, Johannes: Der Kapp-Lüttwitz-Putsch. Ein Beitrag zur deutschen Innenpolitik 1919/20, Düsseldorf 1967.

Gumbel, Emil J.: Vier Jahre politischer Mord, Berlin 1922.

Krüger, Peter: Die Außenpolitik der Republik von Weimar, 2. Aufl., Darmstadt 1993.

Michalka, Wolfgang / Niedhart, Gottfried (Hrsg.): Die ungeliebte Republik. Dokumente zur Innen- und Außenpolitik Weimars 1918–1933, 4. Aufl., München 1986.

Möller, Horst: Weimar. Die unvollendete Demokratie, 2. Aufl., München 1987.
Mühlhausen, Walter (Hrsg.): Friedrich Ebert. Sein Leben, sein Werk, seine Zeit [Ausstellungskatalog], Heidelberg 1999.
Pohl, Karl H. (Hrsg.): Politiker und Bürger. Gustav Stresemann und seine Zeit, Göttingen 2002.
Reichhardt, Hans J. (Bearb.): Kapp-Putsch und Generalstreik März 1920 in Berlin. »Tage der Torheit, Tage der Not« [Ausstellungskatalog], Berlin 1990.
Ritter, Gerhard A. / Miller, Susanne (Hrsg.): Die Deutsche Revolution 1918–1919. Dokumente, 2., erw. und überarb. Aufl., Frankfurt a.M. 1983.
Sabrow, Martin: Die verdrängte Verschwörung. Der Rathenau-Mord und die deutsche Gegenrevolution, Frankfurt a.M. 1999.
Schmidt, Giselher: Spartakus, Rosa Luxemburg und Karl Liebknecht. Frankfurt a.M. 1971.
Schuster, Kurt G. P.: Der Rote Frontkämpferbund 1924–1929. Beiträge zur Geschichte und Organisationsstruktur eines politischen Kampfbundes, Düsseldorf 1975.

Kapitel II **Licht und Schatten**

Bley, Peter: Berliner S-Bahn. Vom Dampfzug zur elektrischen Schnellbahn, Düsseldorf 1980.
Büsch, Otto: Die Berliner Kommunalwirtschaft in der Weimarer Epoche, Berlin (West) 1960.
Brennert, Hans / Stein, Erwin (Hrsg.): Probleme der neuen Stadt Berlin, Berlin-Friedenau 1926.
Geisel, Eike (Hrsg.): Im Scheuenviertel. Bilder, Texte und Dokumente, Berlin (West) 1981.
Glaser, Hermann: Das Automobil. Eine Kulturgeschichte in Bildern, München 1986.
Grab, Walter (Hrsg.): Juden in der Weimarer Republik. Skizzen und Porträts, 2., veränd. Aufl., Darmstadt 1998.
Grzywatz, Berthold: Arbeit und Bevölkerung im Berlin der Weimarer Zeit. Eine historisch-statistische Untersuchung, Berlin (West) 1988.
Pörtner, Rudolf (Hrsg.): Alltag und Jugend in unruhiger Zeit, München 1993.
Reichhardt, Hans D.: Die Straßenbahnen Berlins. Eine Geschichte der BVG und ihrer Straßenbahnen, Düseldorf 1974.
Schlögel, Karl: Berlin – Ostbahnhof Europas. Russen und Deutsche in ihrem Jahrhundert, Berlin 1998.
Spiess, Volker (Hrsg.): Gauner, Künstler, Originale. Die 20er Jahre in Berlin, Berlin (West) 1988.
Stürmer, Rainer: Freiflächenpolitik in Berlin in der Weimarer Republik. Ein Beitrag zur Sozial- und Umweltschutzpolitik einer modernen Industriestadt, Berlin 1991.

Kapitel III **Das Neue Berlin**

Boeger, Peter: Architektur der Lichtspieltheater in Berlin. Bauten und Projekte 1919–1930, Berlin 1993.
Hegemann, Werner: Das steinerne Berlin – Geschichte der größten Mietskaserne der Welt, Berlin 1930.
Hilbersheimer, Ludwig: Berliner Architektur der 20er Jahre, Berlin 1992.
Huse, Norbert: »Neues Bauen« 1918 bis 1933, 2., erw. und überarb. Aufl., Berlin (West) 1985.
Hüter, Karl-Heinz: Architektur in Berlin 1900–1933, Dresden 1988.
Kracauer, Siegfried: Straßen in Berlin und anderswo, Frankfurt a.M. 1964.
Kuhn, Alfred: Max Taut. Bauten, Berlin u.a. 1932.
Mendelsohn, Erich: Das Gesamtschaffen des Architekten. Skizzen, Entwürfe, Bauten. Berlin 1930.
Miller-Lane, Barbara: Architektur und Politik in Deutschland 1918–1945, Braunschweig 1986.
Riley, Terence / Bergdoll, Barry (Hrsg.): Mies in Berlin. Ludwig Mies van der Rohe. Die Berliner Jahre 1907–1938 [Ausstellungskatalog], München u.a. 2001.

Scarpa, Ludovica: Martin Wagner und Berlin. Architektur und Städtebau in der Weimarer Republik, Braunschweig 1985.
Schmied, Wieland: Neue Sachlichkeit und magischer Realismus in Deutschland 1918–1933, Hannover 1969.
Weidenhoeft, Roland: Berlin's Housing Revolution. German Reform in the 1920s, Ann Arbor 1985.

Kapitel IV **Die neue Frau**

Bock, Petra / Koblitz, Katja (Hrsg.): Neue Frauen zwischen den Zeiten, Berlin 1995.
Evans, Richard: The Feminist Movement in Germany (1894–1933), Beverly Hills 1976.
Frauengruppe Faschismusforschung (Hrsg.): Mutterkreuz und Arbeitsbuch. Zur Geschichte der Frauen in der Weimarer Republik und im Nationalsozialismus, Frankfurt a.M. 1981.
Gerhard, Ute: Unerhört. Die Geschichte der deutschen Frauenbewegung, Hamburg 1990.
Grossmann, Atina: Reforming Sex. The German Movement for Birth Control and Abortion Reform 1920–1950, New York u.a. 1995.
Hagemann, Karen: Frauenalltag und Männerpolitik. Alltagsleben und gesellschaftliches Handeln von Arbeiterfrauen in der Weimarer Republik, Bonn 1990.
Haustedt, Birgit: Die wilden Jahre in Berlin. Eine Klatsch- und Kulturgeschichte der Frauen, Dortmund 1999.
Kessemeier, Gesa: Sportlich, sachlich, männlich. Das Bild der »Neuen Frau« in den Zwanziger Jahren, Dortmund 2000.
Meyer, Adele (Hrsg.): Lila Nächte. Die Damenclubs im Berlin der 20er Jahre, Köln 1981.
Niethammer, Lutz (Hrsg.): Bürgerliche Gesellschaft in Deutschland, Frankfurt am Main 1990.
Reicke, Ilse: Die großen Frauen der Weimarer Republik. Erlebnisse im »Berliner Frühling«, Freiburg i. Br. 1984.
Rühle-Gerstel, Alice: Das Frauenproblem der Gegenwart. Eine psychologische Bilanz, Leipzig 1932.
Saatz, Ursula: Paragraph 218, das Recht der Frau ist unteilbar. Über die Auswirkungen des Paragraphs 218 und die Bewegung gegen die Abtreibungsgesetzgebung zur Zeit der Weimarer Republik, Münster 1991.
Scheub, Ute: Verrückt nach Leben. Berliner Szenen in den zwanziger Jahren, Reinbek b. Hamburg 2000.
Soden, Kristine / Schmidt, Maruta (Hrsg.): Neue Frauen. Die zwanziger Jahre, Berlin (West) 1988.
Suhr, Susanne: Die weiblichen Angestellten. Arbeits- und Lebensverhältnisse, hrsg. vom Zentralverband der Angestellten, Berlin 1930.
Sykora, Katharina u. a. (Hrsg.): Die Neue Frau. Herausforderung für die Bildmedien der Zwanziger Jahre, Marburg 1993.
Vollmer-Heitmann, Hanna: Wir sind von Kopf bis Fuß auf Liebe eingestellt. Die Zwanziger Jahre, Hamburg 1993.

Kapitel V **Berlin Alexanderplatz**

Bienert, Michael: Die eingebildete Metropole. Berlin im Feuilleton der Weimarer Republik, Stuttgart 1992.
Chiao, Hui-fang: »Eine junge, unglückliche und zukünftige Stadt«. Das Berlin der zwanziger Jahre in Joseph Roths Werk, Berlin 1994.
Gay, Peter: Die Republik der Außenseiter. Kunst und Kultur in der Weimarer Zeit 1918–1933, Berlin (West) 1976.
Hermand, Jost / Trommler, Frank: Die Kultur der Weimarer Republik, Frankfurt a.M. 1988.
Jäger, Christian / Schütz, Erhard: Städtebilder zwischen Literatur und Journalismus. Wien, Berlin und das Feuilleton der Weimarer Republik, Wiesbaden 1999.
Dies. (Hrsg.): Glänzender Asphalt. Berlin im Feuilleton der Weimarer Republik, Berlin 1994.

Jasper, Willi/Schoeps, Julius H. (Hrsg): Deutsch-jüdische Passagen. Europäische Stadtlandschaften von Berlin bis Prag, Hamburg 1996.

Kähler, Hermann: Berlin – Asphalt und Licht. Die große Stadt in der Literatur der Weimarer Republik, Berlin (Ost) 1986.

Kändler, Klaus (Hrsg.): Berliner Begegnungen. Ausländische Künstler in Berlin 1918 bis 1933, Berlin (Ost) 1987.

Mierau, Fritz (Hrsg.): Russen in Berlin. Literatur, Malerei, Theater, Film 1918–1933, 3., erw. Aufl., Leipzig 1991.

Mohler, Armin: Die konservative Revolution in Deutschland 1918–1932. Ein Handbuch, 5. Aufl., Graz u.a. 1999.

Müller, Hans-Harald: Der Krieg und die Schriftsteller. Der Kriegsroman und die Weimarer Republik, Stuttgart 1986.

Pflüger, Irmgard: Theaterkritik in der Weimarer Republik. Leitvorstellungen vom Drama in der Theaterkritik der zwanziger Jahre , Berlin (West) u.a. 1981.

Phelan, Anthony (Hrsg.): The Weimar Dilemma. Intellectuals in the Weimar Republic, Manchester 1985.

Riha, Karl (Hrsg.) in Zusammenarbeit mit Hanne Bergius: Dada Berlin. Texte, Manifest, Aktionen, Stuttgart 1981.

Rühle, Günther: Theater für die Republik 1917–1933 im Spiegel der Kritik, Frankfurt a.M. 1967.

Schebera, Jürgen: Damals im Romanischen Café... Künstler und ihre Lokale im Berlin der zwanziger Jahre, Frankfurt a.M. 1991.

Schrader, Bärbel (Hrsg.): Der Fall Remarque. Im Westen nichts Neues. Eine Dokumentation, Leipzig 1992.

Weber, Richard: Proletarisches Theater der revolutionären Arbeiterbewegung 1918 bis 1925, Köln 1976.

Whitford, Frank (Hrsg.): The Berlin of George Grosz. Drawings, Watercolours and Prints, 1912–1930, New Haven u.a. 1997.

Kapitel VI **Hoppla, wir leben**

Budzinski, Klaus: Hermes Handlexikon. Das Kabarett, Düsseldorf 1985.

Chancellor, John: How to be Happy in Berlin, London 1929.

Jansen, Wolfgang: Das Varieté. Die glanzvolle Geschichte einer unterhaltenden Kunst, Berlin 1990.

Jelavich, Peter: Berlin Cabarett, Cambridge/Mass. u.a. 1996.

Kreimeyer, Klaus: Die Ufa-Story. Geschichte eines Filmkonzerns, München 1992.

Lusk, Irene/Dietz, Gabriele (Hrsg.): Die wilden Zwanziger. Weimar und die Welt 1919–1933, Berlin (West) 1986.

Marcus, Paul E.: Heimweh nach dem Kurfürstendamm. Aus Berlins glanzvollsten Tagen und Nächten, Berlin (West) 1952.

Masse, Kaspar: Grenzenloses Vergnügen. Der Aufstieg der Massenkultur 1850–1970, Frankfurt a.M. 1997.

Moreck, Curt: Führer durch das lasterhafte Berlin, Berlin 1931.

Otto, Rainer/Rösler, Walter: Kabarettgeschichte. Abriß des deutschsprachigen Kabaretts, Berlin (West) 1977.

Projektgruppe Programmgeschichte (Bearb.): Zur Programmgeschichte des Weimarer Rundfunks, Frankfurt a.M. 1986.

Reulecke, Jürgen (Hrsg.): Berlin. Blicke auf die deutsche Metropole, Essen 1989.

Kapitel VII **Macht und Meinung**

Becker, Werner: »Demokratie des sozialen Rechts«. Die politische Haltung der Frankurter Zeitung, der Vossischen Zeitung und des Berliner Tageblattes 1918–1924, Göttingen 1971.

Bernhard, Ludwig: Der Hugenberg-Konzern. Pychologie und Technik einer Großorganisation der Presse, Berlin 1928.

Binkowski, Johannes: Flugblatt und Zeitung. Ein Wegweiser durch das gedruckte Tagesschrifttum, Bd. 2: Von 1848 bis zur Gegenwart, München 1985.
Fischer, Heinz-Dietrich (Hrsg.): Deutsche Zeitungen des 17. bis 20. Jahrhunderts, Pullach b. München 1972.
Freyburg, W. Joachim: Hundert Jahre Ullstein 1877–1977, 4 Bde., Berlin (West) 1977.
Gross, Babette: Willi Münzenberg. Eine politische Biographie, Stuttgart 1967.
Holzbach, Heidrun: Das »System Hugenberg«. Die Organisation bürgerlicher Sammlungsbewegung vor dem Aufstieg der NSDAP, Stuttgart 1981.
Koszyk, Kurt: Deutsche Presse 1914–1945. Geschichte der deutschen Presse, Berlin (West) 1972.
Koszyk, Kurt: Zwischen Kaiserreich und Diktatur. Die sozialdemokratische Presse von 1914–1933, Heidelberg 1958.
Kraus, Elisabeth: Die Familie Mosse. Deutsch-jüdisches Bürgertum im 19. und 20. Jahrhundert, München 1999.
Marckwardt, Wilhelm: Die Illustrierten der Weimarer Zeit. Publizistische Funktion, ökonomische Entwicklung und inhaltliche Tendenzen, München 1982.
Mendelssohn, Peter de: Zeitungsstadt Berlin, Frankfurt a.M. u.a. 1982.
Moores, Karen M.: Presse und Meinungsklima in der Weimarer Republik, Mainz 1997.
Patka, Marcus G. (Hrsg.): Der rasende Reporter Egon Erwin Kisch. Eine Biographie in Bildern, Berlin 1998.
Sösemann, Bernd: Theodor Wolff. Ein Leben mit der Zeitung, München 2000.

Kapitel VIII **Das Ende der Republik**

Blaich, Fritz: Der Schwarze Freitag. Inflation und Wirtschaftskrise, 3. Aufl., München 1994.
Broszat, Martin: Die Machtergreifung. Der Aufstieg der NSDAP und die Zerstörung der Weimarer Republik, 5. Aufl., München 1994.
Ehls, Marie-Luise: Protest und Propaganda. Demonstrationen in Berlin zur Zeit der Weimarer Republik, Berlin u. a. 1997.
Flechtheim, Ossip K.: Die KPD in der Weimarer Republik, Hamburg 1986.
Hömig, Herbert: Brüning. Kanzler in der Krise der Republik. Eine Weimarer Biographie, Paderborn u. a. 2000.
Kindleberger, Charles P.: Die Weltwirtschaftskrise 1929–1939, 3. Aufl., München 1984.
Ludwig, Cordula: Korruption und Nationalsozialismus in Berlin 1924–1934 , Frankfurt a.M. u. a. 1998.
Maser, Werner: Hindenburg. Eine politische Biographie, Rastatt 1989.
Michalka, Wolfgang (Hrsg.): Die nationalsozialistische Machtergreifung, Paderborn u. a. 1984.
Niedhart, Gottfried: Deutsche Geschichte 1918–1933. Politik in der Weimarer Republik und Sieg der Rechten, 2., verb. u. erg. Aufl., Stuttgart u. a. 1996.
Sontheimer, Kurt: Antidemokratisches Denken in der Weimarer Republik. Die politischen Ideen des deutschen Nationalismus zwischen 1918 und 1933, 4. Aufl., München 1994.
Striefler, Christian: Kampf um die Macht. Kommunisten und Nationalsozialisten am Ende der Weimarer Republik, Frankfurt a.M. u. a. 1993.

Die Autoren

Demps, Laurenz, Prof. Dr. phil., geb. 1940, Studium der Geschichte und Kunstgeschichte an der Humboldt-Universität Berlin, 1970 Promotion, 1982 Habilitation, seit 1988 Professor für Territorialgeschichte an der Humboldt-Universität, seit 1999 Gastprofessor. Veröffentlichungen zur Geschichte der Innenpolitik der NS-Zeit und zur Berlin-brandenburgischen Landesgeschichte vom 17. bis 20. Jahrhundert.

Eifert, Christiane, Dr. phil., Studium der Geschichte, Politologie, Romanistik; Promotion 1991, Habilitation 2000, Privatdozentin am Friedrich-Meinecke-Institut, Fachbereich Geschichts- und Kulturwissenschaften der Freien Universität Berlin. Veröffentlichungen insbesondere zur Politik-, Sozial- und Geschlechtergeschichte des 19. und 20. Jahrhunderts.

Görtemaker, Manfred, Prof. Dr. phil., geb. 1951, Studium der Geschichte, Politikwissenschaft und Publizistik in Münster und Berlin, 1977 Promotion, 1990 Habilitation, seit 1993 Professor für Neuere Geschichte an der Universität Potsdam. Veröffentlichungen zur deutschen und europäischen Geschichte des 19. und 20. Jahrhunderts.

Hübener, Kristina, Dr. phil., geb. 1956, Studium der Geschichte und Germanistik in Potsdam, 1987 Promotion, Humboldt- und Krupp-Stipendiatin, seit 1997 Wissenschaftliche Assistentin am Lehrstuhl für Neuere Geschichte I an der Universität Potsdam. Veröffentlichungen zur brandenburgisch-preußischen Geschichte im 19. und 20. Jahrhundert.

Iven, Anja, geb. 1963, Magisterstudium der Geschichte an der Rheinischen Friedrich-Wilhelms-Universität Bonn, seit 1992 Tätigkeit beim Westdeutschen Rundfunk in Köln, Redakteurin und Publizistin. Hörfunk-Features und Veröffentlichungen u. a. zur Kabarettgeschichte, Produktionen und Management im Unterhaltungsbereich.

Jasper, Willi, Prof. Dr. phil., geb. 1945, Studium der Germanistik und Politischen Wissenschaft in Bonn und Berlin (FU), 1982 Promotion, bis 1989 freier Publizist, 1989–1995 Mitarbeiter und stellvertretender Direktor des Salomon-Ludwig-Steinheim-Instituts / UniGh Duisburg, 1995 Habilitation, seit 1995 Mitarbeiter des Moses Mendelssohn Zentrums, Professor an der Universität Potsdam (Literaturwissenschaft und Jüdische Studien). Zahlreiche Veröffentlichungen zur deutsch-jüdischen Literatur- und Kulturgeschichte.

Schäche, Wolfgang, Prof. Dr.-Ing., geb. 1948, seit 1988 Professor für Baugeschichte und Architekturtheorie an der TFH Berlin. Veröffentlichungen zur Architektur- und Stadtgeschichte Berlins sowie zur Denkmalpflege des 19. und 20. Jahrhunderts.

Sösemann, Bernd, Prof. Dr. phil., geb. 1944, Studium der Geschichte, Deutschen Philologie und Pädagogik in Göttingen, 1974 Promotion, Direktor des Instituts für Kommunikationsgeschichte und angewandte Kulturwissenschaft der Freien Universität Berlin. Veröffentlichungen zur Geschichte der öffentlichen Kommunikation, Mediengeschichte sowie Propaganda in neuzeitlichen Diktaturen und zur preußischen Geschichte des 18. bis 20. Jahrhunderts.

Julius H. Schoeps (Hrsg.)
Berlin – Geschichte einer Stadt
248 Seiten, 300 z. T. farb. Abb.,
22,5 x 24,5 cm, Geb/SU,
34,00 Euro
ISBN 3-89809-031-0
be.bra verlag
www.bebraverlag.de

»Obwohl jeder glaubt, das alte und neue Berlin zur Genüge zu kennen, präsentiert Schoeps neben vertrauten Aufnahmen aus Frühgeschichte, Kaiserzeit, Weimarer Republik, Naziherrschaft, Nachkriegszeit und Nachwendejahren überraschende Ansichten einer deutschen Metropole zwischen Mythos und Macht, Aufstieg und Zerstörung. Ein Werk für alle, denen Berlin mehr wert ist als eine Wochenendreise mit Stadtrundfahrt.«
Stuttgarter Nachrichten

»Julius H. Schoeps hat wieder in die Wundertüte gegriffen. Nach dem Bild/Text-Band ›Preußen. Geschichte eines Mythos‹ nun eine Bilderflut Berlin. Acht Historiker haben begleitende Texte geschrieben. Es sind eher sachliche, übersichtliche, von jeder professoralen Exaltiertheit freie Abhandlungen bewegter Zeitabschnitte.«
Die Welt

»So eignet sich das Buch ebenso zum Geschichtsstudium Schritt für Schritt wie zum lustgesteuerten Blättern.«
Der Tagesspiegel